〔唐〕李延壽 撰

點校本
二十四史
修訂本

南史

第二册

卷一一至卷二三

中華書局

2023 年 10 月第 1 版　　2025 年 5 月第 2 次印刷

ISBN 978-7-101-16353-7

南史卷十一

列傳第一

后妃上

和王皇后

六宮位號，前史代有不同。晉武帝采漢魏之制，置貴嬪、夫人、貴人，是爲三夫人，位視三公；淑妃、淑媛、淑儀、脩華、脩容、脩儀、婕妤、容華、充華，是爲九嬪，位視九卿；其餘有美人、才人、中才人，爵視千石以下。宋武帝省二才人，其餘仍用晉制。案貴嬪，魏文帝所制。夫人，魏武初建魏國所制。貴人，漢光武所制。淑妃，魏明帝所制。淑媛，魏文帝所制。淑儀、脩華，晉武帝所制。脩容，魏文帝所制。脩儀，魏明帝所制。婕妤、容華，前漢舊號。充華，晉武帝所制。美人，漢光武所制。及孝武孝建三年，省夫人；置貴妃，位比相國，進貴嬪比丞相，貴人比三司，以爲三夫人。又置昭儀、昭容、昭華，以代脩華、脩儀、脩容。又置中才人、充衣，以爲散位。案昭儀，漢元帝所制。昭容，孝武所制。昭華，魏明帝所制。中才人，晉武帝所制。充衣，前漢舊制。

及明帝泰始二年[一]，省淑妃、昭華、中才人、充衣，復置脩華、脩儀、脩容、才人、良人；三年，又省貴人，置貴姬，以備三夫人之數；又置昭華，增淑容、承徽、列榮，以淑媛、淑儀、淑容、昭華、昭儀、昭容、脩華、脩儀、脩容爲九嬪；婕妤、容華、充華、承徽、列榮，凡五職，亞九嬪；美人、才人、良人三職爲散役。其後，帝留心後房，擬百官，備置內職焉。

及齊高帝建元元年，有司奏置貴嬪、夫人、貴人爲三夫人，脩華、脩儀、脩容、淑妃、淑媛、淑儀、婕妤、容華、充華爲九嬪，美人、中才人、才人爲散職。三年，太子宫置三内職：良娣比開國侯，保林比五等侯，才人比駙馬都尉。及永明元年，有司奏貴妃、淑妃並加金章紫綬，佩于窴玉；淑妃舊擬九棘，以淑爲温恭之稱，妃爲亞后之名，進同貴妃，以比三司；夫人之號，不殊蕃國；降淑媛以比九卿。七年，復置昭容，位在九嬪焉。

梁武撥亂反正，深鑒奢逸，配德早終，長秋曠位。定令制貴妃、貴嬪、貴姬爲三夫人；淑媛、淑儀、淑容、昭華、昭儀、昭容、脩華、脩儀、脩容爲九嬪；婕妤、容華、充華、承徽、列榮爲五職；美人、才人、良人爲三職。東宫置良娣、保林爲二職。及簡文、元帝出自儲蕃，或迫在拘縶，或逼於寇亂；且妃並先殂，更不建椒闈。

陳武光膺天歷，以朴素自居，故後宫員位，其數多闕。文帝天嘉之後，詔宫職備員。其所制立，無改梁舊。編之令文，以爲後法。然帝性恭儉，而嬪嬙不備。宣帝、後主，無所改作。今總綴緝，以立此篇云。

宋孝穆趙皇后諱安宗，下邳僮人也。父裔，平原太守。后以晉穆帝升平四年嬪于孝皇帝，以産武帝，殂于丹徒官舍，葬晉陵丹徒縣東鄉諫壁里雩山〔一〕。宋初追崇號謚，陵曰興寧。永初二年，有司奏追贈裔光禄大夫，加金章紫綬；裔命婦孫氏封豫章郡建昌縣君。其年，又追封裔臨賀縣侯。裔子倫之自有傳。

孝懿蕭皇后諱文壽，蘭陵人也。父卓字子略，洮陽令。后爲孝皇帝繼室，生長沙景王道憐、臨川烈武王道規。義熙七年，拜豫章公太夫人，武帝爲宋公、宋王，又加太妃、太后之號。帝踐祚，尊曰皇太后，居宣訓宮。上以恭孝爲行，奉太后素謹，及即大位，春秋已高，每旦朝太后，未嘗失時刻。少帝即位，加崇曰太皇太后。景平元年，崩于顯陽殿，年八十一。遺令：「漢世帝后，陵皆異處。今可於塋域之内別爲一壙，一遵往式。」乃開別壙，與興寧合墳。初，武帝微時，貧約過甚，孝皇之殂，葬禮多闕。帝遺旨：「太后百歲後不須祔葬。」至是故稱后遺令云。

卓初與趙裔俱贈金紫光禄大夫，又追封封陽縣侯。妻下邳趙氏封吴郡壽昌縣君。卓子源之襲爵，源之見子思話傳。

武敬臧皇后諱愛親，東莞人也。祖汪，尚書郎，父儁，郡功曹。后適武帝，生會稽宣長公主興弟。帝以儉正率下，后恭謹不違。義熙四年正月甲子，殂於東城，追贈豫章公夫人〔三〕，還葬丹徒。帝臨崩，遺詔留葬建鄴。於是備法駕迎梓宮，祔葬初寧陵。宋初追贈儁金紫光禄大夫，妻高密叔孫氏遷陵永平鄉君。儁子燾、熹，並自有傳。

武帝張夫人，諱闕，不知何許人也。生少帝及義興恭長公主惠媛。永初元年拜夫人。少帝即位，有司奏上尊號爲皇太后，宫曰永樂。少帝廢，太后還璽紱，隨居吴郡。文帝元嘉元年，拜營陽國太妃，二年薨〔四〕。

文章胡太后諱道女，淮南人也。義熙初，武帝所納。文帝生五年〔五〕，被譴賜死，葬丹徒。武帝踐祚，追贈婕妤。文帝即位，有司奏上尊號曰章皇太后，陵曰熙寧，立廟建鄴。

少帝司馬皇后諱茂英，晉恭帝女也。初封海鹽公主，少帝以公子尚焉。宋初拜皇太子妃，少帝即位，爲皇后。元嘉元年，降爲營陽王妃，又爲南豐王太妃。十六年薨。

文元袁皇后諱齊媯，陳郡陽夏人，左光祿大夫湛之庶女也。母本卑賤，后年五六歲方見舉。後適文帝，初拜宜都王妃，生子劭、東陽獻公主英娥。上待后恩禮甚篤，袁氏貧薄，后每就上求錢帛以贍之。上性儉，所得不過五三萬、五三十匹。後潘淑妃有寵，愛傾後宮，咸言所求無不得。后聞之，未知信否，乃因潘求三十萬錢與家，以觀上意，宿昔便得。后因此恚恨稱疾，不復見上，遂憤恚成疾。元嘉十七年疾篤，上執手流涕，問所欲言〔六〕。后視上良久，乃引被覆面，崩于顯陽殿。上甚悼痛之，詔前永嘉太守顔延之爲哀策，文甚麗。及奏，上自益「撫存悼亡，感今懷昔」八字以致意焉。有司奏謚宣皇后，詔謚曰元。初，后生劭，自詳視之，使馳白帝：「此兒形貌異常，必破國亡家，不可舉。」便欲殺之。文帝狼狽至后殿户外，手撥幔禁之乃止〔七〕。

后亡後，常有小小靈應。明帝所生沈美人嘗以非罪見責，應賜死，從后昔所住徽音殿前度。此殿有五間，自后崩後常閉。美人至殿前流涕大言曰：「今日無罪就死，先后若有靈當知之。」殿户應聲豁然開，職掌者遽白文帝，驚往視之，美人乃得釋。

大明五年，孝武乃詔追后之所生外祖親王夫人爲豫章郡新淦平樂鄉君〔八〕，又詔趙、蕭、臧光禄、袁敬公、平樂鄉君墓，先未給塋户，各給蠻户三以供灑埽。后父湛之自有傳〔九〕。

潘淑妃者，本以貌進，始未見賞。帝好乘羊車經諸房，淑妃每莊飾褰帷以候，并密令左右以鹹水灑地。帝每至户，羊輒舐地不去。帝曰：「羊乃爲汝徘徊，況於人乎。」於此愛傾後宫。

孝武昭路太后諱惠男，丹陽建康人也。以色貌選入後宫，生孝武帝，拜爲淑媛。及年長，無寵，常隨孝武出蕃。孝武即位，有司奏奉尊號曰太后，宫曰崇憲。太后居顯陽殿，上於閨房之内禮敬甚寡，有所御幸，或留止太后房内，故人間咸有醜聲。宫掖事祕，亦莫能辨也。

孝建二年，追贈太后父興之散騎常侍，興之妻餘杭縣廣昌鄉君。大明四年，太后弟子撫軍參軍瓊之上表自陳。有司承旨，奏贈瓊之父道慶給事中，瓊之及弟休之、茂之並居顯職。太后頗豫政事，賜與瓊之等財物，家累千金，居處器服與帝子相侔。大明五年，太后隨上巡南豫州，妃主以下並從。廢帝立，號太皇太后。明帝踐祚，號崇憲太后。

初，明帝少失所生，爲太后所攝養，撫愛甚篤。及即位，供奉禮儀，不異舊日。有司奏宜別居外宮，詔欲親奉晨昏，盡懽閨禁，不如所奏。及聞義嘉難作，太后心幸之，延上飲酒，置毒以進。侍者引上衣，上寤，起以其卮上壽。是日太后崩，祕之，喪事如禮。遷殯東宮，題曰崇憲宮。又詔述太后恩慈，特齋衰三月，以申追遠。謚曰昭皇太后，葬孝武陵東南，號曰脩寧陵。

先是，晉安王子勛未平，巫者謂宜開昭太后陵，毀去梓宮以厭勝。脩復倉卒，不得如禮。上性忌，慮將來致災，泰始四年夏，詔有司曰：「崇憲昭太后脩寧陵地，大明之世，久所考卜。前歲遭諸蕃之難，禮從權宜，未暇營改，而塋隧之所，山原卑陋，可式遵舊典，以禮改創。」有司奏請「脩寧陵玄宮補葺毀壞，權施油殿，暫出梓宮，事畢即窆[一〇]」。詔可。

廢帝景和中，又追贈興之侍中、金紫光禄大夫，謚曰孝侯。道慶光禄大夫、開府儀同三司，謚曰敬侯。道慶女爲皇后，以休之爲侍中。

明宣沈太后諱容姬，不知何許人也。爲文帝美人，生明帝，拜婕妤。元嘉三十年卒，葬建康之莫府山。孝武即位，追贈湘東國太妃。明帝即位，有司奏上尊號爲皇太后，謚曰宣，陵號崇寧。

孝武文穆王皇后諱憲嫄，琅邪臨沂人也。元嘉二十年，拜武陵王妃，生廢帝、豫章王子尚、山陰公主楚玉、臨淮康哀公主楚佩、皇女楚琇、康樂公主脩明。孝武在蕃，后甚寵異，及即位爲皇后焉。

大明四年，后率六宫躬桑于西郊，皇太后觀禮，妃主以下並加班錫。廢帝即位，尊曰皇太后，宫曰永訓。其年崩于含章殿，祔葬景寧陵。父偃別有傳。

殷淑儀，南郡王義宣女也。麗色巧笑。義宣敗後，帝密取之，寵冠後宫。假姓殷氏，左右宣泄者多死，故當時莫知所出。及薨，帝常思見之，遂爲通替棺，欲見輒引替覩屍，如此積日，形色不異。追贈貴妃，謚曰宣。及葬，給轀輬車、虎賁、班劍。鑾輅九旒、黄屋左纛、前後部羽葆、鼓吹，上自於南掖門臨，過喪車，悲不自勝，左右莫不掩泣。上痛愛不已，精神罔罔，頗廢政事。每寢，先於靈牀酌奠酒飲之，既而慟哭不能自反。又諷有司奏曰：「據春秋，仲子非魯惠公元嫡，尚得考別宮。今貴妃蓋天秩之崇班，理應創新。」乃立別廟於都下。

時有巫者能見鬼，說帝言貴妃可致。帝大喜，令召之。有少頃，果於帷中見形如平生。帝欲與之言，默然不對。將執手，奄然便歇，帝尤哽恨，於是擬李夫人賦以寄意焉。謝莊作哀策文奏之，帝卧覽讀，起坐流涕曰：「不謂當今復有此才。」都下傳寫，紙墨爲之貴。或云，貴妃是殷琰家人入義宣家，義宣敗入宮云。

前廢帝何皇后諱令婉，廬江灊人也。孝建三年，納爲皇太子妃。大明五年，薨于東宮徽光殿，謚曰獻妃。廢帝即位，追崇曰獻皇后。明帝踐祚，遷后與廢帝合葬龍山北。

后父瑀字幼玉〔一〕，晉尚書左僕射澄曾孫也。瑀尚武帝少女豫章康長公主諱次男〔二〕。公主先適徐喬，美容色，聰敏有智數。文帝世，禮待特隆。瑀豪競於時，與平昌孟靈休、東海何勗等並以興馬相尚。公主與瑀情愛隆密，何氏疎戚莫不霑被恩禮。瑀位右衛將軍〔一三〕，主薨，瑀墓開，孝武追贈瑀金紫光禄大夫。

子邁尚文帝第十女新蔡公主諱英媚。邁少以貴戚居顯官，好犬馬馳逐，多聚才力士，位南濟陰太守。廢帝納公主於後宫，僞言薨殞，殺一婢送出邁第，殯葬行喪禮，常疑邁有異圖。邁亦招聚同志，欲因行廢立〔一四〕，事覺見誅。明帝即位，追封建寧縣侯。

瑀兄子衍性躁動，位黄門郎，拜竟，求司徒司馬〔一五〕；得司馬，復求太子右率；拜一二日，復求侍中。旬日之間，求進無已。不得侍中，以怨駡賜死。

明恭王皇后諱貞風，琅邪臨沂人也。初拜淮陽王妃，明帝改封，又爲湘東王妃。生晉陵長公主伯姒、建安長公主伯媛。明帝即位，立爲皇后。上嘗宫内大集，而裸婦人觀之，以爲歡笑。后以扇鄣面，獨無所言。帝怒曰：「外舍家寒乞，今共作笑樂，何獨不視。」后曰：「爲樂之事，其方自多；豈有姑姊妹集聚，而裸婦人形體，以此爲樂。外舍爲歡適，與此不同。」帝大怒，令后起。后兄揚州刺史景文以此事語從舅陳郡謝緯曰〔一六〕：「后在家爲儜弱婦人，不知今段遂能剛正如此。」

廢帝即位，尊爲皇太后，宮曰弘訓。廢帝失德，太后每加勗譬，始猶見順，後狂慝稍甚。太后嘗賜帝玉柄毛扇，帝嫌毛扇不華，因此欲加酖害，令太醫煮藥。左右止之曰：「若行此事，官便作孝子，豈得出入狡獪。」帝曰：「汝語大有理。」乃止。順帝即位，齊高帝執權，宗室劉晃、劉綽、卜伯興等有異志〔七〕，太后頗與相關。順帝禪位，太后與帝遜于東邸，因遷居丹陽宮，拜汝陰王太妃。順帝殂于丹陽，更立第都下。建元元年，薨于第，追加謚，葬以宋禮。后父僧朗，別有傳。

後廢帝陳太妃諱妙登，丹陽建康屠家女也。孝武嘗使尉司采訪人間子女有姿色者，太妃家在建康縣，居有草屋兩三間。上出行，問尉曰：「御道那得此草屋，當由家貧。」賜錢三萬，令起瓦屋。尉自送錢與之，家人並行，唯太妃在家，時年十二三。尉見其美，即以白孝武，於是迎入宮，在路太后房内。經二年再呼不見幸，太后因言於上，以賜明帝。始有寵，一年衰歇，以賜李道兒。尋又迎還，生廢帝。先是人間言明帝不男，故皆呼廢帝爲李氏子。廢帝後每微行，自稱李將軍，或自謂李統。明帝即位，拜貴妃，秩同皇太子。廢帝踐祚，有司奏上尊號曰皇太妃，輿服一如晉孝武李太妃故事。宮曰弘化，置家令一人，改諸國太妃曰太姬。昇明初，降爲蒼梧王太妃。

後廢帝江皇后諱簡珪，濟陽考城人也。泰始五年，明帝訪太子妃而雅信小數，名家女多不合。江氏雖爲華族，而后父祖並已亡，弟又弱小，以卜筮吉，故爲太子納之。六年，拜皇太子妃，諷朝士州郡皆令獻物，多者將直百金。始興太守孫奉伯止獻琴書，其外無餘物。上大怒，封藥賜死，既而原之。太子即帝位，立爲皇后。帝既廢，降后爲蒼梧王妃。祖智深自有傳〔一八〕。

順陳太妃諱法容，丹陽建康人也。明帝素肥，晚年廢疾不能内御〔一九〕，諸弟姬人有懷孕者，輒取以入宫。及生男，皆殺其母，而與六宫所愛者養之。順帝，桂陽王休範子也，以陳昭華爲母。明帝崩，昭華拜安成王太妃。順帝即位，進爲皇太妃。順帝禪位，去皇存太妃之號〔二〇〕。

順謝皇后諱梵境，陳郡陽夏人。右光禄大夫莊之孫也。父颺，車騎功曹。昇明二年，立爲皇后。順帝禪位，降爲汝陰王妃。祖莊自有傳。

齊宣孝陳皇后諱道止〔二〕，臨淮東陽人，魏司徒矯之後也。后家貧，少勤織作，家人矜其勞，或止之，后終不改。嫁于宣帝。宣帝庶生子衡陽元王道度、始安貞王道生，后生高帝。高帝年二歲，乳人乏乳，后夢人以兩甌麻粥與之，覺而乳驚，因此豐足。宣帝從任在外，后常留家，有相者謂后曰：「夫人有貴子而不見之。」后歎曰：「我三子，誰當應之？」呼高帝小字曰：「政應是汝耳。」

宣帝殂後，后親執勤，婢使有過，皆恕而不問。高帝雖從宦，而家業本貧，爲建康令時，明帝等冬月猶無縑纊，而奉膳甚厚，后每撤去兼肉，曰：「於我過足矣。」殂于縣舍。昇明二年，追贈竟陵公國太夫人。齊國建，爲齊國太妃，並蜜印、書青綬〔三〕，祠以太牢。建元元年，追尊孝皇后。贈外祖父肇之金紫光禄大夫，謚敬侯，后母胡氏爲永昌縣靖君。

永明九年，詔太廟四時祭，宣皇帝薦起麵餅鴨臛，孝皇后薦筍鴨卵脯醬炙白肉，高皇帝薦肉膾葅羹，昭皇后薦茗𥻆炙魚。並生平所嗜也。

高昭劉皇后諱智容，廣陵人也。祖玄之，父壽之，並員外郎。后母桓氏，夢吞玉勝生后，時有紫光滿室，以告壽之。壽之曰：「恨非是男。」桓笑曰：「雖女亦足興家矣。」后寢卧，見有羽蓋蔭其上，家人試察之，常見其上掩藹如似雲氣。

年十七，裴方明爲子求婚，酬許已定，后夢見先有迎車至，猶如常家迎法，后不肯去；次有迎至，龍旂豹尾，有異於常，后喜而從之。既而與裴氏不成婚，竟嬪于上。嚴整有軌度，造次必依禮法。生太子及豫章王嶷。太子初在孕，后嘗歸寧，遇家奉祠，爾日陰晦失曉，舉家狼狽共營祭食。后助炒胡麻，始復内薪，未及索火，火便自然。宋泰豫元年殂，歸葬宣帝墓側，則泰安陵也。門生王清與墓工始下插，有白兔跳起，尋之不得。及墳成，兔還栖其上。昇明二年，贈竟陵公國夫人。三年，贈齊國妃印綬。齊建元元年，尊謚昭皇后。二年，贈后父壽之金紫光禄大夫〔三〕，母桓氏上虞都鄉君。

武穆裴皇后諱惠昭，河東聞喜人也。祖封之，給事中〔二四〕。父璣之，左軍參軍。后少與豫章王妃庾氏爲娣姒，庾氏勤女工，奉事高昭后恭謹不倦，后不能及，故不爲舅姑所重，武帝亦薄焉。

性剛嚴，竟陵王子良妃袁氏布衣時有過，后加訓罰。昇明三年，爲齊世子妃。建元元年，爲皇太子妃。二年，后薨，謚穆妃，葬休安陵。

時議欲立石誌，王儉曰：「石誌不出禮典〔二五〕，起宋元嘉中顏延之爲王球石誌。素族無銘策，故以紀行。自爾以來，共相祖習。儲妃之重，禮絶恒例，既有哀策，不煩石誌。」從之。武帝即位，追尊皇后。贈父璣之金紫光禄大夫，后母檀氏餘杭廣昌鄉元君。

舊顯陽、昭陽二殿，太后皇后所居也。永明中無太后皇后，羊貴嬪居昭陽殿西，范貴妃居昭陽殿東，寵姬荀昭華居鳳華柏殿。宮内御所居壽昌畫殿南閣，置白鷺鼓吹二部，乾光殿東西頭，置鍾磬兩箱，皆宴樂處也。上數游幸諸苑囿，載宮人從從車〔二六〕。宮内深隱〔二七〕，不聞端門鼓漏聲，置鍾於景陽樓上，應五鼓及三鼓。宮人聞鍾聲，早起莊飾。車駕數幸琅邪城，宮人常從，早發，至湖北埭，雞始鳴，故呼爲雞鳴埭。

婦人吳郡韓蘭英有文辭，宋孝武時獻中興賦，被賞入宮。宋明帝時用爲宮中職僚。及武帝以爲博士，教六宮書學。以其年老多識，呼爲韓公云。

文安王皇后諱寶明，琅邪臨沂人也。祖韶之，吴興太守。父曄之，太宰祭酒。宋世，高帝爲文惠太子納后，建元元年，爲南郡王妃。四年，爲皇太子妃，無寵。太子爲宫人製新麗衣裳及首飾〔二八〕，而后牀帷陳故，古舊釵鑷十餘枚。永明十一年，爲皇太孫太妃。鬱林即位，尊爲皇太后，稱宣德宫，置男左右三十人，前代所未有也。贈后父曄之金紫光禄大夫，母桓氏豐安縣君。其年十二月，備法駕謁太廟。明帝即位，出居鄱陽王故第，爲宣德宫。

永元三年，梁武帝定建鄴，迎入宫，后稱制。至禪位，遜居外宫。梁天監十一年薨，葬崇安陵，謚曰安后。祖韶之自有傳。

鬱林王何妃諱婧英，廬江灊人，撫軍將軍戢女也。初將納爲南郡王妃，文惠太子嫌戢無男，門孤，不欲與昏。王儉以南郡王妃，便爲將來外戚，唯須高胄，不須强門。今何氏蔭華族弱，寔允外戚之義。永明三年，乃成昏。

妃禀性淫亂，南郡王所與無賴人游，妃擇其美者，皆與交歡。南郡王侍書人馬澄年少色美，甚爲妃悦，常與鬭腕較力，南郡王以爲歡笑。

澄者本剡縣寒人，嘗於南岸逼略人家女，爲秣陵縣所録，南郡王語縣散遣之。澄又逼求姨女爲妾，姨不與，澄詣建康令沈徽孚訟之。徽孚曰：「姨女可爲婦，不可爲妾。」澄曰：「僕父爲給事中，門户既成，姨家猶是寒賤，政可爲妾耳。」徽孚訶而遣之。十一年，爲皇太孫妃。又有女巫子楊珉之，亦有美貌，妃尤愛悦之，與同寢處，如伉儷。及太孫即帝位，爲皇后，封后嫡母劉爲高昌縣都鄉君，所生母宋爲餘杭廣昌鄉君。后將拜，鏡在牀無因墮地。其冬，與太后同日謁太廟。楊珉之爲帝所幸，常居中侍。明帝爲輔，與王晏、徐孝嗣、王廣之並面請，不聽。又令蕭諶、坦之固請，皇后與帝同席坐，流涕覆面，謂坦之曰：「楊郎好年少，無罪過，何可枉殺。」坦之耳語於帝曰：「此事别有一意，不可令人聞。」帝謂皇后爲阿奴，曰「阿奴暫去」。坦之乃曰：「外間並云楊珉之與皇后有異情，彰聞遐邇。」帝不得已，乃爲敕。坦之馳報明帝，即令建康行刑，而果有敕原之，而珉之已死。

后既淫亂，又與帝相愛褻〔二九〕，故帝恣之。又迎后親戚入宫，嘗賜人百數十萬〔三〇〕，以武帝曜靈殿處后家屬。帝廢，后貶爲王妃。父戢自有傳。

海陵王王妃諱韶明，琅邪臨沂人，太常慈之女也。永明八年，納爲臨汝公夫人[三]。鬱林王即位，爲新安王妃。延興元年，爲皇后。其年，降爲海陵王妃。妃父慈自有傳。

明敬劉皇后諱惠端，彭城人，光禄大夫道弘孫也。高帝爲明帝納之。建元三年，除西昌侯夫人。永明七年卒，葬江乘縣張山。延興元年，贈宣城王妃。明帝即位，追尊敬皇后。贈父通直郎景猷爲金紫光禄大夫，母王氏平陽鄉君。明帝崩，改葬，祔于興安陵。

東昏褚皇后諱令璩，河南陽翟人，太常澄之女也。建武二年，納爲皇太子妃而無寵。帝謂左右曰：「若得如山陰主無恨矣。」山陰主，明帝長女也，後遂與之爲亂。明年，妃謁敬后廟。東昏即位，爲皇后。帝寵潘妃，后不被遇，黄淑儀生太子誦而卒，東昏廢，后及誦並爲庶人。后父澄自有傳。

和王皇后諱蕣華，琅邪臨沂人，太尉儉之孫也。初爲隨王妃，中興元年爲皇后。帝禪位，后降爲妃。妃祖儉自有傳。

校勘記

〔一〕及明帝泰始二年　「二年」，宋書卷四一后妃傳序作「元年」。

〔二〕葬晉陵丹徒縣東鄉諫壁里雩山　「諫壁」，原作「諫壁」，據大德本壹改。南監本、北監本、殿本及宋書卷四一后妃孝穆趙皇后傳並作「練壁」。

〔三〕追贈豫章公夫人　「追」，原作「故」，據宋書卷四一后妃武敬臧皇后傳、御覽卷一四二引沈約宋書、通志卷二〇改。

〔四〕二年薨　「二年」，宋書卷四一后妃武帝張夫人傳作「三年」。

〔五〕文帝生五年　「文帝生」，宋書卷四一后妃文章胡太后傳、御覽卷一四二引宋書作「生文帝」。按馬宗霍校證：「依南史文勢，謂文帝生後五年賜死也。依宋書，則『生文帝』爲一句，『五年被譴賜死』爲一句。上文言義熙初爲高祖所納，則此之五年，謂義熙五年也。文帝以義熙三年生，胡死時帝才二歲耳。延壽改易，失原文之意。胡死時年四十二。」

〔六〕上執手流涕問所欲言　宋書卷四一后妃文帝袁皇后傳「言」上有「不」字。

〔七〕手掇幔禁之乃止　「掇」，南監本及宋書卷四一后妃文帝袁皇后傳、通鑑卷一二〇宋紀二元嘉三年作「撥」。

〔八〕新淦　原作「新滏」，據南監本、北監本、殿本及宋書卷四一后妃文帝袁皇后傳、通志卷二〇、賓退録卷七改。按宋書卷三六州郡志二，江州豫章郡所轄有新淦侯相。

〔九〕后父湛之自有傳　「湛之」，按宋書卷五二、本書卷二六袁湛傳，其名單一「湛」字。

〔一〇〕事畢即窆　「窆」，原作「定」，據宋書卷四一后妃文帝路淑媛傳改。

〔一一〕后父瑀字幼玉　「幼玉」，宋書卷四一后妃前廢帝何皇后傳作「稺玉」，此避唐諱而改。

〔一二〕瑀尚武帝少女豫章康長公主諱次男　「章」字原脱，據宋書卷四一后妃前廢帝何皇后傳、御覽卷一五二引宋書、册府卷三〇〇補。按馬宗霍校證：「『豫章，郡名也』，『此『章』字不可省，疑南史誤奪』。「次男」，宋書后妃傳作「欣男」。按王懋竑記疑：「『次』當作『欣』。」馬宗霍校證：「武帝第二女吴興長公主名榮男，則此似以作『欣男』爲是。『榮』與『欣』義相毗，『次』字亦形近傳寫之訛。」

〔一三〕瑀位右衛將軍　「右衛將軍」，宋書卷四一后妃前廢帝何皇后傳作「衛將軍」。

〔一四〕欲因行廢立　「行」，宋書卷四一后妃前廢帝何皇后傳作「行幸」。按馬宗霍校證謂「行幸連文，蓋謂欲因帝出行遊幸乘間而廢立也。南史删去『幸』字，則『行』字謂行廢立之事，義亦可通，然非原意」。

〔一五〕拜竟求司徒司馬　宋書卷四一后妃前廢帝何皇后傳、册府卷九三六「拜」上有「未」字。

〔一六〕后兄揚州刺史景文以此事語從舅陳郡謝緯曰　「謝綽」，宋書卷四一后妃明恭王皇后傳作「謝緯」。按宋書卷五二謝景仁傳附謝述傳，「三子：綜、約、緯」，「緯尚太祖第五女長城公主」，「太宗泰始中，至正員郎中」。謝綽爲南朝後期人，弘明集卷一〇梁武帝敕答臣下神滅論，答者即有謝綽。疑當作「謝緯」。

〔一七〕宗室劉晃劉綽卜伯興等有異志　「卜伯興」，原作「卜伯輿」，據大德本壹、南監本、北監本、汲本、殿本及宋書卷四一后妃明恭王皇后傳、通志卷二〇改。

〔一八〕祖智深自有傳　「智深」，宋書卷四一后妃後廢帝江皇后傳作「智淵」。按江智淵傳見宋書卷五九，此避唐諱而改。

〔一九〕晚年廢疾不能内御　「廢」，宋書卷四一后妃明帝陳昭華傳、魏書卷九七島夷劉裕傳、御覽卷七四三引宋書、通志卷二〇作「痿」。

〔二〇〕去皇存太妃之號　宋書卷四一后妃明帝陳昭華傳無「存」字。

〔二一〕齊宣孝陳皇后諱道止　「道止」，南齊書卷二〇皇后宣孝陳皇后傳南監本、北監本、汲本、殿本、局本及御覽卷一四三引蕭子顯齊書作「道正」。

〔二二〕並蜜印書青綬　「蜜」，原作「密」，據大德本壹、南監本、北監本、殿本及南齊書卷二〇皇后宣孝陳皇后傳、通志卷二〇改。按汲本「密」下小注：「一作蜜。」曹魏景元二年王基碑有「贈以東武侯蜜印綬」。「書」，南監本、北監本、殿本及南齊書作「畫」。按汲本「書」下小注：「一作畫。」

〔二三〕二年贈后父壽之金紫光禄大夫　「二年」，南齊書卷二〇皇后高昭劉皇后傳作「三年」。

〔二四〕祖封之給事中　「封之」，南齊書卷二〇皇后武穆裴皇后傳作「朴之」。

〔二五〕石誌不出禮典　「典」字原脱，據南齊書卷一〇禮志下、建康實録卷一五補。

〔二六〕載宮人從從車　「從從車」，南監本、北監本、殿本作「後從車」，南齊書卷二〇皇后武穆裴皇后傳、景定建康志卷二一作「從後車」，六朝事迹編類卷下、墨莊漫録卷九作「從車」。

〔二七〕宮內深隱　「宮」，原作「置」，據南監本、北監本、殿本及南齊書卷二〇皇后武穆裴皇后傳、御覽卷二引齊書、景定建康志卷二一改。按汲本「置」下小注：「一作宮。」

〔二八〕太子爲宮人製新麗衣裳及首飾　「爲」字原脱，據南齊書卷二〇皇后文安王皇后傳、御覽卷一四三、卷一四九引蕭子顯齊書、卷七一八引齊書補。

〔二九〕后既淫亂又與帝相愛褻　按南齊書卷二〇皇后鬱林王何妃傳「又與」前有「珉之」二字，此處删省有悖原意。

〔三〇〕嘗賜人百數十萬　「嘗」，南齊書卷二〇皇后鬱林王何妃傳、御覽卷一四三引蕭子顯齊書、册府卷三〇三、通志卷二〇作「賞」。

〔三〕納爲臨汝公夫人　「臨汝公」，原作「臨沂公」，據南齊書卷二〇皇后海陵王王妃傳改。按南齊書卷五海陵王紀、本書卷五齊本紀下廢帝海陵王紀，「永明四年，封臨汝公」。

南史卷十二

列傳第二

后妃下

梁文獻張皇后諱尚柔，范陽方城人也。父穆之娶文帝從姑而生后。后以宋元嘉中嬪於文帝，生長沙宣武王懿、永陽昭王敷，次生武帝。方孕，忽見庭前昌蒲花〔一〕，光采非常，驚報，侍者皆云不見。后曰：「常聞見昌蒲花者當富貴。」因取吞之，是月生武帝。將產之夕，后見庭內若有衣冠陪列焉。次生衡陽宣王暢、義興昭長公主令嫕。后宋泰始七年殂於秣陵縣同夏里舍，葬晉陵武進縣東城里山。

天監元年五月甲辰，追上尊號爲皇后，謚曰文獻〔二〕。

穆之字思靜，晉司空華六世孫也。少方雅，有識鑒。初爲員外散騎侍郎，深被始興王濬引納。穆之鑒其禍萌，求爲交阯太守，政有異績。宋文帝將以爲交州刺史，會病卒。子弘籍字真藝，齊初爲鎮西參軍，卒於官。梁武踐祚，追贈穆之光禄大夫，加金章紫綬。贈弘籍廷尉卿。弘籍無子，從父弟弘策以子纘嗣，別有傳。

武德郗皇后諱徽，高平金鄉人也。祖紹，宋國子祭酒、領東海王師。父曄，太子舍人，早卒。后母宋文帝女尋陽公主也，方娠，夢當生貴子。及后生，有赤光照室，器物盡明，家人怪之。巫言此女光高，將有所妨，乃於水濱祓除之。

后幼明慧，善隸書，讀史傳。女工之事，無不閑習。宋後廢帝將納爲后，齊初，安陸王緬又欲結婚，郗氏並辭以女疾，乃止。齊建元末，嬪于武帝，生永興公主玉姚、永世公主玉婉、永康公主玉嬛。及武帝爲雍州刺史，殂于襄陽官舍，年三十二。其年歸葬南徐州南東海武進縣東城里山。中興二年，武帝爲梁公，齊帝詔贈后爲梁公妃。及武帝踐祚，追崇爲皇后，謚曰德。陵曰脩陵。后父曄，贈金紫光祿大夫。

后酷妬忌，及終，化爲龍入于後宮〔三〕，通夢於帝。或見形，光彩照灼。帝體將不安，龍輒激水騰涌。於露井上爲殿，衣服委積，常置銀鹿盧金瓶灌百味以祀之。故帝卒不置后。

武丁貴嬪諱令光，譙國人也。祖父從官襄陽，因居沔北五女村，寓於劉惠明廡下。貴嬪生於樊城，初產有神光之異，紫氣滿室，故以「光」爲名。相者云「當大貴」。少時與鄰女月下紡績，諸女並患蚊蚋，而貴嬪弗之覺也。鄉人魏益德將娉之，未及成，而武帝鎮樊城，嘗登樓以望，見漢濱五采如龍，下有女子擘絖，則貴嬪也。又丁氏因人以相者言聞之於帝，帝贈以金環，納之，時年十四。貴嬪生而有赤誌在左臂，療之不滅；又體多疣子，至是無何並失所在。德后酷忌，遇貴嬪無道，使日舂五斛，舂每中程，若有助者，被遇雖嚴，益小心祇敬。嘗於供養經案側，髣髴若見神人，心獨異之。

天監元年五月，有司奏爲貴人，未拜；其年八月，又奏爲貴嬪〔四〕，居顯陽殿。及太子定位，有司奏曰：「皇太子副貳宸極，率土咸執吏禮。既盡禮皇儲，則所生不容無敬。王侯妃主常得通信問者，及六宮三夫人雖與貴嬪同列，並應以敬皇太子之禮敬貴嬪。宋元嘉中，始興、武陵國臣並以吏敬敬王所生潘淑妃、路淑媛。貴嬪於宮臣雖非小君，其義不異，與宋泰豫朝議百官以吏敬敬帝所生，事義政同。謂宮僚施敬〔五〕，宜同吏禮，詣神獸門奉牋致謁，年節稱慶，亦同如此。且儲妃作配，率由盛則，以婦踰姑，彌乖從序，謂貴嬪典章，一與太子不異。」於是貴嬪備典章禮數，同乎太子，言則稱令。

貴嬪性仁恕，及居宮接馭，自下皆得其歡心。不好華飾，器服無珍麗。未嘗爲親戚私謁。及武帝弘佛教，貴嬪長進蔬膳。受戒日，甘露降于殿前，方一丈五尺。帝所立義〔六〕，皆得其指歸，尤精淨名經。普通七年十一月庚辰，薨，移殯於東宮臨雲殿，時年四十二。詔吏部郎張纘爲哀册文，有司奏謚曰穆，葬寧陵，祔于小廟。簡文即位，追崇曰太后。

貴嬪父道遷〔七〕，天監初，爲歷陽太守。廬陵威王之生，武帝謂之曰：「賢女復育一男。」答曰：「莫道猪狗子。」世人以爲笑。後位兗州刺史、宣城太守。

文宣阮太后諱令嬴，會稽餘姚人也。本姓石。初，齊始安王遥光納焉。遥光敗，入東昏宫。建康城平，爲武帝采女。在孕，夢龍罩其牀。天監六年八月，生元帝于後宫〔八〕。是日大赦。尋拜爲脩容，賜姓阮氏。嘗隨元帝出藩。大同六年六月，薨于江州正寢〔九〕，時年六十七。其年十一月，歸葬江寧縣通望山，謚曰宣。元帝即位，有司奏追崇爲文宣太后，還祔小廟。

承聖二年，追贈太后父齊故奉朝請石靈寶散騎常侍、左衛將軍，封武康縣侯，母陳氏武康侯夫人。

簡文王皇后諱靈賓，琅邪臨沂人也。祖儉，齊太尉、南昌文憲公。父騫，金紫光禄大夫、南昌安侯。后幼而柔明，叔父暕見之曰：「吾家女師也。」天監十一年，拜晉安王妃。生哀太子大器、南郡王大連、長山公主妙䂮。大通三年十月，拜皇太子妃〔一〇〕。太清三年三月，薨于永福省，時年四十五。其年，簡文即位，追崇爲皇后，謚曰簡。大寶元年九月，葬莊陵。

元帝徐妃諱昭佩，東海郯人也。祖孝嗣，齊太尉、枝江文忠公。父緄，侍中、信武將軍。妃以天監十六年十二月拜湘東王妃，生世子方等、益昌公主含貞。妃無容質，不見禮，帝三二年一入房。妃以帝眇一目，每知帝將至，必爲半面粧以俟，帝見則大怒而出。妃性嗜酒，多洪醉，帝還房，必吐衣中。與荆州後堂瑶光寺智遠道人私通。酷妬忌，見無寵之妾，便交杯接坐。纔覺有娠者，即手加刀刃。帝左右暨季江有姿容，又與淫通。季江每歎曰：「柏直狗雖老猶能獵，蕭溧陽馬雖老猶駿〔一一〕，徐娘雖老猶尚多情。」時有賀徽者美色，妃要之於普賢尼寺，書白角枕爲詩相贈答。

既而貞惠世子方諸母王氏寵愛，未幾而終，元帝歸咎於妃，及方等死，愈見疾。太清三年，遂逼令自殺。妃知不免，乃透井死。帝以屍還徐氏，謂之出妻。葬江陵瓦官寺。帝制金樓子述其淫行。初，妃嫁夕，車至西州，而疾風大起，發屋折木。無何，雪霰交下，帷簾皆白。及長還之日〔一二〕，又大雷震西州聽事兩柱俱碎。帝以爲不祥，後果不終婦道。

敬夏太后，會稽人也。普通中，納于湘東王宮，生敬帝。承聖元年冬，拜晉安王國太妃。紹泰元年，尊爲太后。明年冬，降爲江陰國太妃。

敬王皇后，琅邪臨沂人也。承聖元年十一月，拜晉安王妃。紹泰元年十月，拜皇后。明年，降爲江陰王妃。父僉自有傳。

陳武宣章皇后，諱要兒，吴興烏程人。本姓鈕，父景明爲章氏所養，因改姓焉。后母蘇，嘗遇道士以小龜遺己，光采五色，曰「三年有徵」。及期，后生，紫光照室，因失龜所在。

后少聰慧，美容儀，手爪長五寸，色並紅白。每有朞功之服，則一爪先折。武帝先娶同郡錢仲方女，早卒，後乃聘后。

后善書計，能誦詩及楚辭。帝爲長城縣公，后拜夫人。永定元年，立爲皇后。追贈后父梁散騎侍郎景明特進、金紫光禄大夫，加金章紫綬。拜后母蘇安吉縣君。二年，安吉君卒，與后父葬吴興。明年，追封后父爲廣德縣侯，謚曰温。

武帝崩，后與中書舍人蔡景歷定計，秘不發喪。時衡陽獻王昌未至，召文帝。及即位，尊后爲皇太后，宫曰慈訓。廢帝即位，后爲太皇太后。光大二年，后下令黜廢帝爲臨海王，命宣帝嗣立。太建元年，復爲皇太后。二年三月丙申，崩于紫極殿，時年六十五。遺令喪事並從儉約，諸饋奠不用牲牢。其年四月，羣臣上謚曰宣，祔葬萬安陵。

后親屬無在朝者，唯本族兄鈕洽官至中散大夫。

文沈皇后諱妙容，吴興武康人也。父法深，梁安前中録事參軍。后年十歲餘，以梁大同中歸于文帝。武帝之討侯景，文帝時在吴興，及后並被收，景平，乃獲免。武帝踐祚，后爲臨川王妃。文帝即位，爲皇后。追贈后父法深光禄大夫，加金章紫綬，封建城縣侯，謚曰恭。追贈后母高爲綏安縣君，謚曰定。廢帝即位，尊后爲皇太后，宫曰安德。

時宣帝與僕射到仲舉、舍人劉師知等，並受遺輔政。師知與仲舉恒居禁中，參決衆事，而宣帝爲揚州刺史，與左右三百人，入居尚書省。師知忌宣帝權重，矯敕令還東府理州務。宣帝將出，毛喜止帝曰：「今若出外，便受制於人，如曹爽願作富家公不可得也〔一三〕。」宣帝乃稱疾，召師知留與語，使毛喜先入，言之於后。后曰：「今伯宗年幼，政事並委二郎，此非我意。」喜又言於廢帝，廢帝曰：「此自師知等爲，非朕意也。」喜出報宣帝，帝因囚師知。自入見后及帝，極陳師知之短。仍自草敕請畫，以師知付廷尉，其夜於獄賜死。自是政歸宣帝。

后憂悶，計無所出，乃密賂宦者蔣裕，令誘建安人張安國使據郡反，冀因此圖帝。安國事發被誅，時后左右近侍頗知其事，后恐連逮黨與，並殺之。

宣帝即位，以后爲文皇后。陳亡入隋，大業初自長安歸于江南，頃之卒。

后兄欽，襲爵建城侯，位尚書左僕射。欽素無伎能，奉己而已。卒，謚曰成。子觀嗣，頗有學識，官至御史中丞。

廢帝王皇后，琅邪臨沂人也。天嘉元年，爲皇太子妃。廢帝即位，立爲皇后。廢帝爲臨海王，后廢爲妃。至德中薨。后生臨海嗣王至澤。至澤，光大元年爲皇太子，太建元年，襲封臨海嗣王。陳亡，入長安。后父固自有傳。

宣柳皇后諱敬言，河東解縣人也。曾祖世隆，祖惲，父偃，並有傳。后九歲，幹理家事，有若成人。侯景之亂，后與弟盼往江陵，依梁元帝，帝以長城公主故，待遇甚厚，以配宣帝。

承聖二年，后生後主於江陵。及魏剋江陵，宣帝遷于關右，后與後主俱留穰城。天嘉二年，與後主還朝，后爲安成王妃。宣帝即位，立爲皇后。

后美姿容，身長七尺二寸，手垂過膝。初，宣帝居鄉里，先娶吴興錢氏，及即位，拜貴妃，甚有寵。后傾心下之，每尚方供奉物，其上者皆推於貴妃，而己御其次焉。

宣帝崩，始興王叔陵爲亂，後主賴后與吴媪救而獲免。後主即位，尊后爲皇太后，宫曰弘範。是時新失淮南地，隋師臨江，又國遭大喪，後主患創不能聽政。其誅叔陵，供大行喪事，邊境防守及百司衆務，雖假後主之敕，實皆決之於后。後主創愈，乃歸政焉。

后性謙謹，未嘗以宗族爲請，雖衣食亦無所分遺。陳亡，入長安。隋大業十二年，薨於東都〔一四〕，年八十三。葬于洛陽之芒山。

後主沈皇后諱婺華，吴興武康人也。父君理自有傳。后母即武帝女會稽穆公主，早亡。時后尚幼，而毁瘠過甚。及服畢，每歲時朔望，恒獨坐涕泣，哀動左右，内外敬異焉。太建三年，拜爲皇太子妃〔一五〕。後主即位，立爲皇后。

后性端静，有識量，寡嗜欲，聰敏强記，涉獵經史，工書翰。後主在東宫，而后父君理卒，居憂處别殿，哀毁逾禮。後主遇后既薄，而張貴妃有寵，總後宫之政，后澹然未嘗有所忌怨。而身居儉約，衣服無錦繡之飾，左右近侍纔百許人，唯尋閲圖史及釋典爲事。嘗遇歲旱，自暴而誦佛經，應時雨降。無子，養孫姬子胤爲己子。數上書諫爭，後主將廢之，而立張貴妃，會國亡不果，乃與後主俱入長安。及後主薨，后自爲哀辭，文甚酸切。

隋煬帝每巡幸，恒令從駕。及煬帝被殺，后自廣陵過江，於毗陵天静寺爲尼，名觀音。貞觀初卒。

張貴妃名麗華，兵家女也。父兄以織席爲業。後主爲太子，以選入宫。時龔貴嬪爲良娣，貴妃年十歲，爲之給使。後主見而悦之，因得幸，遂有娠，生太子深。後主即位，拜爲貴妃。性聰慧，甚被寵遇。

後主始以始興王叔陵之亂被傷，卧于承香殿。時諸姬並不得進，唯貴妃侍焉。而柳太后猶居柏梁殿，即皇后之正殿也。而沈皇后素無寵於後主，不得侍疾，別居求賢殿。

至德二年，乃於光昭殿前起臨春、結綺、望仙三閣〔一六〕，高數十丈，並數十間。其窗牖、壁帶、縣楣、欄檻之類，皆以沈檀香爲之，又飾以金玉，間以珠翠，外施珠簾。內有寶牀寶帳，其服玩之屬，瑰麗皆近古未有。每微風暫至，香聞數里，朝日初照，光映後庭。其下積石爲山，引水爲池，植以奇樹，雜以花藥。後主自居臨春閣，張貴妃居結綺閣，龔、孔二貴嬪居望仙閣，並複道交相往來。又有王、季二美人〔一七〕，張、薛二淑媛，袁昭儀、何婕妤、江脩容等七人，並有寵，遞代以游其上。以宮人有文學者袁大捨等爲女學士。後主每引賓客，對貴妃等游宴，則使諸貴人及女學士與狎客共賦新詩，互相贈答。采其尤豔麗者，以爲曲調，被以新聲。選宮女有容色者以千百數，令習而歌之，分部迭進，持以相樂。其曲有玉樹後庭花、臨春樂等。其略云：「璧月夜夜滿，瓊樹朝朝新。」大抵所歸，皆美張貴妃、孔貴嬪之容色。

張貴妃髮長七尺，鬒黑如漆，其光可鑑。特聰慧，有神彩，進止閑華，容色端麗。每瞻視眄睞〔一八〕，光彩溢目，照映左右。嘗於閣上靚粧，臨于軒檻，宮中遙望，飄若神仙。才辯强記，善候人主顏色。薦諸宮女，後宮咸德之，競言其善。又工厭魅之術，假鬼道以惑後主。置淫祀於宮中，聚諸女巫使之鼓舞〔一九〕。

時後主怠於政事，百司啓奏，並因宦者蔡臨兒、李善度進請〔一〇〕，後主倚隱囊，置張貴妃於膝上共決之。李、蔡所不能記者，貴妃並爲疏條，無所遺脱。因參訪外事，人間有一言一事，貴妃必先知白之，由是益加寵異，冠絶後庭。而後宫之家，不遵法度，有絓於理者，但求恩於貴妃，貴妃則令李、蔡先啓其事，而後從容爲言之。大臣有不從者，因而譖之，言無不聽。於是張、孔之權，熏灼四方，内外宗族，多被引用，大臣執政，亦從風而靡。閹宦便佞之徒，内外交結，轉相引進。賄賂公行，賞罰無常，綱紀瞀亂矣。及隋軍剋臺城，貴妃與後主俱入井，隋軍出之，晉王廣命斬之於青溪中〔一一〕。

論曰：飲食男女，人之大欲存焉，故聖人順于人情而爲之度。王宫六列，士室一等，皆隨事升降，以立節文。若夫義篤閫闈，政刑邦國，古先哲王有以之致化矣。夫后妃專夕，配以德升，姬嬙並御，進非色幸，欲使情有覃被，愛罔偏流，專貞内表，妖蠱外息，乃可以輔興君德，燮理陰政。

宋氏因晉之舊典，聘納有方，俔天作儷，必四岳之後。自元嘉以降，内職稍繁，所選止於軍署，徵引極乎廝阜，非若晉氏采擇，濫及冠冕者焉。而愛止帷房，權無外授，戚屬饒賚，歲時不過肴漿，斯爲美矣。及文帝之傾惑潘嫗，謀及婦人；大明之淪没殷姬，並后匹嫡，其爲喪敗，亦已甚矣。

齊氏孝、昭二后，並有賢明之訓，惜乎早世，不得母臨萬國。有婦人焉，空慕周典，禎符顯瑞，徒萃徽名。高皇受命，宮禁貶約，衣不文繡，色無紅采，永巷貧空，有同素室。武帝嗣位，運藉休平，壽昌前興，鳳華晚構，香柏文檉，花梁繡柱，雕金鏤寶，照燭房帷，趙瑟吳趨，承閑奏曲，事由私蓄，無損國儲。明帝統業，矯情儉陋，奉己之制，曾莫云改。東昏喪道，侈風大扇，哲婦傾城，同符殷、夏，可以垂誡，其在斯乎。

梁武志在約己，示存宮掖，雖貴嬪之徽華早著，誕育元良，唯見崇重，無聞正位。徐妃無行，其殲滅也宜哉。

陳武撫茲歸運，奄開帝業。若夫儷天作則，燮隆王化，則宣太后其懿焉。文、宣宮壼，無聞於喪德；後主嗣業，實敗于椒房，既曰牝晨，亦唯家之索也。

校勘記

〔一〕忽見庭前昌蒲花　梁書卷七皇后太祖張皇后傳、御覽卷一四三、卷九九九引梁書「昌蒲」下有「生」字。

〔二〕謚曰文獻　梁書卷七皇后太祖張皇后傳、建康實録卷一八、御覽卷一四三引梁書無「文」字。

按梁書卷二武帝紀中云梁武帝稱帝後「追尊皇考爲文皇帝，廟曰太祖，皇妣爲獻皇后」。是「文」爲梁武帝父之謚號，「獻」爲母之謚號。

〔三〕及終化爲龍入于後宮　建康實録卷一八、御覽卷九二九引梁書「後宮」下有「井」字。

〔四〕又奏爲貴嬪　「爲」，原作「初」，據宋乙本壹及梁書卷七皇后高祖丁貴嬪傳、御覽卷一四三引梁書、通志卷二〇改。

〔五〕謂宮僚施敬　「宮僚」，梁書卷七皇后高祖丁貴嬪傳、册府卷五七八作「宮闈」。

〔六〕帝所立義　「義」，梁書卷七皇后高祖丁貴嬪傳、通志卷二〇作「經義」。

〔七〕貴嬪父道遷　「道遷」，梁書卷七皇后高祖丁貴嬪傳、建康實録卷一八作「仲遷」。

〔八〕天監六年八月生元帝于後宮　按本書卷八梁本紀下元帝紀及册府卷一八二、卷二〇三並載阮脩容於「天監七年八月丁巳生帝」，建康實録卷一八載「天監七年八月生元帝」。王鳴盛商榷卷五九：「案帝於承聖三年十一月爲魏人所戕，梁書云年四十七，南史削去其年數。」「從是年逆溯至天監七年，恰四十七。若以六年生則不合，當以紀爲正。」

〔九〕大同六年六月薨于江州正寢　按金樓子卷二后妃篇「梁宣修容」條：「以昇明元年丁巳六月十一日生」，「大同九年太歲癸亥六月二日庚申薨於江州之内寢，春秋六十七」。王鳴盛商榷卷五九：「自丁巳至癸亥正六十七年，則非大同六年，皆當以金樓子爲是，南史、梁書皆誤。」

〔一〇〕大通三年十月拜皇太子妃　按梁書卷三武帝紀、卷四簡文帝紀，昭明太子蕭統薨於中大通三年四月，晉安王蕭綱於是年五月丙申詔立爲皇太子。蕭綱妻王氏不應在兩年前即大通三年十月拜皇太子妃。此蓋襲梁書卷七皇后傳而誤，「大通」當作「中大通」。

〔二〕蕭溧陽馬雖老猶駿　「溧陽」，原作「漂陽」，據殿本及通志卷二〇改。按殿本考證：「『溧』訛『漂』，今改正。」宋書卷三五州郡志上、南齊書卷一四州郡志上，揚州丹陽領溧陽縣。

〔三〕及長還之日　「長」，金樓子卷五作「喪」，疑是。

〔三〕如曹爽願作富家公不可得也　「富家公」，陳書卷七皇后世祖沈皇后傳、建康實録卷一九、通鑑卷一七〇陳紀四光大元年作「富家翁」。按三國志卷九魏書曹爽傳裴松之注引魏氏春秋、晉書卷一宣帝紀、通鑑卷七五魏紀七嘉平元年記曹爽事，並作「富家翁」。

〔四〕隋大業十二年薨於東都　「十二年」，陳書卷七皇后高宗柳皇后傳、御覽卷一四三引陳書作「十一年」。

〔五〕太建三年拜爲皇太子妃　「三年」，北監本、殿本作「二年」。按陳書卷五宣帝紀載：太建元年「秋七月辛卯，皇太子納妃沈氏」。陳書卷二三沈君理傳則載：太建「二年，高宗以君理女爲皇太子妃」。

〔六〕乃於光昭殿前起臨春結綺望仙三閣　「光昭殿」，陳書卷七皇后後主沈皇后傳附張貴妃傳、御覽卷九八二引陳書作「光照殿」。

〔七〕又有王李二美人　「李」，陳書卷七皇后後主沈皇后傳附張貴妃傳、建康實録卷二〇、通鑑卷一七六陳紀一〇至德二年作「李」。

〔八〕每瞻視眄睞　「眄」，陳書卷七皇后後主沈皇后傳附張貴妃傳作「盼」。通鑑胡三省注：「仰視曰瞻，正觀曰視，斜視曰眄，旁視曰睞。」

〔九〕聚諸女巫使之鼓舞　「女巫」，陳書卷七皇后後主沈皇后傳附張貴妃傳、御覽卷一四三引陳書作「妖巫」。

〔一〇〕並因宦者蔡臨兒李善度進請　「蔡臨兒」，陳書卷七皇后後主沈皇后傳附張貴妃傳、卷二一蕭允傳附蕭引傳、本書卷一八蕭引傳、册府卷七〇六、通鑑卷一七六陳紀一〇至德二年、通志卷一四五作「蔡脱兒」。

〔一一〕晉王廣命斬之於青溪中　「青溪中」，建康實録卷二〇作「青溪橋」，御覽卷一四三引陳書、通志卷二〇作「青溪中橋」。按陳書卷七皇后後主沈皇后傳附張貴妃傳：「晉王廣命斬貴妃，膀於青溪中橋。」

南史卷十三

列傳第三

宋宗室及諸王上

長沙景王道憐　臨川烈武王道規 鮑照　營浦侯遵考

武帝諸子

長沙景王道憐〔一〕，宋武帝中弟也。謝琰爲徐州，命爲從事史。武帝剋京城及平建鄴，道憐常留侍太后，後以軍功封新渝縣男。從武帝征廣固，所部獲慕容超，以功改封竟陵縣公。及討司馬休之，道憐監太尉留府事。江陵平，爲驃騎將軍、開府儀同三司、荆州刺史，護南蠻校尉，加都督，北府文武悉配之。

道憐素無才能，言音甚楚，舉止多諸鄙拙，畜聚常若不足。去鎮日，府庫爲空。徵拜司空、徐兗二州刺史，加都督，出鎮京口。武帝受命，遷太尉，封長沙王。

先是，廬陵王義真爲揚州刺史，太后謂上曰：「道憐汝布衣兄弟，宜用爲揚州。」上曰：「寄奴於道憐，豈有所惜。揚州根本所寄，事務至重，非道憐所了。」太后曰：「道憐年五十，豈不如十歲兒邪？」上曰：「車士雖爲刺史，事無大小，皆由寄奴。道憐年長，不親其事，於聽望不足。」太后乃無言，竟不授。

永初三年薨，加贈太傅，葬禮依晉太宰安平王孚故事，鸞路九旒，黄屋左纛，轀輬車、挽歌二部，前後羽葆、鼓吹，虎賁班劍百人。文帝元嘉九年，詔故太傅長沙景王、故大司馬臨川烈武王、故司徒南康文宣公劉穆之、開府儀同三司華容縣公王弘、開府儀同三司永脩縣公檀道濟、故青州刺史龍陽縣公王鎮惡〔二〕，並勒功天府，配祭廟庭。

道憐子義欣嗣，位豫州刺史，鎮壽陽，境内畏服，道不拾遺，遂爲盛藩强鎮。薨，贈開府儀同三司，謚曰成王。

子悼王瑾嗣，傳爵至子，齊受禪，國除。

瑾弟韞字彦文，位雍州刺史，侍中，領右衛將軍，領軍將軍。昇明二年，被齊高帝誅〔三〕。韞人才凡鄙，特爲明帝所寵。在湘州、雍州，使善畫者圖其出行鹵簿羽儀，常自披翫。嘗以圖示征西將軍蔡興宗，興宗戲之，陽若不解畫者，指韞形問之曰：「此何人而在輿？」韞曰：「政是我。」其庸底類如此。

韞弟述字彥思，亦甚庸劣。從子俁疾危篤，父彥節、母蕭對之泣，述嘗候之，便命左右取酒肉令俁進之，皆莫知其意。或問焉，答曰：「禮云，有疾飲酒食肉。」述又嘗新有緦慘，或詣之，問其母安否。述曰：「惟有愁惛。」次訪其子，對曰：「所謂父子聚麀。」蓋謂麀爲憂也。

義欣弟義融封桂陽縣侯，邑千户。凡王子爲侯，食邑皆千户。義融位五兵尚書，領軍，有質幹，善於用短〔四〕。卒，謚恭侯。子孝侯覬嗣，無子，弟襲以子晃繼。襲字茂德，性庸鄙，爲郢州刺史，暑月露褌上聽事，時綱紀政伏閤，怪之，訪問乃知是襲。

義融弟義宗，幼爲武帝所愛，字曰伯奴，封新渝縣侯，位太子左衞率。坐門生杜德靈放横打人，入義宗第蔽隱，免官。德靈以姿色，故義宗愛寵之。義宗卒於南兗州刺史，謚曰惠侯。子懷珍嗣〔五〕，無子，弟彥節以子承繼。

彥節少以宗室清謹見知，孝武時，其弟遐坐通嫡母殷氏養女雲敷，殷每禁之〔六〕。及殷亡，口血出，衆疑遐行毒害。孝武使彥節從弟祇諷彥節啓證其事。彥節曰：「行路之人尚不應爾，今日迺可一門同盡，無容奉敕。」衆以此稱之。後廢帝即位，累遷尚書左僕射，參選。元徽元年，領吏部，加兵五百人。桂陽王休範爲逆，中領軍劉勔出守石頭，彥節權兼領軍將軍，所給加兵，自隨入殿。封當陽侯，與齊高帝、袁粲、褚彥回分日入直，平決機事，遷中書令，加撫軍將軍。及帝廢爲蒼梧王，彥節出集議，於路逢從弟韞。韞問曰：「今日之事，故當歸兄邪？」彥節曰：「吾等已讓領軍矣。」韞捶胸曰：「兄肉中詎有血邪，今年族矣。」齊高帝聞而惡之。順帝即位，轉尚書令。時齊高帝輔政，彥節知運祚將遷，密懷異圖。及沈攸之舉兵，齊高入屯朝堂，袁粲鎮石頭，潛與彥節及諸大將黄回等謀夜會石頭，詰旦乃發。彥節素怯，騷擾不自安。再晡後，便自丹陽郡車載婦女，盡室奔石頭。臨去，婦蕭氏强勸令食，彥節歠羹寫胸中，手振不自禁。其主簿丁靈衞聞難即入，語左右曰：「今日之事，難以取濟。但我受劉公厚恩，義無二情。」及至見粲，粲驚曰：「何遽便來，事今敗矣。」彥節曰：「今得見公，萬死何恨。」從弟韞直省内，與直閤將軍卜伯興謀其夜共攻齊高帝，會彥節事覺，秣陵令劉寶、建康令劉遐密告齊高帝，高帝夜使驍騎將軍王敬則收殺之，伯興亦遇害。粲敗，彥節踰城走，於額檐湖見禽被殺。彥節子俁嘗賦詩云：「城上草，植根非不高，所恨風霜早。」時咸云此爲祅句。事敗，俁與弟陔剃髮被法服向京口，於客舍爲人識，執於建康獄盡殺之。彥節既貴，士子自非三署不得上方榻，時人以此少之。其妻蕭思話女也，常懼禍敗，每謂曰：「君富貴已足，故應爲兒作計。」彥節不從，故及禍。

彥節弟遐字彥道，爲嫡母殷暴亡，有司糾之，徙始安郡。後得還，位吴郡太守，至是亦見誅。遐人才甚凡，自諱名有同至諱〔七〕，常對客曰：「孝武無道，見枉殺母。」其頑騃若此。及彥節當權，遐累求方伯。彥節曰：「我在事，而用汝作州，於聽望不足。」遐曰：「富貴則言不可相關，從坐之日得免不？」至是果死。

義宗弟義賓，封興安侯，位徐州刺史。卒，謚曰肅侯。義賓弟義綦，封營道縣侯，凡鄙無識。始興王濬嘗謂曰：「陸士衡詩云，『營道無烈心』，其何意苦阿父如此。」義綦曰：「下官初不識士衡，何忽見苦。」其庸塞皆然。位湘州刺史，謚僖侯。

臨川烈武王道規字道則，武帝少弟也。倜儻有大志，預謀誅桓玄。時桓弘鎮廣陵，以爲征虜中兵參軍。武帝剋京城，道規亦以其日與劉毅、孟昶斬弘。玄敗走，道規與劉毅、何無忌追破之。無忌欲乘勝追玄，直造江陵〔八〕。道規曰：「諸桓世居西楚，羣小皆爲竭力；桓振勇冠三軍。且可頓兵以計策縻之。」無忌不從，果爲振敗。乃退還尋陽，繕舟甲復進，遂平巴陵。江陵之平，道規推毅爲元功，無忌爲次，自居其末。以起義勳，封華容縣公，累遷領護南蠻校尉、荆州刺史，加都督。善於刑政，士庶畏而愛之。

盧循寇逼建鄴，道規遣司馬王鎮之及揚武將軍檀道濟、廣武將軍到彥之等赴援朝廷，至尋陽，爲循黨荀林所破〔九〕。林乘勝伐江陵，聲言徐道覆已剋建鄴。而桓謙自長安入蜀，譙縱以謙爲荆州刺史，與其大將譙道福俱寇江陵。道規乃會將士告之曰：「吾東來文武足以濟事，欲去者不禁。」因夜開城門，衆咸憚服，莫有去者。雍州刺史魯宗之自襄陽來赴，或謂宗之未可測。道規乃單車迎之，衆咸感悦。衆議欲使檀道濟、到彦之共擊荀林等。道規曰：「非吾自行不決。」乃使宗之居守，委以心腹，率諸將大敗謙，斬之。諮議劉遵追荀林，斬之巴陵。初，謙至枝江，江陵士庶皆與謙書，言城内虚實。道規一皆焚燒，衆乃大安。

徐道覆奄至破冢，魯宗之已還襄陽，人情大震。或傳循已剋都，遣道覆上爲刺史。江、漢士庶感其焚書之恩，無復二志。道規使劉遵爲游軍，自拒道覆〔一〇〕，前驅失利。道規壯氣愈厲，遵自外横擊，大破之。初使遵爲游軍，衆咸言不宜割見力置無用之地。及破道覆，果得游軍之力，衆乃服焉。遵字慧明，淮南海西人〔一一〕，道規從母兄也，位淮南太守，追封監利縣侯。

道規進號征西大將軍、開府儀同三司，改授豫州，以疾不拜。義熙八年薨于都，贈司徒，謚曰烈武，進封南郡公。武帝受命，贈大司馬，追封臨川王。無子，以長沙景王第二子義慶嗣。初，文帝少爲道規所養，武帝命紹焉。咸以禮無二繼，文帝還本，而定義慶爲後。

義慶爲荆州，廟主當隨往江陵，文帝下詔褒美勳德及慈蔭之重，追崇丞相，加殊禮，鸞路九旒，黄屋左纛，給節鉞，前後部羽葆、鼓吹，虎賁班劍百人。及長沙太妃檀氏、臨川太妃曹氏後薨，葬皆準給。

義慶幼爲武帝所知，年十三襲封南郡公。永初元年，襲封臨川王。元嘉中爲丹陽尹。有百姓黄初妻趙殺子婦遇赦，應避孫讎。義慶議以爲「周禮父母之仇，避之海外，蓋以莫大之冤，理不可奪。至於骨肉相殘，當求之法外。禮有過失之宥，律無讎祖之文。況趙之縱暴，本由於酒，論心即實，事盡荒耄。豈得以荒耄之王母，等行路之深讎，宜共天同域，無虧孝道」。六年，加尚書左僕射。八年，太白犯左執法，義慶懼有災禍，乞外鎮。文帝詔諭之，以爲「玄象茫昧，左執法嘗有變，王光禄至今平安。日蝕三朝，天下之至忌，晉孝武初有此異。彼庸主耳，猶竟無他」。義慶固求解僕射，乃許之。

九年，出爲平西將軍、荆州刺史〔一二〕，加都督。荆州居上流之重，資實兵甲居朝廷之半，故武帝諸子偏居之。義慶以宗室令美，故特有此授。性謙虚，始至及去鎮，迎送物並不受。十二年，普使内外羣臣舉士，義慶表舉前臨汝令新野庾實、前徵奉朝請武陵龔祈、處士南郡師覺授〔一三〕。義慶留心撫物，州統内官長親老不隨在官舍者，一年聽三吏餉家〔一四〕。先是，王弘爲江州，亦有此制。在州八年，爲西土所安。撰徐州先賢傳十卷奏上之。又擬班固典引爲典敍，以述皇代之美。

改授江州，又遷南兗州刺史，並帶都督。尋即本號加開府儀同三司。性簡素，寡嗜慾，愛好文義，文辭雖不多，足爲宗室之表。歷任無浮淫之過；唯晚節奉沙門頗致費損。少善騎乘，及長，不復跨馬，招聚才學之士，遠近必至。太尉袁淑文冠當時，義慶在江州請爲衞軍諮議。其餘吳郡陸展、東海何長瑜、鮑照等，並有辭章之美，引爲佐吏國臣。所著世說十卷，撰集林二百卷，並行於世。文帝每與義慶書，常加意斟酌。

鮑照字明遠，東海人，文辭贍逸。嘗爲古樂府，文甚遒麗。元嘉中，河濟俱清，當時以爲美瑞。照爲河清頌，其序甚工。照始嘗謁義慶未見知，欲貢詩言志，人止之曰：「卿位尚卑，不可輕忤大王。」照勃然曰：「千載上有英才異士沈没而不聞者，安可數哉。大丈夫豈可遂蘊智能，使蘭艾不辨，終日碌碌，與燕雀相隨乎。」於是奏詩，義慶奇之。賜帛二十匹，尋擢爲國侍郎，甚見知賞。遷秣陵令。文帝以爲中書舍人〔一五〕。上好文章，自謂人莫能及，照悟其旨，爲文章多鄙言累句。咸謂照才盡，實不然也。臨海王子頊爲荆州，照爲前軍參軍，掌書記之任。子頊敗，爲亂兵所殺。

義慶在廣陵有疾，而白虹貫城，野麕入府，心甚惡之。因陳求還，文帝許解州，以本號還朝。二十一年，薨于都下，追贈司空，謚曰康王。子哀王曄嗣〔一六〕，爲元凶所殺。曄子綽嗣，昇明三年見殺，國除。

營浦侯遵考，武帝族弟也。曾祖淳，皇曾祖武原令混之弟，位正員郎。祖巖，海西令。父涓子，彭城内史。始武帝諸子並弱，宗室唯有遵考。及北伐平定，以爲并州刺史，領河東太守，鎮蒲坂。關中失守，南還，再遷冠軍將軍。晉帝遜位，居秣陵宫，遵考領兵防衞。武帝初即位，封營浦縣侯。元嘉中，累遷寧蠻校尉、雍州刺史，加都督。爲政嚴暴，聚斂無節，爲有司所糾，上寢不問。孝武大明中，位尚書左僕射，領崇憲太僕。後老疾失明。元徽元年卒，贈左光禄大夫、開府儀同三司，謚曰元公。

子澄之，昇明末貴達。澄之弟琨之爲竟陵王誕司空主簿。誕有寶琴，左右犯其徽，誕罰焉。琨之諫，誕曰：「此余寶也。」琨之曰：「前哲以善人爲寶，不以珠玉爲寶，故王孫圉稱觀父爲楚國之寶。未聞以琴瑟爲寶。」誕忸然不悦。誕之叛，以爲中兵參軍。辭曰：「忠孝不得並，琨之老父在，將安之乎。」誕殺之。後贈黄門郎，詔謝莊爲誄。

遵考從父弟思考亦官歷清顯，卒於散騎常侍、金紫光禄大夫。

子季連字惠續，早歷清官。齊高帝受禪，將及誅，太宰褚彦回素善之，固請乃免。建武中，爲平西蕭遥欣長史、南郡太守。遥欣多招賓客，明帝甚惡之。季連有憾於遥欣，乃密表明帝言其有異迹。明帝乃以遥欣爲雍州刺史，而心德季連，以爲益州刺史，令據遥欣上流。季連父思考，宋時爲益州，雖無政績，州人猶以義故，故喜得之〔一七〕。季連存問故老，見父時人吏皆泣對之。遂寧人龔愜累世有學行，辟爲府主簿。及聞東昏失德，稍自驕矜。性忌褊，遂嚴愎酷很，士人始怨。

永元元年九月，因聲講武，遂遣中兵參軍宋買以兵襲中水穰人李託。買戰不利，退還，州郡遂多叛亂。明年十月，巴西人趙續伯反，奉其鄉人李弘爲聖主。弘乘佛輿，以五綵裹青石，誑百姓云，天與己玉印，當王蜀。季連遣中兵參軍李奉伯大破獲之。將刑，謂刑人曰：「我須臾飛去。」復曰：「汝空殺我，我三月三日會更出。」遂斬之。

梁武帝平建鄴，遣左右陳建孫送季連二子及弟通直郎子深喻旨〔一八〕，季連受命，脩還裝。武帝以西臺將鄧元起爲益州刺史。元起，南郡人，季連爲南郡時，待之素薄。元起典籤朱道琛者，嘗爲季連府都録，無賴，季連欲殺之，逃免。至是説元起請先使檢校緣路奉迎。及至，言語不恭；又歷造府州人士，見器物輒奪之，曰「會屬人，何須苦惜」。軍府大懼，言於季連，季連以爲然。又惡昔之不禮元起，益憤懣。司馬朱士略説季連求爲巴西郡守，三子爲質，季連許之。既而召兵筭之，精甲十萬。臨軍歎曰：「據天嶮之地，握此盛兵，進可以匡社稷，退不失作劉備，欲以此安歸乎。」遂矯稱齊宣德皇后令，復反，收朱道琛殺之。書報朱士略，兼召涪令李膺，並不受命。

天監元年六月，元起至巴西，季連遣其將李奉伯拒戰，見敗。季連固守，元起圍之。城中餓死者相枕，又從而相食。二年，乃肉袒請罪。元起遷季連于外，俄而造焉，待之以禮。季連謝曰：「早知如此，豈有前日之事。」元起誅李奉伯，送季連還都。將發，人莫之視，唯龔愜送焉。初，元起在道，懼事不集無以賞，士之至者皆許以辟命，於是受別駕、中從事檄者將二千人。

季連既至，詣闕謝罪，自東掖門入，數步一稽首以至帝前。帝笑謂曰：「卿欲慕劉備而曾不及公孫述，豈無卧龍之臣乎。」赦爲庶人。四年，出建陽門，爲蜀人藺相如所殺〔一九〕。季連在蜀，殺其父。變名走建鄴，至是報焉。乃面縛歸罪，帝壯而赦之。

宋武帝七男：張夫人生少帝，孫脩華生廬陵孝獻王義真，胡婕妤生文帝，王脩容生彭城王義康，桓美人生江夏文獻王義恭〔二〇〕，孫美人生南郡王義宣，吕美人生衡陽文王義季。

廬陵孝獻王義真，美儀貌，神情秀徹。初封桂陽縣公。年十二，從北征。及關中平，武帝東還〔二二〕，欲留偏將，恐不足固人心，乃以義真爲雍州刺史，加都督。以太尉諮議參軍京兆王脩爲長史，委以關中任。帝將還，三秦父老泣訴曰：「殘生不霑王化，於今百年。始覩衣冠，方仰聖澤。長安十陵，是公家墳墓，咸陽宮殿，是公家屋宅，捨此何之？」武帝爲之憫然，慰譬曰：「受命朝廷，不得擅留。今留第二兒令文武才賢共鎮此境。」臨還，自執義真手以授王脩，令脩執其子孝孫手授帝。義真又進都督并、東秦二州，領東秦州刺史。時隴上流户多在關中，望得歸本。及置東秦州，父老知無復經略隴右、固關中之意，咸共歎息。而赫連勃勃寇逼交至。

沈田子既殺王鎮惡，王脩又殺田子，兼裁減義真賜左右物。左右怨之，因白義真曰：「鎮惡欲反，故田子殺之；脩殺田子，豈又欲反也。」義真使左右劉乞殺脩。脩字叔〔二三〕，京兆霸城人。初南度見桓玄，玄謂曰：「君平世吏部郎才也。」脩既死，人情離異。武帝遣右將軍朱齡石代義真鎮關中，使義真疾歸。諸將競斂財貨，方軌徐行。建威將軍傅弘之曰：「虜騎若至，何以待之？」賊追兵果至。至青泥，大敗，義真獨逃草中。中兵參軍段宏單騎追尋，義真識其聲，曰：「君非段中兵邪？身在此。行矣，必不兩全，可刎身頭以南，使家公望絶。」宏泣曰：「死生共之，下官不忍。」乃束義真於背，單馬而歸。義真謂宏曰：「丈夫不經此，何以知艱難。」

初，武帝未得義真審問，怒甚，剋日北伐。謝晦諫不從，及得宏啓，知義真免乃止。義真尋爲司州刺史，加都督。以段宏爲義真諮議參軍。宏鮮卑人，爲慕容超尚書左僕射，武帝伐廣固歸降。

義真改揚州刺史，鎮石頭。永初元年，封廬陵王。武帝始踐祚，義真色不悦，侍讀博士蔡茂之問其故。對曰：「安不忘危，何可恃也。」明年遷司徒。武帝不豫，以爲車騎將軍、開府儀同三司、南豫州刺史，加都督，鎮歷陽。未之任而武帝崩。義真聰敏，愛文義，而輕動無德業，與陳郡謝靈運、琅邪顔延之、慧琳道人並周旋異常，云「得志日，以靈運、延之爲宰相，慧琳道人爲西豫州刺史」。徐羨之等嫌義真與靈運、延之昵狎過甚〔三〕，故吏范晏戒之。義真曰：「靈運空疎，延之隘薄，魏文云『鮮能以名節自立』者。但性情所得，未能忘言於悟賞，故與游耳。」將之鎮，列部伍於東府前。既有國哀，義真與靈運、延之、慧琳等坐視部伍，因宴舫裏，使左右剔母舫函道施己船而取其勝者，及至歷陽，多所求索，羨之等每不盡與。深怨執政，表求還都。

初，少帝之居東宮，多狎羣小，謝晦嘗言於武帝曰：「陛下春秋既高，宜思存萬代。神器至重，不可使負荷非才。」帝曰：「廬陵何如？」晦曰：「臣請觀焉。」晦造義真，義真盛欲與談，晦不甚答，還曰：「德輕於才，非人主也。」由是出居于外。及羨之等專政，義真愈不悅。時少帝失德，羨之等謀廢立，次第應在義真。以義真輕訬，不任主社稷，因其與少帝不協，奏廢爲庶人，徙新安郡。前吉陽令張約之上疏諫，徙爲梁州府軍參軍〔一四〕，尋殺之。景平二年，羨之等遣吏殺義真於徙所〔一五〕，時年十八。元嘉元年八月，詔追復先封，迎靈柩，并孫脩華、謝妃一時俱還。三年正月，誅徐羨之、傅亮等。是日，詔追崇侍中、大將軍，王如故。贈張約以郡。

義真無子，文帝第五子紹字休胤嗣〔一六〕，襲廬陵王。紹少寬雅，位揚州刺史。薨。無子，以南平王鑠子敬先嗣。

彭城王義康，永初元年，封彭城王。歷南豫、南徐二州刺史，並加都督。文帝即位，爲驃騎將軍、開府儀同三司。元嘉三年，改授都督、荆州刺史，給班劍三十人。

義康少而聰察，及居方任，職事脩理。六年，司徒王弘表義康宜還入輔。徵爲侍中、司徒、録尚書事、都督、南徐州刺史。二府置佐領兵，與王弘共輔朝政。弘既多疾，且每事推謙，自是内外衆務一斷之義康。太子詹事劉湛有經國才用，義康昔在豫州，湛爲長史，既素情款，至是待遇特隆，動皆諮訪，故前後在藩多善政。九年，王弘薨，又領揚州刺史。十二年，又領太子太傅。

義康性好吏職，鋭意文案，糾剔是非，莫不精盡。既專朝權，事決自己，生殺大事，皆以録命斷之。凡所陳奏，入無不可，方伯以下，並委義康授用，由是朝野輻湊，權傾天下。義康亦自强不息，無有懈倦。府門每旦常有數百乘車，雖復位卑人微，皆被接引。又聰識過人，一聞必記，嘗所蹔遇，終身不忘。稠人廣坐，每標題所憶，以示聰明，人物益以此推服之。愛惜官爵，未嘗以階級私人。凡朝士有才用者，皆引入己府，自下樂爲竭力，不敢欺負。文帝有虚勞疾，每意有所想，便覺心中痛裂，屬纊者相係。義康入侍醫藥，盡心衛奉，湯藥飲食，非口所嘗不進。或連夕不寢，彌日不解衣。内外衆事，皆專決施行。

十六年，進位大將軍，領司徒。義康素無術學，待文義者甚薄。袁淑嘗詣義康，義康問其年，答曰：「鄧仲華拜衮之歲。」義康曰：「身不識也。」淑又曰：「陸機入洛之年。」義康曰：「身不讀書，君無爲作才語見向。」其淺陋若此。既闇大體，自謂兄弟至親，不復存君臣形迹。率心而行，曾無猜防。私置僮六千餘人，不以言臺。時四方獻饋，皆以上品薦義康，而以次者供御。上嘗冬月噉柑，歎其形味並劣。義康在坐，曰：「今年柑殊有佳者。」遣還東府取柑，大供御者三寸。

僕射殷景仁爲帝所寵，與劉湛素善，而意好晚乖，湛常欲因宰輔之權傾之。景仁爲帝所保持，義康屢言不見用，湛愈憤。南陽劉斌，湛之宗也，有涉俗才用〔一七〕，爲義康所知，自司徒右長史擢爲左長史。從事中郎琅邪王履、主簿沛郡劉敬文、祭酒魯郡孔胤秀並以傾側自入，見帝疾篤，皆謂宜立長君。上嘗危殆，使義康具顧命詔。義康還省，流涕以告湛及景仁，曰：「天下艱難，詎是幼主所御。」湛、景仁並不答〔一八〕；而胤秀等輒就尚書儀曹索晉咸康立康帝舊事，義康不知也。及帝疾瘳，微聞之；而斌等既爲義康所寵，遂結朋黨，若有盡忠奉國不同己者，必搆以罪黜。每采景仁短長，或虛造同異以告湛，自是主相之勢分矣。

義康欲以斌爲丹陽尹，言其家貧。上覺之，曰：「以爲吴郡。」後會稽太守羊玄保求還，義康又欲以斌代之。上時未有所擬，倉卒曰：「我已用王鴻。」上以嫌隙既成，將致大禍，十七年，乃收劉湛；又誅斌及大將軍録事參軍劉敬文并賊曹孔劭秀、中兵邢懷明、主簿孔胤秀、丹陽丞孔文秀、司空從事中郎司馬亮、烏程令盛曇泰；徙尚書庫部郎何默子、餘姚令韓景之、永興令顔遥之、湛弟黄門郎素、斌弟給事中温於廣州；王履廢於家。青州刺史杜驥勒兵殿内，以備非常。義康時入宿，留止中書省，遣人宣旨告以湛等罪。義康上表遜位，改授江州刺史，出鎮豫章，實幽之也。停省十餘日，桂陽侯義融、新渝侯義宗、秘書監徐湛之往來慰視。於省奉辭，便下渚，上唯對之慟哭，遣沙門慧琳視之。義康曰：「弟子有還理不？」琳公曰：「恨公不讀數百卷書。」征虜司馬蕭斌爲義康所昵，劉斌等讒之被斥，乃以斌爲諮議，領豫章太守，事無大小皆委之。司徒主簿謝綜素爲義康所狎，以爲記室。左右愛念者並聽隨從至豫章。辭州見許，資奉優厚，朝廷大事，皆報示之。

義康未敗時，東府聽事前井水忽涌，野雉江鷗並入所住齋前。龍驤參軍巴東扶令育上表申明義康〔二九〕，奏，即收付建康賜死〔三〇〕。

會稽長公主於兄弟爲長，帝所親敬。上嘗就主宴集甚歡，主起再拜頓首，悲不自勝。上不曉其意，起自扶之，主曰：「車子歲暮，必不見容，特乞其命。」因慟哭。上亦流涕，指蔣山曰：「必無此慮，若違今誓，便是負初寧陵。」即封所飲酒賜義康曰：「會稽姊飲憶弟，所飲餘，今封送。」車子，義康小字也。

二十二年，太子詹事范曄等謀反，事連義康，詔特宥大辟，并子女並免爲庶人，絶屬籍，徙安成郡。義康在安成讀漢書見淮南厲王長事，廢書歎曰：「前代乃有此，我得罪爲宜也。」

二十四年，豫章胡誕世、前吴平令袁惲等謀奉戴義康，太尉江夏王義恭奏徙義康廣州，奏可，未行，會魏軍至瓜步，天下擾動，上慮有異志者奉義康爲亂，孝武時鎮彭城及尚書左僕射何尚之並言宜早爲之所。二十八年正月，遣中書舍人嚴龥持藥賜死〔三〕。義康不肯服藥，曰：「佛教自殺不復人身。」乃以被掩殺之，以侯禮葬安成郡。子允，元凶殺之。孝武大明四年，義康女玉秀等乞反葬舊塋，詔聽之。

江夏文獻王義恭，幼而明㲍，姿顔端麗，武帝特所鍾愛。帝性儉，諸子飲食不過五醆盤。義恭求須果食，日中無筭，得未嘗噉，悉以與傍人。諸王未嘗敢求，求亦不得。元嘉六年，爲都督、荆州刺史。義恭涉獵文義，而驕奢不節。及出藩，文帝與書誡之曰：

禮賢下士，聖人垂訓，驕侈矜尚，先哲所去。豁達大度，漢祖之德，猜忌褊急，魏武之累。漢書稱衞青云：「大將軍遇士大夫以禮，與小人有恩。」西門、安于，矯性齊美，關羽、張飛，任偏同弊。行己舉事，深宜鑒此。汝一月日自用不可過三十萬，若能省此益美。

西楚殷曠，常宜早起，接對賓侶。園池堂觀，計無須改作。凡訊獄前一二日，可取訊簿密與劉湛輩粗共詳論，慎無以喜怒加人。能擇善者從之，美自歸己。不可專意自決，以矜獨斷之明也。刑獄不可壅滯，一月可再訊。

凡事皆應慎密。名器深宜慎惜，不可妄以假人。聲樂嬉游，不宜令過。宜數引見佐史，非惟臣主自應相見。不數則彼我不親，不親無因得盡人，人不盡，何由具知衆事。

九年，爲南兗州刺史，加都督，鎮廣陵。十六年，進位司空。明年，彭城王義康有罪出藩，徵義恭爲侍中、都督揚南徐兗三州、司徒、録尚書事，領太子太傅。給班劍二十人，置佐領兵。二十一年，進太尉，領司徒。義恭小心，且戒義康之失，雖爲總録，奉行文書而已。文帝安之。年給相府錢二千萬，佗物稱此。而義恭性奢，用常不足，文帝又別給錢年至千萬。時有獻五百里馬者，以賜義恭。

二十七年，文帝欲有事河、洛，義恭總統羣帥，出鎮彭城。及魏軍至瓜步，義恭與孝武閉城自守。初，魏軍深入，上慮義恭不能固彭城，備加誡勒。義恭答曰：「臣雖未能臨瀚海，濟居延，庶免劉仲奔逃之恥。」及魏軍至，義恭果欲走，賴衆議得停。降號驃騎將軍、開府儀同三司。魯郡孔子舊廟有柏樹二十四株，歷漢、晉，其大連抱。有二株先倒折，土人崇敬，莫之敢犯。義恭悉遣伐取，父老莫不歎息。又以本官領南兗州刺史，加都督，移鎮盱眙，修館宇擬東城。

二十九年冬，還朝，上以御所乘蒼鸞船上迎之〔三二〕。遭太妃憂，改授大將軍、南徐州刺史。還鎮東府。元凶肆逆，其日劭急召義恭。先是，詔召太子及諸王，慮有詐妄致害者，召皆有人；至是，義恭求常所遣傳詔，劭遣之而後入。義恭凡府内兵仗，並送還臺。進位太保。

孝武入討，劭疑義恭異志，使入尚書下省，分諸子並神獸門外侍中下省。孝武前鋒至新亭，劭挾義恭出戰，故不得自拔。戰敗，義恭單馬南奔。劭大怒，遣始興王濬殺義恭十二子。

義恭既至，勸孝武即位。授太尉、録尚書六條事、假黄鉞。事寧，進位太傅，領大司馬，增班劍爲三十人，以在藩所服玉環大綬賜之。上不欲致禮太傅，諷有司奏「天子不應加拜」，從之。及立太子，東宫文案，使先經義恭。

及南郡王義宣等反，又加黄鉞，白直百人入六門。事平，以臧質七百里馬賜義恭。孝武以義宣亂逆，由於彊盛〔三三〕，欲削王侯。義恭希旨，請省録尚書，上從之。又與驃騎大將軍竟陵王誕奏陳貶損之格九條，詔外詳議。於是有司奏九條之格猶有未盡，更加附益，凡二十四條。大抵「聽事不得南面坐施帳；國官正冬不得跣登國殿；公主妃傳令，不得朱服；輿不得重𢳆；鄣扇不得雉尾；劍不得鹿盧形；槊毦不得孔雀白鷺；夾轂隊不得絳襖；平乘但馬不得過二匹〔三四〕；胡伎不得綵衣；舞伎正冬著袿衣，不得莊面；諸妃主不得著緄帶；信幡非臺省官悉用絳；郡縣内史相及封内長官於其封君，罷官則不復追敬〔三五〕，不得稱臣；諸鎮常行，車前不得過六隊；刀不得過銀銅飾；諸王女封縣主，諸王子孫襲封王之妃及封侯者夫人行，並不得鹵簿；諸王子繼體爲王者，婚葬吉凶，悉依諸國公侯之禮，不得同皇弟皇子；車輿非軺車不得油幢；平乘船皆下兩頭作露平形，不得擬象龍舟」。詔可。

孝建二年，爲揚州刺史，加入朝不趨，贊拜不名，劍履上殿。固辭殊禮。義恭撰要記五卷，起前漢訖晉太元，表上之。詔付祕閣。時西陽王子尚有盛寵，義恭解揚州以避之。乃進位太宰，領司徒。

義恭常慮爲孝武所疑，及海陵王休茂於襄陽爲亂，乃上表稱「諸王貴重，不應居邊。有州不須置府」。其餘制度又多所減省。時孝武嚴暴，義恭慮不見容，乃卑辭曲意附會，皆有容儀，每有祥瑞輒上賦頌。大明元年，有三脊茅生石頭西岸，又勸封禪，上甚悦。及孝武崩，遺詔：「義恭解尚書令，加中書監。柳元景領尚書令，入住城内。事無巨細，悉關二公，大事與沈慶之參決，若有軍旅，可爲總統。尚書中事委顏師伯，外監所統委王玄謨。」

前廢帝即位，復録尚書，本官如故。尚書令柳元景即本號開府儀同三司，領兵置佐，一依舊準。又增義恭班劍爲四十人，更申殊禮之命。固辭殊禮。

義恭性嗜不恒，與時移變，自始至終，屢遷第宅。與人游款，意好亦多不終。奢侈無度，不愛財寶，左右親幸，一日乞與，或至一二百萬；小有忤意，輒追奪之。大明時，資供豐厚，而用常不足。賒市百姓物，無錢可還，民有通辭求錢者，輒題後作「原」字。善騎馬，解音律，游行或二三百里，孝武恣其所之。東至吴郡，登虎丘山，又登無錫縣烏山以望太湖。大明中撰國史，孝武自爲義恭作傳。

及永光中，雖任宰輔，而承事近臣戴法興等常若不及。前廢帝狂悖無道，義恭、元景謀欲廢立，廢帝率羽林兵於第害之，并四子〔三六〕。斷析義恭支體，分裂腹胃，挑取眼睛以蜜漬之，以爲鬼目粽〔三七〕。明帝定亂，令書「追崇侍中、都督中外諸軍、丞相，領太尉、中書監、録尚書事、王如故。給九旒鸞輅，虎賁班劍百人，前後部羽葆、鼓吹，輼輬車」。泰始三年，又詔陪祭廟庭。

南郡王義宣，生而舌短，澀於言論〔三八〕。元嘉元年，封竟陵王，都督、南兖州刺史，遷中書監，中軍將軍，給鼓吹。時竟陵羣蠻充斥，役刻民散，改封南譙王。十三年，出爲江州刺史，加都督。

初，武帝以荆州上流形勝，地廣兵彊，遺詔諸子次第居之。謝晦平後，以授彭城王義康，義康入相，次江夏王義恭，又以臨川王義慶宗室令望，且臨川烈武王有大功於社稷，義慶又居之。其後應在義宣，上以義宣人才素短，不堪居上流。十六年，以衡陽王義季代義慶，而以義宣爲南徐州刺史。而會稽公主每以爲言，上遲回久之。二十一年，乃以義宣都督七州諸軍事、車騎將軍、荆州刺史。先賜中詔曰：「師護以在西久，比表求還，出内左右，自是經國常理，亦何必其應於一往。今欲聽許，以汝代之。護雖無殊績，潔己節用，通懷期物，不恣羣下。此信未易，在彼已有次第，爲士庶所安，論者乃謂未議遷之。今之回换，更在欲爲汝耳。汝與護年時一輩，各有其美，方物之義，亦互有少劣，若今向事脱一減之者，既於西夏交有巨礙，遷代之譏，必歸責於吾矣。」師護，義季小字也。義宣至鎮，勤自課厲，政事脩理。白皙，美須眉，長七尺五寸，腰帶十圍。多畜嬪媵，後房千餘，尼媪數百，男女三十人。崇飾綺麗，費用殷廣。進位司空，改侍中。

二十七年，魏軍南侵，義宣慮寇至，欲奔上明。及魏軍退，文帝詔之曰：「善脩民務，不須營潛逃計也。」遷司徒、揚州刺史，侍中如故。

元凶弒立〔三九〕，以義宣爲中書監、太尉，領司徒。義宣聞之，即時起兵，徵聚甲卒，傳檄近遠。會孝武入討，義宣遣參軍徐遺寶率衆三千，助爲先鋒。孝武即位，以義宣爲中書監、都督揚豫二州、丞相、録尚書六條事、揚州刺史，加羽葆、鼓吹，給班劍四十人，改封南郡王。追謚義宣所生爲獻太妃，封次子宜陽侯愷爲南譙王。義宣固辭内任及愷王爵。於是改授都督八州諸軍事、荆湘二州刺史，持節、侍中、丞相如故。降愷爲宜陽縣王，將佐以下，並加賞秩。

義宣在鎮十年，兵彊財富。既首創大義，威名著天下，凡所求欲，無不必從。朝廷所下制度，意不同者，一不遵承。嘗獻孝武酒〔四〇〕，先自酌飲，封送所餘，其不識大體如此。初，臧質陰有異志，以義宣凡弱，易可傾移，欲假手爲亂，以成其姦。自襄陽往江陵見義宣，便盡禮；及至江州，每密信說義宣，以爲「有大才，負大功，挾震主之威，自古尠有全者。宜在人前早有處分，不爾，一旦受禍，悔無所及」。義宣陰納質言。而孝武閨庭無禮，與義宣諸女淫亂，義宣因此發怒，密治舟甲，剋孝建元年秋冬舉兵，報豫州刺史魯爽、兗州刺史徐遺寶使同。爽狂酒失旨，其年正月便反。遣府户曹送版，以義宣補天子，并送天子羽儀。遺寶亦勒兵向彭城。義宣及質狼狽起兵，二月，加都督中外諸軍事，置左右長史、司馬，使僚佐悉稱名。遣傳奉表，以姦臣交亂，圖傾宗社，輒徵召甲卒，翦此凶醜。詔答之。太傅江夏王義恭又與義宣書，諭以禍福。

義宣移檄諸州郡，遣參軍劉諶之、尹周之等率軍下就臧質。雍州刺史朱脩之起兵奉順。義宣率衆十萬，發自江津，舳艫數百里。是日大風，船垂覆没，僅得入中夏口。以第八子慆爲輔國將軍，留鎮江陵。遣魯秀、朱曇韶萬餘人北討朱脩之。秀初至江陵見義宣，既出，拊膺曰：「阿兄誤人事，乃與癡人共作賊，今年敗矣。」義宣至尋陽，與質俱下。質爲前鋒至鵲頭，聞徐遺寶敗，魯爽於小峴授首，相視失色。孝武使鎮北大將軍沈慶之送爽首於義宣并與書，義宣、質並駭懼。

上先遣豫州刺史王玄謨舟師頓梁山洲内，東西兩岸爲却月城，營栅甚固。撫軍柳元景據姑熟爲大統，偏師鄭琨、武念戍南浦〔四一〕。質徑入梁山，去玄謨一里許結營。義宣屯蕪湖。五月十九日，西南風猛，質乘風順流攻玄謨西壘，冗從僕射胡子友等戰失利，棄壘度就玄謨。質又遣將龐法起數千兵趣南浦，仍使自後掩玄謨。與琨、念相遇。法起戰大敗，赴水死略盡。義宣至梁山，質上出軍東岸攻玄謨。玄謨分遣游擊將軍垣護之、竟陵太守薛安都等出壘奮擊，大敗質軍，軍人一時投水。護之等因風縱火，焚其舟乘，風勢猛盛，煙燭覆江。義宣時屯西岸，延火燒營殆盡。諸將乘風火之勢，縱兵攻之，衆一時奔潰。義宣與質相失，各單舸迸走。東人士庶並歸順，西人與義宣相隨者，船舸猶有百餘。女先適臧質子，過尋陽，入城取女，載以西奔。至江夏，聞巴陵有軍被抄斷，回入逕口，步向江陵。衆散且盡，左右唯有十許人。脚痛不復能行，就民僦露車自載。無復食，緣道求告。至江陵郭外，竺超人具羽儀迎之〔四二〕，時帶甲尚萬餘人。

義宣既入城，仍出聽事見客。左右翟靈寶誡使撫慰衆賓，以「臧質違指授之宜，用致失利，今治兵繕甲，更爲後圖。昔漢高百敗，終成大業」。而義宣誤云「項羽千敗」。衆咸掩口而笑。魯秀、竺超人等猶爲之爪牙，欲收合餘燼，更圖一決。而義宣惛墊，無復神守，入内不復出，左右腹心相率奔叛。魯秀北走，義宣不復自立，欲隨秀去。乃於内戎服，盛糧糗，帶背刀，攜息慆及所愛妾五人，皆著男子服相隨。城内擾亂，白刃交横，義宣大懼落馬，仍便步地。超人送城外，更以馬與之。超人還守城。

義宣冀及秀，望諸將送北入魏。既失秀所在，未出郭，將士逃盡，唯餘慆及五妾兩黄門而已。夜還向城，入南郡空廨，無牀，席地至旦。遣黄門報超人，超人遣故車一乘，載送刺姦。義宣止獄户，坐地歎曰：「臧質老奴誤我。」始與五妾俱入獄，五妾尋被遣出。義宣號泣語獄吏曰：「常日非苦，今日分别始是苦。」大司馬江夏王義恭諸公王八坐與荆州刺史朱脩之書，言「義宣反道叛恩，便宜專行大戮」。書未達，脩之已至江陵，於獄盡之。孝武聽還葬舊墓。

長子恢年十一，拜南譙王世子。晉氏過江，不置城門校尉及衞尉官。孝武欲重城禁，故復置衞尉卿，以恢爲侍中，領衞尉。衞尉之置，自恢始也。義宣反，録付廷尉，自殺。恢弟愷字景穆，生而養於宮中，寵均皇子。十歲封宜陽侯，孝武時進爲王。義宣反問至，愷於尚書寺内著婦人衣，乘問訊車投臨汝公孟詡，詡於妻室内爲地窟藏之。事覺，并詡誅。其餘並爲脩之所殺。

衡陽文王義季，幼而夷簡，無鄙近之累。文帝爲荆州，武帝使隨往，由是特爲文帝所愛。元嘉元年，封衡陽王。十六年，代臨川王義慶爲都督、荆州刺史。先是義慶在任，遇巴、蜀擾亂，師旅應接，府庫空虚。義季畜財節用，數年還復充實。隊主續豐母老家貧，無以充養，遂不食肉。義季哀其志，給豐母月米二斛，錢一千〔四三〕，并制豐噉肉。義季素拙書，上聽使人書啓事，唯自署名而已。

嘗大蒐於郢，有野老帶苫而耕，命左右斥之。老人擁耒對曰：「昔楚子盤游，受譏令尹，今陽和扇氣，播厥之始，一日不作，人失其時。大王馳騁爲樂，驅斥老夫，非勸農之意。」義季止馬曰：「此賢者也。」命賜之食。老人曰：「吁！願大王均其賜也。苟不奪人時，則一時皆享王賜，老人不偏其私矣。斯飯也弗敢當。」問其名，不言而退。義季素嗜酒，自彭城王義康廢後，遂爲長夜飲，略少醒日。文帝詰責曰：「此非唯傷事業，亦自損性，皆汝所諳。近長沙兄弟皆緣此致故，將軍蘇徽耽酒成疾，旦夕待盡。一門無此酣法〔四四〕，汝於何得之？」義季雖奉旨，酣縱不改，成疾，以至於終。

二十一年，徵爲征北大將軍、開府儀同三司、南兗州刺史，加都督。發州之日，帷帳器服諸應隨刺史者，悉留之，荆楚以爲美談。

二十二年，遷徐州刺史。明年，魏攻邊，北州擾動。義季慮禍，不欲以功勤自業，無他經略，唯飲酒而已。文帝又詔責之。

二十四年，薨於彭城。太尉江夏王義恭表解職迎喪，不許。上遣東海王禕迎喪，追贈司空。傳國至孫，齊受禪，國除。

論曰：自古帝王之興，雖係之于歷數，至於經啓多難，莫不兼藉親賢。當於餘祅內侮，荀、桓交逼，荆楚之勢，同于累卵。如使上略未盡，一算或遺，則得喪之機，未可知也。

烈武王擥羣才，揚盛策，一舉而埽勍寇，蓋亦人謀之致乎。長沙雖位列台鼎，不受本根之寄，跡其行事，有以知武皇之則哲。廬陵以帝子之重，兼高明之姿，釁跡未彰，禍生忌克，痛矣！夫天倫猶子，分形共氣，親愛之道，人理斯同；富貴之情，其義則舛。善乎龐公之言：比之周公、管、蔡，若處茅屋之内，宜無放殺之酷。觀夫彭城、南郡，其然乎。江夏地居愛子，位當上相，大明之世，親禮冠朝，屈體降身，歸于卑下，得使兩朝暴主，永無猜色，歷載踰十，以尊戚自保。及在永光，幼主南面，公旦之重，屬有所歸，自謂踐冰之慮已除，太山之安可恃，曾未云幾，而磔體分肌。古人以隱微致誠，斯爲篤矣。衡陽晚存酒德，何先後之云殊，其將存覆車之鑒；不然，何以致於是也。

校勘記

〔一〕長沙景王道憐　按「道憐」之名，史有歧異。古刻叢鈔宋故散騎常侍護軍將軍臨澧侯劉使君墓誌：「祖諱道鄰，字道鄰，侍中、太傅、長沙景王。」顏師古匡謬正俗卷五：「余家嘗得宋高祖集十卷，是宋元嘉時秘閣官書，所載『道鄰』字，始知『憐』者是錯。原其立名，既有『道規』，即應頗存義訓，不應苟取憐愛而已。」小名録卷下、御覽卷三一八引宋書、册府卷三四四、卷六七七、廣記卷三九六引獨異志、事物紀原卷六作「道隣」。疑本當作「道隣」，形訛而爲「道憐」，

「鄰」「隣」異寫。

〔二〕故青州刺史龍陽縣公王鎮惡　按宋書卷四二劉穆之傳、卷四五王鎮惡傳、卷五一宗室長沙景王道憐傳、通鑑卷一一九宋紀一永初元年、通志卷一三一，均載王鎮惡爲龍陽縣侯。

〔三〕昇明二年被齊高帝誅　按宋書卷一〇順帝紀，昇明元年十二月「録公齊王誅韞等於省内」。

〔四〕善於用短　宋書卷五一宗室長沙景王道憐傳附義融傳、册府卷二六六「短」下有「楯」字。

〔五〕子懷珍嗣　「懷珍」，宋書卷五一宗室長沙景王道憐傳附義宗傳、册府卷二八四作「懷侯玠」。按通鑑卷一二七宋紀九元嘉三十年所見「新渝懷侯玠」即其人。馬宗霍校證：「洪頤煊南史考異謂『珍』『玠』字形相近。余謂中有多一『侯』字，蓋侯爲爵、懷爲謚、玠爲名。疑南史傳寫有脱誤。」洪頤煊説見諸史考異卷一五南史上。

〔六〕殷每禁之　「每」，原作「宗」，據宋乙本壹、南監本、北監本、汲本、殿本及宋書卷五一宗室長沙景王道憐傳附彦節傳改。

〔七〕自諱名有同至諱　「至」，汲本、殿本作「主」。

〔八〕無忌欲乘勝追玄直造江陵　宋書卷五一宗室臨川烈武王道規傳、通鑑卷一一三晉紀三五元興三年無「追玄」二字。

〔九〕爲循黨苟林所破　「苟林」，晉書卷一一八姚興載記下、通鑑卷一一五晉紀三七義熙六年作「荀林」。

〔一〇〕自拒道覆　「自」字原脱，據宋書卷五一宗室臨川烈武王道規傳、册府卷三六三、通鑑卷一一五晉紀三七義熙六年、通志卷八一補。

〔一一〕淮南海西人　「淮南」，宋書卷五一宗室臨川烈武王道規傳作「臨淮」。按宋書卷三五州郡志一：「南徐州臨淮郡『海西令，前漢屬東海，後漢、晉屬廣陵』。」疑當作「臨淮」。

〔一二〕九年出爲平西將軍荆州刺史　宋書卷五一宗室臨川烈武王道規傳附義慶傳、册府卷二七八「九年」上有「在京尹」三字，似不當省。

〔一三〕「義慶」至「師覺授」　「臨汝」，宋書卷五一宗室臨川烈武王道規傳附義慶傳、册府卷二九三宋本作「臨沮」。「南郡」，本書卷七三孝義師覺授傳云爲「南陽涅陽人也」。宋書卷九三隱逸宗炳傳云炳「母同郡師氏」、「外弟師覺授」，炳亦南陽涅陽人，「南郡」疑非。

〔一四〕一年聽三吏餉家　「三」，宋書卷五一宗室臨川烈武王道規傳附義慶傳、册府卷六七五作「五」。

〔一五〕文帝以爲中書舍人　「文帝」，宋書卷五一宗室臨川烈武王道規傳附鮑照傳、册府卷八三六作「世祖」，乃孝武帝。按錢大昕考異卷三五：「按鮑照爲中書舍人在孝武時，此云文帝者，誤也。」

〔一六〕子哀王曅嗣　「曅」，宋書卷五一宗室臨川烈武王道規傳附義慶傳、册府卷二八四作「燁」。

〔一七〕州人猶以義故故喜得之　「喜得」，北監本、殿本及梁書卷二〇劉季連傳作「善待」。

〔一八〕遣左右陳建孫送季連二子及弟通直郎子深喻旨　「子深」，梁書卷二〇劉季連傳作「子淵」，此避唐諱而改。

〔一九〕爲蜀人藺相如所殺　「藺相如」，梁書卷二〇劉季連傳作「藺道恭」。

〔二〇〕桓美人生江夏文獻王義恭　「桓美人」，宋書卷六一武三王傳作「袁美人」。按同卷江夏文獻王義恭傳載宋文帝戒義恭書，兩稱「袁太妃」云云，知其母姓袁，此作「桓」誤。

〔二一〕及關中平武帝東還　「還」，原作「遷」，據宋乙本壹及宋書卷六一武三王廬陵孝獻王義真傳、通志卷八一改。

〔二二〕脩字叔　「叔」，宋書卷六一武三王廬陵孝獻王義真傳作「叔治」，此避唐諱而省。

〔二三〕徐羨之等嫌義真與靈運延之昵狎過甚　「與」字原脱，據宋書卷六一武三王廬陵孝獻王義真傳補。

〔二四〕徙爲梁州府軍參軍　宋書卷六一武三王廬陵孝獻王義真傳、册府卷五四一、通鑑卷一二〇宋紀二元嘉元年無「府」下「軍」字，疑是。

〔二五〕羨之等遣吏殺義真於徙所　「吏」，殿本及宋書卷六一武三王廬陵孝獻王義真傳、御覽卷一二八引沈約宋書、册府卷二九五作「使」。

〔二六〕文帝第五子紹字休胤嗣　「文帝」下，宋書卷六一武三王廬陵孝獻王義真傳、通志卷八一有「以」字。

〔二七〕有涉俗才用　「涉」字原脱，據宋書卷六八武二王彭城王義康傳、通志卷八一補。按馬宗霍校證：「『涉俗』連文不可省，疑南史傳寫誤奪。」

〔二八〕曰天下艱難詎是幼主所御湛景仁並不答　宋書卷六八武二王彭城王義康傳、通鑑卷一二三宋紀五元嘉十七年「曰」作「湛曰」，「湛」作「義康」。按通鑑考異：「南史以爲義康有此言，湛、景仁並不答。按義康雖不識大體，豈敢自爲此言。湛常欲推崇義康，豈肯聞而不答。今從宋書及宋略。」

〔二九〕龍驤參軍巴東扶令育上表申明義康　「扶令育」，原作「令扶育」，據宋書卷六八武二王彭城王義康傳、魏書卷九七島夷劉裕傳、建康實録卷一二、册府卷五四一、通鑑卷一二三宋紀五元嘉十八年改。按建康實録卷一二後文引裴子野論，亦作「扶令育」。册府卷二一八則作「符全育」，尚未倒。

〔三〇〕即收付建康賜死　宋書卷六八武二王彭城王義康傳、册府卷二一八、卷五四一、通鑑卷一二三宋紀五元嘉十八年「建康」下有「獄」字。

〔三一〕遣中書舍人嚴龓持藥賜死　「嚴龓」，宋書卷六八武二王彭城王義康傳、通鑑卷一二六宋紀八元嘉二十八年作「嚴龍」。按宋書卷八〇孝武十四王松滋侯子房傳云：「嚴龍，太祖元嘉中，已爲中書舍人、南臺御史。」疑當作「嚴龍」。

〔三二〕上以御所乘蒼鸞船上迎之　「蒼鸞」，宋書卷六一武三王江夏文獻王義恭傳作「蒼鷹」，疑是。

〔三三〕孝武以義宣亂逆由於彊盛　「由於」，原作「由是」，據南監本、北監本、汲本、殿本及宋書卷六一武三王江夏文獻王義恭傳、通志卷八一改。

〔三四〕平乘但馬不得過二匹　「但馬」，南監本、殿本及宋書卷一八禮志五、卷六一武三王江夏文獻王義恭傳、通志卷八一作「誕馬」。張元濟南史校勘記謂「但」「誕」二字通。

〔三五〕罷官則不復追敬　「官」，原作「宮」，據南監本、北監本、汲本、殿本及宋書卷六一武三王江夏文獻王義恭傳、册府卷二九三、通鑑卷一二八宋紀一〇孝建二年、通志卷八一改。

〔三六〕廢帝率羽林兵於第害之并四子　御覽卷一五一引沈約宋書、通鑑卷一三〇宋紀一二泰始元年、通志卷八一、職官分紀卷三二「四子」上有「其」字。

〔三七〕以爲鬼目粽　按李慈銘宋書札記：「『粽』當作『粖』，即糝字。廣韻：『粖，蜜漬瓜食也。』」

〔三八〕生而舌短澀於言論　「短」字原脱，據殿本及宋書卷六八武二王南郡王義宣傳、類聚卷一七引沈約宋書、御覽卷三六七引沈約宋書、通志卷八一補。

〔三九〕元凶弒立　「弒」，原作「殺」，據南監本、北監本、汲本、殿本及宋書卷六八武二王南郡王義宣傳、册府卷二八五、通志卷八一改。下文徑改不再出校。

〔四〇〕嘗獻孝武酒　「獻」「酒」二字原脱，據北監本、汲本、殿本及宋書卷六八武二王南郡王義宣傳、金樓子卷三、通志卷八一補。

〔四一〕偏師鄭琨武念戍南浦　「偏師」，宋書卷六八武二王南郡王義宣傳作「偏帥」。

〔四二〕竺超人具羽儀迎之　「竺超人」，宋書卷六八武二王南郡王義宣傳作「竺超民」，此避唐諱而改。

〔四三〕給豐母月米二斛錢一千　「母」，宋乙本壹及宋書卷六一武三王衡陽文王義季傳、類聚卷四五引沈約宋書作「每」。「米」，宋乙本壹作「粟」，宋書、類聚、御覽卷一五一引沈約宋書、册府卷四一二作「白米」。

〔四四〕一門無此酣法　「法」，宋書卷六一武三王衡陽文王義季傳、册府卷一九六、卷九一四作「酒」。

南史卷十四

列傳第四

宋宗室及諸王下

宋文帝諸子　孝武諸子　孝明諸子

文帝十九男：元皇后生元凶劭，潘淑妃生始興王濬，路淑媛生孝武帝，吴淑儀生南平穆王鑠，高脩儀生廬陵昭王紹，殷脩華生竟陵王誕，曹婕妤生建平宣簡王宏，陳脩容生東海王褘〔一〕，謝容華生晉熙王昶，江脩容生武昌王渾〔二〕，沈婕妤生明帝，楊美人生始安王休仁〔三〕，邢美人生山陽王休祐〔四〕，蔡美人生海陵王休茂，董美人生鄱陽哀王休業，顔美人生臨慶沖王休倩，陳美人生新野懷王夷父，荀美人生桂陽王休範，羅美人生巴陵哀王休若。紹出繼廬陵孝獻王義真。

元凶劭字休遠，文帝長子也。帝即位後，諒闇中生劭，故祕之。元嘉三年閏正月方云劭生。自前代人君即位後，皇后生太子，唯殷帝乙踐祚，正妃生紂，至此又有劭焉。

始生三日，帝往視之，簪帽甚堅，無風而墜于劭側，上不悅。初命之曰劭，在文爲召刀，後惡焉，改刀爲力。年六歲，拜爲皇太子，中庶子二率入直永福省，爲更築宮，制度嚴麗。年十二，出居東宮，納黄門侍郎殷淳女爲妃。十三加元服。好讀史傳，尤愛弓馬。及長，美鬚眉，大眼方口，長七尺四寸。親覽宮事，延賓客，意之所欲，上必從之。東宮置兵與羽林等。十七年，劭拜京陵，大將軍彭城王義康、竟陵王誕、桂陽侯義融並從。

二十七年，上將北侵，劭與蕭思話固諫，不從。魏太武帝至瓜步，上登石頭城，有憂色。劭曰：「不斬江湛、徐湛之，無以謝天下。」上曰：「北伐自我意，不關二人；但湛等不異耳。」由是與江、徐不平。

上時務本業，使宮內皆蠶，欲以諷勵天下。有女巫嚴道育夫爲劫，坐没入奚官。劭姊東陽公主應閤婢王鸚鵡白公主道育通靈，主乃白上託云善蠶，求召入。道育云：「所奉天神，當賜符應。」時主夕卧，見流光相隨，狀若螢火，遂入巾箱化爲雙珠，圓青可愛。於是主及劭並信惑之。始興王濬素佞事劭，並多過失，慮上知，使道育祈請，欲令過不上聞。歌儛呪詛，不捨晝夜。道育輒云：「自上天陳請，必不泄露。」劭等敬事，號曰天師。後遂爲巫蠱，刻玉爲上形像，埋於含章殿前。

初，東陽公主有奴陳天興，鸚鵡養以爲子而與之淫通。鸚鵡、天興及寧州所獻黄門慶國並與巫蠱事，劭以天興補隊主。東陽主薨，鸚鵡應出嫁，劭慮言語泄，與濬謀之，嫁與濬府佐吴興沈懷遠爲妾。不啓上，慮事泄，因臨賀公主微言之。上後知天興領隊，遣閹人奚承祖讓劭曰：「汝間用隊主副盡是奴邪？欲嫁者又嫁何處？」劭答：「南第昔屬天興求將吏驅使，視形容粗健，便兼隊副；下人欲嫁者猶未有處。」時鸚鵡已嫁懷遠矣。劭懼，書告濬，并使報臨賀主，上若問嫁處，當言未定。濬答書曰：「啓此事多日，今始來問，當是有感發之者。計臨賀故不應翻覆言語，自生寒熱也。此姥由來挾兩端，難可孤保，正爾自問臨賀冀得審實也。其若見問，當作依違答之。天興先署佞人府位，不審監上當無此簿領，可急宜撻之〔五〕。殿下已見王未？宜依此具令嚴自躬上啓聞。彼人若爲不已，政可促其餘命，或是大慶之漸。」凡劭、濬相與書類如此。所言皆爲名號，謂上爲「彼人」，或以爲「其」；謂太尉江夏王義恭爲「佞人」；東陽主第在西掖門外，故云「南第」。王即鸚鵡姓。「躬上啓聞」者，令道育上天白天神也。鸚鵡既適懷遠，慮與天興私通事泄，請劭殺之。劭密使人害天興。既而慶國謂往來唯有二人，天興既死，慮將見及，乃以白上。上驚惋，即收鸚鵡家，得劭、濬手書，皆呪詛巫蠱之言。得所埋上形像於宮內。道育叛亡，捕之不得。上詰責劭、濬，劭、濬唯陳謝而已。道育變服爲尼，逃匿東宮。濬往京口，又以自隨，或出止人張旿家。上謂江夏王義恭曰：「常見典籍有此，謂之傳空言〔六〕，不意親覩。劭南面之日，非復我及汝事。汝兒子多，將來遇此不幸耳。」

先是二十八年，彗星起畢、昴，入太微，掃帝坐端門，滅翼、軫。二十九年，熒惑逆行守氏，自十一月霖雨連雪，陽光罕曜。時道士范材脩練形術，是歲自言死期，如期而死。既殯，江夏王疑其仙也，使開棺視之，首如新刎，血流于背，上聞而惡焉。

三十年正月，大風飛霰且雷，上憂有竊發，輒加劭兵，東宮實甲萬人。其年二月，濬自京口入朝，當鎮江陵，復載道育還東宮，欲將西上。有告上云：「京口人張旿家有一尼服食，出入征北內，似是嚴道育。」上使掩得二婢，云：「道育隨征北還都。」上惆悵惋駭，須檢覆，廢劭賜濬死。初，濬母卒，命潘淑妃養以爲子。淑妃愛濬，濬心不附。妃被寵，上以謀告之。妃以告濬，濬報劭，因有異謀。每夜饗將士，或親自行酒，密與腹心隊主陳叔兒、齋帥張超之、任建之謀之。

其月二十一日夜，詐作上詔，云：「魯秀謀反，汝可平明率衆入。」因使超之等集素所養士二千餘人皆被甲，云「有所討」。宿召前中庶子右軍長史蕭斌及左衛率袁淑、中舍人殷仲素、左積弩將軍王正見並入，告以大事，自起拜斌等，因流涕。並驚愕。明旦，劭以朱服加戎服上，乘畫輪車，與蕭斌同載，衛從如常入朝儀，從萬春門入。舊制，東宫隊不得入城，劭語門衛云：「受詔有所收討。」令後速來〔七〕，張超之等數十人馳入雲龍、東中華門。及齋閤，拔刃徑上合殿。上其夜與尚書僕射徐湛之屏人語，至旦燭猶未滅，門階户席並無侍衛。上以几自鄣，超之行弑，上五指俱落，并殺湛之。劭進至合殿中閤，文帝已崩。出坐東堂，蕭斌執刀侍直，呼中書舍人顧嘏。嘏懼〔八〕，不時出，及至，問曰：「欲共見廢，何不早啓。」未及答，斬之。遣人於崇禮闥，殺吏部尚書江湛。文帝左細仗主卜天與攻劭於東堂，見殺。又使人入殺潘淑妃，剖其心觀其邪正。使者阿旨，答曰：「心邪。」劭曰：「邪佞之心，故宜邪也。」又殺文帝親信左右數十人。急召始興王濬率衆屯中堂。

劭即僞位，百僚至者裁數十人，乃爲書曰：「徐湛之弑逆，吾勒兵入殿，已無所及。今罪人斯得，元凶剋殄，可大赦，改元爲太初。」素與道育所定也。蕭斌曰：「舊踰年改元。」劭以問侍中王僧綽，僧綽曰：「晉惠帝即位便改年。」劭喜而從之。初使蕭斌作詔，斌辭以不文〔九〕，乃使王僧綽。始文帝未崩前一日甲夜，太史奏：「東方有急兵，其禍不測，宜列萬人兵於太極前殿，可以銷災。」上不從。及劭弑逆，聞而歎曰：「幾誤我事。」乃問太史令曰：「我得幾年。」對曰：「得十年。」退而語人曰：「十旬耳。」劭聞而怒，毆殺之。

即位訖，便稱疾還入永福省，然後遷大行皇帝升太極殿，以蕭斌爲尚書僕射，何尚之爲司空。大行大斂，劭辭疾不敢出。先給諸處兵仗，悉收還武庫。遣人謂魯秀曰：「徐湛之常欲相危，我已爲卿除之。」使秀與屯騎校尉龐秀之對掌軍隊。以侍中王僧達爲吏部尚書〔一〇〕，司徒左長史何偃爲侍中。

成服日，劭登殿臨靈，號慟不自持。博訪公卿，詢求政道，遣使分行四方。分浙江以東五郡爲會州，省揚州，立司隸校尉，以殷沖補之。以大將軍江夏王義恭爲太保，司徒南譙王義宣爲太尉。荆州刺史始興王濬進號驃騎將軍，王僧綽以先豫廢立見誅。長沙王瑾弟楷〔一一〕、臨川王燁、桂陽侯覬、新渝侯玠，並以宿恨死。禮官希旨，謚文帝不敢盡美稱，謚曰中宗景皇帝。及聞南譙王義宣、隨王誕等起義師，悉聚諸王於城內。移江夏王義恭住尚書下舍，分義恭諸子住侍中下省。

四月，立妻殷爲皇后。

孝武檄至，劭自謂素習武事，謂朝士曰：「卿等助我理文書，勿厝意戎陣。若有寇難，吾當自出，唯恐賊虜不敢動耳。」中外戒嚴。防孝武世子於侍中省，南譙王義宣諸子於太倉空屋。劭使濬與孝武書，言「上親御六師，太保又執鉞臨統，吾與烏羊相尋即道。上聖恩每厚法師，令在殿内住，想弟欲知消息，故及」。烏羊者，南平王鑠；法師，孝武世子小名也。

劭欲殺三鎮士庶家口，江夏王義恭、何尚之説曰：「凡舉大事，不顧家口；且多是驅逼。今忽誅其餘累，政足堅彼意耳。」劭乃下書，一無所問。

濬及蕭斌勸劭勒水軍自上決戰，江夏王義恭慮義兵倉卒，船舫陋小，不宜水戰。乃進策以爲「宜以近待之，遠出則京師空弱，東軍乘虚，容能爲患。不如養鋭待期」。劭善其議。蕭斌厲色曰：「南中郎二十年少，業能建如此大事[二]，豈復可量。」劭不納。疑朝廷舊臣不爲之用，厚撫王羅漢、魯秀，悉以兵事委之，多賜珍玩美色以悦其志。羅漢先爲南平王鑠右軍參軍，劭以其有將用，故以心膂委焉。或勸劭保石頭城者，劭曰：「昔人所以固石頭，俟諸侯勤王耳。我若守此，誰當見救，唯應力戰決之。」日日自出行軍，慰勞將士。使有司奏立子偉之爲皇太子。

及義軍至新亭，劭登朱雀門躬自督戰。將士懷劭重賞，皆爲之力戰。將剋，而魯秀打退鼓，軍乃止，爲柳元景等所乘，故大敗。褚湛之攜二子與檀和之同歸順，劭懼，走還臺城。其夜，魯秀又南奔。二十五日，江夏王義恭單馬南奔，劭遣濬殺義恭諸子，以輦迎蔣侯神像於宫内，乞恩，拜爲大司馬，封鍾山郡王，蘇侯爲驃騎將軍。使南平王鑠爲祝文，罪狀孝武。二十七日，臨軒，拜子偉之爲皇太子，百官皆戎服，劭獨袞衣，下書大赦，唯孝武、劉義恭、義宣、誕不在原例。

五月三日，魯秀等攻大航，鉤得一舶。王羅漢昏酣作妓，聞官軍已度，驚放仗歸降。是夜，劭閉守六門，於門内鑿塹立柵，以露車爲樓。城内沸亂，將吏並踰城出奔。劭使詹叔兒燒輦及袞冕服。蕭斌聞大航不守，惶窘不知所爲，宣令所統皆使解甲，尋戴白幡來降，即於軍門伏誅。

四日，劭腹心白直諸同逆先屯閶闔門外，並走還入殿。程天祚與薛安都副譚金因而乘之，即得俱入。臧質從廣莫門入，同會太極殿前。即斬太子左衛率王正見，建平、東海等七王並號哭俱出。劭穿西垣入武庫井中，副隊高禽執之。濬率左右數十人，與南平王鑠於西明門出，俱南奔，於越城遇江夏王義恭。濬下馬，曰：「南中郎今何在？」義恭曰：「已君臨萬國。」又稱字曰：「虎頭來，得無晚乎？」義恭曰：「恨晚。」又曰：「故當不死？」義恭曰：「可詣行闕請罪。」又曰：「未審猶能得一職自效不？」義恭又曰：「此未可量。」勒與俱自歸，命於馬上斬首。

濬字休明，將產之夕，有鵩鳴於屋上，聞者莫不惡之。元嘉十三年，八歲，封始興王。濬少好文籍，資質端妍，母潘淑妃有盛寵。時六宮無主，潘專總内政。濬人才既美，母又至愛，文帝甚所留心。與建平王宏、侍中王僧綽、中書郎蔡興宗等，並以文義往復。

初元皇后性忌，以潘氏見幸，恚恨致崩。故劭深病潘氏及濬。濬慮將來受禍，乃曲意事劭，劭與之遂善。多有過失，屢爲上所讓，憂懼，乃與劭共爲巫蠱。後出鎭京口，乃因員外散騎侍郎徐爰求鎭江陵，又求助於尚書僕射徐湛之。而尚書令何尚之等咸謂濬太子次弟，不應遠出。上以上流之重，宜有至親，故以濬爲衞將軍、開府儀同三司、荆州刺史，加都督，領護南蠻校尉。濬入朝，遣還京口，爲行留處分。至京口數日而巫蠱事發，時二十九年七月也。上惋歎彌日，謂潘淑妃曰：「太子圖富貴，更是一理，虎頭復如此，非復思慮所及。汝母子豈可一日無我邪？」明年荆州事方行。二月，濬還朝。十四日，臨軒受拜。其日，藏嚴道育事發，明旦濬入謝，上容色非常，其夕即加詰問。濬唯謝罪。潘淑妃抱濬泣曰：「汝始呪詛事發，猶冀刻己思愆，何意忽藏嚴道育。今日用活何爲，可送藥來，吾當先自取盡，不忍見汝禍敗。」濬奮衣去，曰：「天下事尋自判，必不上累。」

劭入弒之旦，濬在西州。府舍人朱法瑜曰：「臺内叫喚，宫門皆閉，道上傳太子反，未測禍變所至。」濬陽驚曰：「今當柰何。」濬未得劭信，不知事之濟不，騷擾不知所爲。將軍王慶曰：「今宫内有變，未知主上安危，預在臣子，當投袂赴難。」濬不聽。俄而劭遣張超之馳馬召濬，濬問狀訖，即戎服乘馬而去。朱法瑜固止濬，濬不從。至中門，王慶又諫不宜從逆。濬曰：「皇太子令，敢有復言者斬。」及入見劭，勸殺荀赤松等。劭謂濬曰：「潘淑妃遂爲亂兵所害。」濬曰：「此是下情由來所願。」其悖逆如此。劭將敗，勸劭入海，輦珍寶繒帛下船。

及劭入井，高禽於井出之。劭問天子何在，禽曰：「至尊近在新亭。」將劭至殿前，臧質見之慟哭。劭曰：「天地所不覆載，丈人何爲見哭。」質因辨其逆狀，答曰：「先朝當見枉廢，不能作獄中囚。問計於蕭斌，斌見勸如此。」又語質曰：「可得爲乞遠徙不？」質曰：「主上近在航南，自當有處分。」縛劭馬上，防送軍門。及至牙下，據鞍顧望。太尉江夏王義恭與諸王共臨視之，義恭曰：「我背逆歸順，有何大罪，頓殺十二兒。」劭曰：「殺諸弟此一事負阿父。」江湛妻庾氏乘車罵之，龐秀之亦加誚讓。劭厲聲曰：「汝輩復何煩爾。」先殺其四子，語南平王鑠曰：「此何有哉。」乃斬于牙下。臨刑歎曰：「不圖宋室一至於此〔一三〕。」劭、濬及其子並梟首大航，暴尸於市。劭妻殷氏賜死於廷尉，臨刑謂獄丞江恪曰：「汝家骨肉相殘，何以枉殺天下無罪人。」恪曰：「受拜皇后，非罪而何。」殷氏曰：「此權時耳，當以鸚鵡爲后也。」濬妻褚氏，丹陽尹湛之之女。湛之南奔之始，即見離絶，故免於誅。其餘子女妾媵並於獄賜死。投劭、濬尸首於江，其餘同逆及王羅漢等皆伏誅。張超之聞兵入，遂至合殿故基，止於御床之所，爲亂兵所殺，剖腹刳心，臠割其肉，諸將生噉之，焚其頭骨。時不見傳國璽，問劭，云在嚴道育處。就取得之。道育、鸚鵡並都街鞭殺，於石頭四望山焚其尸，揚灰于江。毁劭東宫所住齋，汙潴其處。封高禽新陽縣男。追贈潘淑妃爲長寧國夫人〔一四〕，置守冢。僞司隸校尉殷沖、丹陽尹尹弘並賜死。沖爲劭草立符文，又妃叔父；弘爲劭簡配兵士，盡其心力故也。

南平穆王鑠字休玄，文帝第四子也。元嘉十六年，年九歲，封南平王。少好學，有文才，未弱冠，擬古三十餘首，時人以爲亞迹陸機。二十二年，爲南豫州刺史，加都督。時文帝方事外略，罷南豫州并壽陽，以鑠爲豫州刺史，領安蠻校尉。

二十六年，魏太武圍汝南懸瓠城，行汝南太守陳憲保城自固，魏作高樓施弩射城内，城内負户以汲。又毁佛圖，取金像以爲大鉤，施之衝車端以牽樓堞。城内有一沙門頗有機思，輒設奇以應之。魏人以蝦蟇車填壍，肉薄攻城，死者與城等，遂登尸以陵城。憲鋭氣愈奮，戰士無不一當百，殺傷萬計，汝水爲之不流。相拒四十餘日，鑠遣安蠻司馬劉康祖與寧朔將軍臧質救之，魏人燒攻具而退。

元凶弑立，以鑠爲侍中、録尚書事。劭迎蔣侯神於宫内，疏孝武年諱厭呪，祈請假授位號，使鑠造策文。及義軍入宫，鑠與濬俱歸孝武。濬即伏法。上迎鑠入宫，當時倉卒失國璽，事寧更鑄給之。進侍中、司空，領兵置佐。以國哀未闋，讓侍中。

鑠既歸義最晚，常懷憂懼，每於眠中蹶起坐，與人語亦多謬僻。語家人云：「我自覺無復魂守。」鑠爲人負才狡競，每與兄弟計度藝能，與帝又不能和，食中遇毒，尋薨。贈司徒，加以楚穆之謚。三子：敬猷、敬深、敬先。

敬深封南安縣侯，敬先繼廬陵王紹。前廢帝景和末，召鑠妃江氏入宫，命左右於前逼之。江氏不受命，謂曰：「若不從，當殺汝三子。」江氏猶不從，於是遣使於第殺敬猷、敬深、敬先等，鞭江氏一百。其夕廢帝亦殞。明帝即位，追贈敬猷侍中，謚曰懷。改封孝武帝第十八子臨賀王子產字孝仁爲南平王，繼鑠後，未拜被殺。泰始五年，立晉平王休祐第七子宣曜爲南平王，繼鑠。休祐死，宣曜被廢還本。後廢帝元徽元年，立衡陽恭王嶷第二子伯玉爲南平王，繼鑠後，昇明三年被誅〔一五〕。

竟陵王誕字休文，文帝第六子也。元嘉二十年，年十一，封廣陵王。二十六年，爲雍州刺史，加都督。以廣陵凋弊，改封隨郡王。上欲大舉侵魏，以襄陽外接關河，欲廣其資力，乃罷江州軍府，文武悉配雍州，湘州入臺租税雜物，悉給襄陽。及大舉北侵，命諸藩並出師，皆奔敗，唯誕遣中兵參軍柳元景剋弘農、關、陝。元凶立，以揚州浙江西屬司隸校尉，浙江東五郡立會州，以誕爲刺史。

孝武入討，遣寧朔將軍顧彬之受誕節度，誕遣參軍劉季之舉兵與彬之并。遇劭將華欽、庾遵於曲阿之奔牛塘〔六〕，大敗之。事平，以誕爲荆州刺史，加都督、衞將軍、開府儀同三司。誕以位號正與濬同，惡之，請求回改，乃進號驃騎將軍，加班劍二十人。南譙王義宣不肯就徵，以誕爲侍中、驃騎大將軍、揚州刺史，開府如故。改封竟陵王。誕性恭和，得士庶之心，頗有勇略。

明年義宣反，有荆、江、兗、豫四州之力，勢震天下。上即位日淺，朝野大懼。上欲奉乘輿法物以迎義宣，誕固執不可，曰：「柰何持此座與人。」帝加誕節，仗士五十人出入六門。上流平定，誕之力也。誕初討元凶，豫同舉兵，有奔牛之捷，至是又有殊勳。上性多猜，頗相疑憚。而誕造立第舍，窮極工巧，園池之美，冠於一時。多聚材力之士實之。第内精甲利器，莫非上品。上意愈不平。

孝建二年，以司空、太子太傅出爲都督、南徐州刺史。上以京口去都密邇，猶疑之。大明元年秋，又出爲南兗州刺史，加都督。誕知見猜，亦潛爲之備。至廣陵，因魏侵邊，脩城隍，聚糧練甲。嫌隙既著，道路常云誕反。

三年，建康人陳文詔訴父饒爲誕府史〔七〕，恒使入山圖畫道路，不聽歸家。誕大怒，使人殺饒。吴郡人劉成又訴稱息道就伏事誕〔一八〕，見誕在石頭城内脩乘輿法物，習唱警蹕，向伴侶言之。誕知，密捕殺道就。豫章人陳談之又上書稱弟詠之在誕左右，見誕與左右莊慶、傅元禮等潛圖姦逆〔一九〕，常疏陛下年紀姓諱，往巫鄭師憐家呪詛。詠之與建康右尉黄達往來，誕疑其宣漏，誣以罪被殺。

其年四月，上使有司奏誕罪惡，宜絶屬籍，削爵土，收付法獄。上不許。有司又固請，乃貶爵爲侯，遣令之國。

上將謀誕，以義興太守垣閬爲兖州刺史〔二〇〕，配以羽林禁兵。遣給事中戴明寶隨閬襲誕，使閬以之鎮爲名。閬至廣陵，誕未悟也。明寶夜報誕典籤蔣成使爲内應，成以告府舍人許宗之，宗之告誕。誕驚起，召録事參軍王璵之曰：「我何罪於天，以至此。」斬蔣成，勒兵自衞。遣腹心率壯士擊明寶等，破之，閬即遇害，明寶逃自海陵界還。

上遣車騎大將軍沈慶之討誕，誕奉表投之城外，自申於國無負，并言帝宫闈之醜。孝武忿誕深切，凡誕左右腹心同籍朞親並誅之，死者千數。車駕出頓宣武堂，内外纂嚴。誕見衆軍大集，欲棄城北走，行十餘里，衆並不欲去，請誕，乃還城。

五月十九日夜，有流星長十餘丈從西北來墜城内，是謂天狗。占曰：「天狗所下，有伏尸流血。」廣陵城舊不開南門，云「開南門者其主王」〔二一〕。誕乃開焉。彭城邵領宗在城内陰結死士欲襲誕，先欲布誠於慶之，乃説誕求爲間構〔二二〕，見許。領宗既出致誠畢，復還城内。事泄，誕鞭二百，考問不伏，遂支解之。

上遣送章二紐：其一曰「竟陵縣開國侯，食邑千户」。募賞禽誕。其二曰「建興縣開國男，食邑三百户」。募賞先登。若剋外城舉一烽，剋内城舉二烽，禽誕舉三烽。

七月二日，慶之進軍，剋其外城，乘勝又剋小城。誕聞軍入，走趣後園墜水，引出殺之，傳首建鄴，因葬廣陵，貶姓留氏。帝命城中無大小悉斬，慶之執諫，自五尺以下全之，於是同黨悉伏誅。城内女口爲軍賞，男丁殺爲京觀，死者尚數千人，每風晨雨夜有號哭之聲。誕母殷、妻徐並自殺。追贈殷長寧國淑妃〔二三〕。

初，誕爲南徐州刺史，在京口，夜大風飛落屋瓦，城門鹿牀倒覆，誕心惡之。及還鎮廣陵，將入城，衝風暴起，揚塵，晝晦。又嘗中夜閑坐，有赤光照室，見者莫不駭愕。誕左右侍直，眠中夢人告之曰：「官須髮爲稍毦。」既覺已失髻矣，如此者數十人。誕甚怪懼。大明二年，發人築廣陵城，誕循行，有人干輿，揚聲大駡曰：「大兵尋至，何以辛苦百姓。」誕使執之，問其本末。答曰：「姓夷名孫，家在海陵。天公與道佛先議，欲燒除此間人。道佛苦諫，强得至今。大禍將至，何不立六慎門。」誕問：「六慎門云何？」答曰：「古有言，禍不過六慎門。」誕以其言狂勃，殺之。又五音士忽狂易見鬼，驚怖啼哭曰：「外軍圍城，城上張白布帆。」誕執録二十餘日乃殺〔二四〕。城陷之日，雲霧晦冥，白虹臨北門，亘屬城内。

八年，前廢帝即位，義陽王昶爲徐州刺史，道經廣陵，至墓盡哀，表請改葬誕。詔葬誕及妻子並以庶人禮。明帝泰始四年，又改葬，祭以少牢。

王璵之，琅邪人，有才局。其五子悉在建鄴。璵之嘗乘城，慶之縛其五子，示而招之，許以富貴。璵之曰：「吾受主王厚恩，不可以二心。三十之年，未獲死所耳，安可以私親誘之。」五子號叫於外，呼其父。及城平，慶之悉撲殺之。

建平宣簡王宏字休度，文帝第七子也。早喪母。元嘉二十一年，年十一，封建平王。宏少而閑素，篤好文籍，文帝寵愛殊常，爲立第於雞籠山，盡山水之美。建平國職高他國一階，歷位中護軍，中書令。

元凶弒立，孝武入討，劭録宏殿内，自拔莫由。孝武先嘗以一手板與宏，宏遣左右親信周法道齎手板詣孝武。事平，以爲尚書左僕射，使迎太后。還加中軍將軍、中書監。爲人謙儉周慎，禮賢接士，明達政事，上甚信仗之。轉尚書令。宏少多病，求解尚書令。本號開府儀同三司〔二五〕，未拜薨。追贈司徒。上痛悼甚至，每朔望出臨靈，自爲墓誌銘并誄。

五年，益諸弟國各千户，薨者不在其例，唯宏追益。子景素嗣。

景素少有父風，位南徐州刺史，加都督。桂陽王休範爲逆，景素雖纂集兵衆以赴朝廷爲名，而陰懷兩端。及事平，進號鎮北將軍。

景素好文章書籍，招集才義之士，以收名譽，由是朝野屬意。而後廢帝狂凶失道，内外皆謂景素宜當神器；唯廢帝所生陳氏親戚疾忌之，而楊運長、阮佃夫並明帝舊隸，貪幼主以久其權，慮景素立，不見容於長主，深相忌憚。

元徽三年，景素防閤將軍王季符恨景素，因奔告之。運長等便欲遣軍討之。齊高帝及衞將軍袁粲以下並保持之，景素亦馳遣世子延齡還都，具自申理。運長等乃徙季符於梁州，又奪景素征北將軍、開府儀同三司。自是廢帝狂悖日甚，朝野並屬心景素。陳氏及運長等彌相猜疑。景素因此稍爲自防之計，多以金帛結材力之士。時大臣誅夷，孝武諸子孫或殺或廢，無復在朝者。且景素在蕃甚得人心，而謗聲日積，深懷憂懼。嘗與故吏劉璡獨處曲臺，有鵲集於承塵上，飛鳴相追。景素泫然曰：「若斯鳥者，遊則參于風煙之上，止則隱于林木之下，飢則啄，渴則飲，形體無累于物，得失不關於心，一何樂哉。」

時廢帝單馬獨出，游走郊野。輔國將軍曹欣之等謀候廢帝出行，因聚衆作難，事剋，奉景素。景素每禁之，未欲怱怱舉動。運長密遣傖人周天賜僞投景素勸爲異計，景素知即斬之，送首還臺。

四年七月，羽林監垣祇祖奔景素〔一六〕，言臺城已潰。景素信之，即舉兵。運長等常疑景素有異志，即纂嚴。景素本乏威略，不知所爲，竟爲臺軍破，斬之。即葬京口。

景素性甚仁孝，事獻太妃，朝夕不違侍養。太妃有不安，景素傍行蓬髮。與人言呴呴，常恐傷其情。又甚儉素，爲荆州時，州有高齋刻楹柏構，景素竟不處。朝廷欲賜以甲第，辭而不當。兩宮所遺珍玩，塵於笥篋。食常不過一肉，器用瓦素。時有獻鏤玉器，景素顧主簿何昌寓曰：「我持此安所用哉。」乃謝而反之。及敗後，昌寓與故記室王摛等上書訟其寃。齊受禪，景素故秀才劉璡又上書述其德美，陳寃，並不見省。至齊武帝即位，下詔曰：「宋建平王劉景素，名父之子，雖末路失圖，而原心有本。可聽以禮葬舊塋。」

廬陵王褘字休秀〔一七〕，文帝第八子也。元嘉二十二年，年十一，封東海王。大明七年，進位司空。明帝踐祚，進太尉，封廬陵王。初，廢帝目褘似驢，上以廢帝之言類，故改封焉。

文帝諸子，褘尤凡劣，諸兄弟並蚩鄙之。南平王鑠薨，子敬深婚，褘視之，白孝武借伎。孝武答曰：「婚禮既不舉樂，且敬深孤苦，伎非宜也〔一八〕。」至是明帝與建安王休仁詔曰：「人既不比數西方公，汝便爲諸王之長。」時禕住西〔二九〕，故謂之西方公。泰始五年，河東柳欣慰謀反，欲立禕，禕與相酬和。欣慰結征北諮議參軍杜幼文，幼文具奏其事。上暴其罪惡，黜爲南豫州刺史、車騎將軍、開府儀同三司。上遣腹心楊運長領兵防衞。明年，又令有司奏禕怨懟〔三〇〕，逼令自殺，葬宣城。

晉熙王昶字休道，文帝第九子也。元嘉二十二年，年十歲，封義陽王。大明中，位中書令、中軍將軍、開府儀同三司。廢帝即位，爲徐州刺史，加都督。昶輕訬褊急，不能事孝武，大明中常被嫌責，人間常言昶當有異志。

廢帝既誅羣公，彌縱狂惑，常語左右曰：「我即大位來，遂未戒嚴，使人邑邑。」江夏王義恭誅後，昶表求入朝，遣典籤蘧法生銜使。帝謂法生：「義陽與太宰謀反，我政欲討之，今知求還，甚善。」又問法生：「義陽謀反，何不啓？」法生懼，走還彭城，帝因此北討。法生至，昶即起兵，統内諸郡並不受命。昶知事不捷，乃夜開門奔魏，棄母妻，唯攜妾一人，作丈夫服騎馬自隨。在道慷慨爲斷句曰：「白雲滿鄣來，黄塵半天起。關山四面絶，故鄉幾千里。」因把姬手南望慟哭，左右莫不哀哽。每節悲慟，遥拜其母。

昶家還都，二妾各生一子，明帝即位，名長者曰思遠，小者曰懷遠，尋並卒。帝以金千兩贖昶于魏不獲，乃以第六皇子燮字仲綏繼昶，封爲晉熙王。明帝既以燮繼昶，乃詔曰：「晉熙國太妃謝氏，沈刻無親，物理罕比，骨肉至親，尚相棄蔑，況以義合，免苦爲難。可還其本家，削絶蕃秩。」

先是，改謝氏爲射氏〔三一〕。元徽元年，燮年四歲，以爲郢州刺史。明年，復昶所生謝氏爲晉熙國太妃。齊受禪，燮降封陰安縣公〔三二〕，謀反賜死。

武昌王渾字休深〔三三〕，文帝第十子也。元嘉二十四年，年九歲，封汝陰王。後徙武昌。

渾少而凶戾，嘗忿左右，拔防身刀斫之。元凶弒立，以爲中書令。山陵夕，裸身露頭往散騎省戲，因彎弓射通直郎周朗中枕，以爲笑樂。孝建元年，爲雍州刺史，監雍梁南北秦四州荆州之竟陵隨二郡諸軍事、寧蠻校尉。至鎮，與左右人作文檄，自稱楚王，號年爲元光〔三四〕，備置百官以爲戲笑。長史王翼之得其手迹，封呈孝武。上使有司奏免爲庶人，下太常絶屬籍，使付始安郡，逼令自殺。即葬襄陽。大明四年，聽還葬母江太妃墓次。明帝即位，追封武昌縣侯。

建安王休仁，文帝第十二子也。元嘉二十九年，年十歲，立爲建安王。前廢帝景和元年，累遷護軍將軍。時帝狂悖無道，誅害羣公，忌憚諸父，並聚之殿内，毆捶陵曳，無復人理。休仁及明帝、山陽王休祐形體並肥壯，帝乃以籠盛稱之，以明帝尤肥，號爲豬王，號休仁爲殺王，休祐爲賊王。以三王年長，尤所畏憚，故常録以自近，不離左右。東海王禕凡劣，號之驢王。桂陽王休範、巴陵王休若年少，故並得從容。嘗以木槽盛飯，内諸雜食，攪令和合，掘地爲阬穽，實之以泥水。裸明帝内坑中，以槽食置前，令以口就槽中食之，用爲歡笑。欲害明帝及休仁、休祐，前後以十數。休仁多計數，每以笑調佞諛詶悦之，故得推遷。常於休仁前，使左右淫逼休仁所生楊太妃。左右並不得已順命，至右衛將軍劉道隆，道隆歡以奉旨，盡諸醜狀。時廷尉劉蒙妾孕臨月〔三五〕，帝迎入後宫，冀其生男，欲立爲太子。明帝嘗忤旨，帝怒，乃裸之，縛其手脚，以杖貫手脚内，使擔付太官，即日屠豬。休仁笑謂帝曰：「未應死。」帝問其故，休仁曰：「待皇太子生，殺豬取肝肺。」帝意解，曰：「且付廷尉。」一宿出之。

帝將南游荆、湘二州，明旦欲殺諸父便發，其夕被殺於華林園。休仁即日便執臣禮於明帝。時南平王敬猷、廬陵王敬先兄弟被害，猶未殯斂，休仁、休祐同載臨之，開帷歡笑，鼓吹往反，時人咸非焉。

明帝以休仁爲侍中、司徒、尚書令、揚州刺史，給三望車。時劉道隆爲護軍，休仁求解職，曰：「臣不得與此人同朝。」上乃賜道隆死。尋諸方逆命，休仁都督征討諸軍事，增班劍爲三十人，出據獸檻〔三六〕，進赭圻。尋領太子太傅，總統諸軍。中流平定，休仁之力也。明帝初與蘇侯神結爲兄弟，以祈福助。及事平，與休仁書曰：「此段殊得蘇兄神力。」

休仁年與明帝相亞，俱好文籍，素相愛。及廢帝世，同經艱危，明帝又資其權譎之力。泰始初，四方逆命，休仁親當矢石，大勳克建，任總百揆，親寄甚隆，四方輻湊。上甚不悅。休仁悟其旨，表解揚州，見許。進位太尉，領司徒，固讓。又加漆輪車，劍履升殿。受漆輪，固辭劍履。

明帝末年多忌，休仁轉不自安。及殺晉平王休祐〔三七〕，其年上疾篤，與楊運長爲身後計。運長等又慮帝晏駕後，休仁一旦居周公之地，其輩不得執權，彌贊成上使害諸王。及上疾暴甚，内外皆屬意休仁。主書以下皆往東府詣休仁所親信，豫自結納。其或直不得出者皆懼。上與運長等定謀，召休仁入宿尚書下省，其夜遣人齎藥賜休仁死，休仁對使者罵曰：「上有天下，誰之功也。孝武以誅子孫而至于滅，今復遵覆車，枉殺兄弟，柰何忠臣抱此冤濫！我大宋之業，其能久乎。」上疾久，慮人情同異，自力乘輿出端門，休仁死後乃入。詔稱其自殺，宥其二子，并全封爵。有司奏請降休仁爲庶人，絶屬籍，兒息悉徙遠郡。

詔休仁特降爲始安縣王，并停子伯融等流徙，聽襲封爵。及帝疾甚，見休仁爲祟，叫曰：「司徒小寬我。」尋崩。伯融，妃殷氏所生。殷氏，吴興太守沖女也。范陽祖翻有醫術，姿貌又美，殷氏有疾，翻入視脉，悦之，遂與姦。事泄，遣還家賜死。

晉平刺王休祐，文帝第十三子也。孝建二年，年十一，封山陽王。明帝即位，以山陽荒弊，改封晉平王，位驃騎大將軍、開府儀同三司、荆州刺史。

休祐素無才能，强梁自用。大明之世，不得自專，至是貪淫好財色，在荆州多營財貨。以短錢一百賦人，田登就求白米一斛，米粒皆令徹白；若碎折者悉不受。人間糴此米一斗一百〔三八〕。至時又不受米，評米責錢，凡諸求利皆如此。百姓嗷然，不復堪命。徵爲南徐州刺史，加都督。上以休祐貪虐，不可莅人，留之都下，遣上佐行府州事。

休祐狠戾，前後忤上非一。在荆州時，左右范景達善彈棊〔三九〕，上召之，休祐留不遣。上怒詰責之，且慮休祐將來難制，方便除之〔四〇〕。七年二月，車駕於巖山射雉，有一雉不肯入場，日暮將反，留休祐射之，令不得雉勿歸。休祐時從在黄麾内，左右從者並在部伍後。休祐便馳去，上遣左右數人隨之。上既還，前驅清道，休祐人從悉散，不復相得。上遣壽寂之等諸壯士追之，日已欲闇，與休祐相及，蹴令墜馬。休祐素勇壯，有氣力，奮拳左右排擊，莫得近。有一人自後引陰，因頓地，即共拉殺之。遣人馳白上，行唱驃騎落馬，上聞驚曰：「驃騎體大，落馬殊不易。」即遣御醫上藥相係至，頃之休祐左右人至，久已絕矣。輿以還第，贈司空。時巴陵王休若在江陵，其日即馳信報休若曰：「吾與驃騎南山射雉，驃騎馬驚，與直閤夏文秀馬相蹋，文秀墮地，驃騎失控，馬重驚，觸松樹墜地落硎中，時頓悶，故馳報弟。」其年五月，追免休祐爲庶人，十三子並徙晉平。

明帝尋病，見休祐爲祟，使使至晉平撫其諸子。帝尋崩。廢帝元徽元年，聽諸子還都。順帝昇明三年，稱謀反，並賜死。

海陵王休茂，文帝第十四子也。孝建二年，年十一，封海陵王。大明二年，爲雍州刺史，加都督、北中郎將、寧蠻校尉。時司馬庾深之行府州事，休茂性急欲自專，深之及主帥每禁之。常懷忿，因左右張伯超至所親愛，多罪過，主帥常加訶責。伯超懼罪，謂休茂曰：「主帥密疏官罪，欲以啓聞。」休茂曰：「今爲何計？」伯超曰：「唯殺行事及主帥，舉兵自衞，縱不成，不失入虜中爲王。」休茂從之，夜使伯超等殺司馬庾深之，集兵建牙馳檄。休茂出城行營，諮議參軍沈暢之等閉門拒之。城陷，斬暢之。其日，參軍尹玄度起兵攻休茂〔四一〕，禽之，斬首。母妻皆自殺，同黨悉伏誅。有司奏絕休茂屬籍，貶姓爲留，不許。即葬襄陽。

鄱陽哀王休業，文帝第十五子也。孝建二年，年十一，封鄱陽王。三年薨，以山陽王休祐次子士弘嗣，被廢國除。

臨慶沖王休倩，文帝第十六子也。孝建元年，年九歲，疾篤，封東平王，未拜，薨。大明七年，立第二十七皇子子嗣爲東平王，紹休倩。泰始三年還本〔四二〕，遂絶。六年，以第五皇子智井爲東平王，繼休倩，未拜，薨。其年，追改休倩爲臨慶王。休倩爲文帝所愛，故前後屢加紹嗣。

新野懷王夷父，文帝第十七子也。元嘉二十九年薨，明帝泰始五年，追加封謚。

桂陽王休範，文帝第十八子也。孝建三年，年九歲，封順陽王。大明元年，改封桂陽。泰始六年，累遷驃騎大將軍、江州刺史，加都督。遺詔進位司空、侍中，加班劍三十人。休範素凡訥，少知解，不爲諸兄齒遇。明帝常指左右人謂王景文曰：「休範人才不及此，以我故，生便富貴〔四三〕。釋氏願生王家，良有以也。」及明帝晚年，晉平王休祐以狠戾致禍，建安王休仁以權逼不容，巴陵王休若素得人情，以此見害；唯休範謹澀無才，不爲物情所向，故得自保而常憂懼。

及明帝晏駕，主幼時艱，休範自謂宗戚莫二，應居宰輔。事既不至，怨憤彌結。招引勇士，繕脩器械。行人經過尋陽者，莫不降意折節，於是至者如歸。朝廷知之，密相防禦。母荀太妃薨，即葬廬山，以示不還之志。時夏口闕鎮，朝議以居尋陽上流，欲樹置腹心，重其兵力。元徽元年，乃以第五皇弟晉熙王燮爲郢州刺史，長史王奂行府州事，配以實力，出鎮夏口。慮爲休範所攔留，自太子洑去，不過尋陽。休範怒，欲舉兵，乃上表脩城堞。其年進位太尉，明年五月遂反。發自尋陽，晝夜取道。大雷戍主杜道欣馳下告變。道欣至一宿，休範已至新林，朝廷震動。

齊高帝出次新亭壘。時事起倉卒，朝廷兵力甚弱，及開武庫，隨將士意取。休範於新林步上攻新亭壘。屯騎校尉黄回乃僞往降，并宣齊高帝意。休範大悦，置之左右。休範壯士李恒、鍾爽進諫不宜親之，休範曰：「不欺人以信。」時休範日飲醇酒，以二子德宣、德嗣付與齊高帝爲質，至即斬之。回與越騎校尉張苟兒直前斬休範首持還，左右並散。

初，休範自新林分遣同黨杜墨蠡、丁文豪等直向朱雀門。休範雖死，墨蠡等不知。王道隆率羽林兵在朱雀門内，聞賊至，急召劉劻，劻自石頭來赴戰，死之。墨蠡等乘勝直入朱雀門，道隆爲亂兵所殺。墨蠡等唱云「太尉至」。休範之死也，齊高帝遣隊主陳靈寶齎首還臺，逢賊，埋首道側，挺身得達。雖唱云已平，而無以爲據，衆愈疑惑。墨蠡徑至杜母宅，宫省恇擾，無復固志。撫軍長史褚澄以東府納賊。賊擁安成王據東府，稱休範教曰：「安成王吾子也，勿得侵。」賊勢方逼，衆莫能振。尋而丁文豪之衆知休範已死，稍欲退散。文豪勇氣殊壯，厲聲曰：「我獨不能定天下邪。」休範首至，又羽林監陳顯達率所領於杜母宅破墨蠡等，諸賊一時奔散。斬墨蠡、文豪等。晉熙王燮自夏口遣軍平尋陽。

巴陵哀王休若，文帝第十九子也。孝建三年，年九歲，封巴陵王。明帝即位，出爲會稽太守，加都督。二年，遷都督、雍州刺史、寧蠻校尉。前在會稽録事參軍陳郡謝沈以諂側事休若，多受財賂。時内外戒嚴，並袴褶，沈居母喪被起，聲樂酣飲，不異吉人。衣冠既無殊異，並不知沈居喪。沈嘗自稱孤子，衆乃駭愕。休若坐與沈褻黷，降號鎮西將軍。典籤夏寶期事休若無禮，啓明帝殺之。慮不許，啓未報，於獄行刑。信反令鎖送，而寶期已死。上怒勑之曰：「孝建之世，汝何敢爾。」使其母羅加杖三百。

四年，改行湘州刺史。六年，爲荆州刺史，加都督、征西大將軍、開府儀同三司。七年，晉平王休祐被殺，建安王休仁見疑，都下訛言休若有至貴之表，明帝以此言報之。休若甚憂，嘗衆賓滿坐，有一異鳥集席隅，哀鳴墜地死。又聽事上有二大白蛇長丈餘，唅唅有聲。休若甚惡之。

會被徵爲南徐州刺史，加都督、征北大將軍，開府如故。休若腹心將佐咸謂還朝必有大禍，中兵參軍京兆王敬先勸割據荆楚。休若執録，馳使白明帝，敬先坐誅。休若至京口，上以休若善能諧緝物情，慮將來傾幼主，欲遣使殺之，慮不奉詔。徵入朝，又恐猜駭。乃僞授爲江州刺史，至，即於第賜死，贈侍中、司空。子沖始襲封。

孝武帝二十八男。文穆皇后生廢帝子業、豫章王子尚。陳淑媛生晉安王子勛。阮容華生安陸王子綏。徐昭容生皇子子深。何淑儀生松滋侯子房。史昭華生臨海王子頊。殷貴妃生始平孝敬王子鸞。次永嘉王子仁與皇子子深同生。何婕妤生皇子子鳳。謝昭容生始安王子真。江婕妤生皇子子玄。史昭儀生邵陵王子元。次齊敬王子羽與始平孝敬王子鸞同生。江美人生皇子子衡。楊婕妤生淮南王子孟。次皇子子況與皇子子玄同生〔四四〕；次南平王子産與永嘉王子仁同生；次晉陵孝王子雲、次皇子子文並與始平孝敬王子鸞同生；次廬陵王子輿與淮南王子孟同生；次南海哀王子師與始平孝敬王子鸞同生；次淮陽思王子霄與皇子子玄同生；次皇子子雍與始安王子真同生；次皇子子趨與皇子子鳳同生；次皇子子期與皇子子衡同生；次東平王子嗣與始安王子真同生。張容華生皇子子悅〔四五〕。安陸王子綏、南平王子産、廬陵王子輿並出繼。皇子子深、子鳳、子玄、子衡、子況、子文、子雍未封早夭。子趨、子期、子悅未封，爲明帝所殺。

豫章王子尚字孝師，孝武第二子也。孝建三年，年六歲，封西陽王。大明三年，分浙江西立王畿；以浙江東爲揚州，以子尚爲刺史，加都督。六年，改封豫章王〔四六〕，領會稽太守。七年，進號車騎大將軍、開府儀同三司〔四七〕。時東土大旱，鄞縣多曬田，孝武使子尚表至鄞縣勸農，又立左學，召生徒，置儒林祭酒一人，學生師敬，位比州中從事。文學祭酒一人，比州西曹。勸學從事二人比祭酒從事。

前廢帝即位，罷王畿復舊，徵子尚都督揚、南徐二州諸軍事，領尚書令。初，孝建中，孝武以子尚太子母弟，甚留心；後新安王子鸞以母幸見愛，子尚寵衰。及長凶慝，有廢帝之風。明帝既殞廢帝，乃稱太皇太后令曰：「子尚頑凶，楚玉淫亂，並於第賜盡。」楚玉，廢帝姊山陰公主也。廢帝改封會稽郡長公主，給鼓吹一部，加班劍二十人，未拜受而廢帝敗〔四八〕。

晉安王子勛字孝德，孝武第三子也。眼患風，不爲孝武所愛。大明四年，年五歲，封晉安王。七年，爲江州刺史，加都督。八年，改授雍州，未拜而孝武崩，還爲江州。

時廢帝狂凶，多所誅害。前撫軍諮議參軍何邁謀因帝出爲變，迎立子勛。事泄，帝誅邁，使八坐奏子勛與邁通謀，遣左右朱景送藥賜子勛死〔四九〕。景至盆口，遣報長史鄧琬。琬等奉子勛起兵，以廢立爲名。明帝定亂，進子勛車騎將軍、開府儀同三司。琬等不受命。

泰始二年正月七日，奉子勛爲帝，即僞位於尋陽，年號義嘉，備置百官，四方響應。是歲四方貢計，並詣尋陽。及軍敗，子勛見殺，時年十一。即葬尋陽廬山。

松滋侯子房字孝良，孝武第六子也。大明四年，年五歲，封尋陽王。前廢帝景和元年，爲會稽太守，加都督。明帝即位，徵爲撫軍，領太常。長史孔覬不受命，舉兵應晉安王子勛。上虞令王晏殺覬，送子房還建鄴。上宥之，貶爲松滋縣侯。司徒建安王休仁以子房兄弟終爲禍難，勸上除之。廢徙遠郡見殺，年十一。

臨海王子頊字孝烈〔五〇〕，孝武第七子也。初封歷陽王，後改封臨海，位荆州刺史。明帝即位，進督雍州，長史孔道存不受命，應晉安王子勛。事敗賜死，年十一。

始平孝敬王子鸞字孝羽，孝武第八子也。大明四年，封襄陽王，尋改封新安。五年，爲北中郎將、南徐州刺史，領南琅邪太守。母殷淑儀寵傾後宫，子鸞愛冠諸子，凡爲上眄遇者莫不入子鸞府國。爲南徐州，又割吴郡屬之。六年，丁母憂。前廢帝素疾子鸞有寵，及即位，既誅羣臣，乃遣使賜子鸞死，時年十歲。子鸞臨死謂左右曰：「願後身不復生王家。」同生弟妹並死。明帝即位，改封始平王，以建平王景素子延年嗣。

永嘉王子仁字孝緌，孝武第九子也。大明五年，封永嘉王。明帝即位，以爲湘州刺史。帝尋從司徒建安王休仁計，未拜賜死，時年十歲。

始安王子真字孝貞，孝武第十一子也。

邵陵王子元字孝善，孝武第十三子也。並被明帝賜死。

齊敬王子羽字孝英，孝武第十四子也。生二歲而薨，追加封謚。

淮南王子孟字孝光，孝武第十六子也。初封淮南王，明帝改封安成王，未拜賜死。

晉陵孝王子雲字孝舉，孝武第十九子也。大明六年封，未拜而亡。

南海哀王子師字孝友，孝武第二十二子也。大明七年封，未拜，爲前廢帝所害。明帝即位追謚。

淮陽思王子霄字孝雲，孝武第二十三子也。早薨，追加封謚。

東平王子嗣字孝叔，孝武帝第二十七子也，明帝賜死。

武陵王贊字仲敷，小字智隨，明帝第九子也。明帝既誅孝武諸子，詔以智隨奉孝武爲子，封武陵郡王。順帝昇明二年薨，國除。

明帝十二男：陳貴妃生後廢帝。謝脩儀生皇子法良。陳昭華生順帝。徐婕妤生第四皇子。鄭脩容生皇子智井。次晉熙王燮與皇子法良同生。泉美人生邵陵殤王友；次江夏王躋與第四皇子同生。徐良人生武陵王贊。杜脩華生隨陽王翽。次新興王嵩與武陵王贊同生。又泉美人生始建王禧。智井、燮、躋、贊並出繼。法良未封。第四皇子未有名，早夭。

邵陵殤王友字仲賢，明帝第七子也。年五歲，出爲南中郎將、江州刺史，封邵陵王。後廢帝元徽二年，桂陽王休範誅後，王室微弱，友府州文案及臣吏不諱有無君之心〔五一〕。

順帝昇明二年，徙南豫州刺史，薨。無子，國除。

隨陽王翽字仲儀，明帝第十子也。初封南陽王，昇明二年，改封隨陽。齊受禪，封舞陰縣公。

新興王嵩字仲岳，明帝第十一子也。齊受禪，降封定襄縣公。

始建王禧字仲安，明帝第十二子也。齊受禪，降封荔浦縣公，尋並云謀反賜死。

論曰：甚矣哉，元嘉之遇禍也。殺逆之釁，事起肌膚，因心之童，遂亡天性。雖鳴鏑之酷，未極於斯，其不至覆亡，亦爲幸也。明皇統運，疑隙内構，尋斧所加，先自王戚。晉剌以獷暴摧軀，巴哀由和良酖體，保身之路，未知攸適。昔之戒子，慎勿爲善，詳求其旨，將遠有以乎。詩云：「不自我先，不自我後。」蓋古人之畏亂也。孝武諸子，提挈以成釁亂，遂至宇内沸騰，王室如燬，而帝之諸胤莫不殲焉。强不如弱，義在於此。明帝負螟之慶，事非己出，枝葉不茂，豈能庇其本乎。

校勘記

〔一〕陳脩容生東海王禕　「東海王」，本卷本傳並作「廬江按宋書卷七九文五王傳作「廬江王」，「東海王」爲其始封之號。「禕」，南監本、北監本、殿本及通考卷二五七並作「褘」。

〔二〕江脩容生武昌王渾　「脩容」，宋書卷七二文九王傳作「脩儀」。

〔三〕楊美人生始安王休仁　「美人」，宋書卷七二文九王傳作「脩儀」。

〔四〕邢美人生山陽王休祐　「山陽王」，本傳傳文、宋書卷七二文九王傳並作「晉平剌王」。「山陽王」爲其始封之號。

〔五〕可急宜揵之　「揵」，宋書卷九九二凶元凶劭傳作「犍」。按犍謂閹割，疑是。

〔六〕謂之傳空言　「傳」，宋書卷九九二凶元凶劭傳作「書傳」。王懋竑記疑：「『傳空言』，上當有『書』字。」馬宗霍校證：「『書傳』連文，似不可省。」

〔七〕令後速來　「後」，宋書卷九九二凶元凶劭傳、通鑑卷一二七宋紀九元嘉三十年、通志卷八一作「後隊」。

〔八〕呼中書舍人顧嘏嘏懼　二「嘏」字，原作「瑕」，據宋書卷九九二凶元凶劭傳、通鑑卷一二七宋紀九元嘉三十年改。

〔九〕斌辭以不文　「辭」字原脱，據殿本及宋書卷九九二凶元凶劭傳、册府卷四七九、通志卷八一補。

〔一〇〕以侍中王僧達爲吏部尚書　「王僧達」，宋書卷九九二凶元凶劭傳、通鑑卷一二七宋紀九元嘉三十年作「王僧綽」。按宋書卷七一王僧綽傳載劉劭篡立後轉任吏部尚書；卷七五王僧達傳則不載其曾爲侍中，且劉劭篡位之際正在宜興太守任上。當以「王僧綽」爲是。

〔一一〕長沙王瑾弟楷　宋書卷九九二凶元凶劭傳、通鑑卷一二七宋紀九元嘉三十年疊「瑾」字，謂瑾與楷兩人，疑是。

〔一二〕南中郎二十年少業能建如此大事　原作「中郎二十年業不少能建如此大事」，據南監本、北監本、殿本及宋書卷九九二凶元凶劭傳改。通鑑卷一二七宋紀九元嘉三十年、通志卷八一無「業」字。按胡三省云：「時武陵王駿爲南中郎將、江州刺史，故稱之。武陵王時年二十四。」

〔一三〕不圖宋室一至於此　「宋室」，宋書卷九九二凶始興王濬傳作「宗室」。

〔一四〕追贈潘淑妃爲長寧國夫人　「國」，宋書卷九九二凶始興王濬傳作「園」，疑是。

〔一五〕昇明三年被誅　「三年」，宋書卷七二文九王南平穆王鑠傳作「二年」。

〔一六〕遇劭將華欽庾遵於曲阿之奔牛塘　「華欽」，宋書卷九九二凶元凶劭傳、通鑑卷一二七宋紀九元嘉三十年作「燕欽」。「庾遵」，宋書卷七九文五王竟陵王誕傳、册府卷三七九作「庾導」。

〔一七〕建康人陳文詔訴父饒爲誕府史　「陳文詔」，宋書卷七九文五王竟陵王誕傳、册府卷九五〇作「陳文紹」。

〔一八〕吳郡人劉成又訴稱息道就伏事誕　「道就」，北監本、殿本及宋書卷七九文五王竟陵王誕傳、通鑑卷一二九宋紀一一大明三年作「道龍」。

〔一九〕見誕與左右莊慶傅元禮等潛圖姦逆　「傅元禮」，宋書卷七九文五王竟陵王誕傳作「傅元祀」。

〔二〇〕以義興太守垣閬爲兖州刺史　「垣閬」，原作「桓閬」，據宋書卷七九文五王竟陵王誕傳、魏書卷九七島夷劉裕傳、通鑑卷一二九宋紀一一大明三年改。按宋書卷五〇垣護之傳：「伯父遵」，「遵子閬」，「大明三年，自義興太守爲寧朔將軍、兖州刺史。爲竟陵王誕所殺」。

〔二一〕云開南門者其主王　「其主王」，殿本及宋書卷七九文五王竟陵王誕傳並作「不利其主」，疑是。

〔二二〕乃説誕求爲間構　「間構」，宋書卷七九文五王竟陵王誕傳、册府卷七五八作「間諜」。

〔二三〕追贈殷長寧國淑妃　「國」，宋書卷七九文五王竟陵王誕傳作「園」，疑是。

〔二四〕誕執録二十餘日乃殺　「殺」，宋書卷七九文五王竟陵王誕傳、册府卷九五〇作「赦之」。

〔二五〕本號開府儀同三司　「本號」上，宋書卷七二文九王建平宣簡王宏傳有「以」字，通志卷八一有「尋即」二字。疑此脱文。

〔二六〕羽林監垣祇祖奔景素　「垣祇祖」，原作「桓祇祖」，據宋書卷七二文九王建平宣簡王宏傳附景素傳、通鑑卷一三四宋紀一六元徽四年、通志卷八一改。

〔二七〕廬陵王禕字休秀　「廬陵王」，宋書卷七九文五王廬江王禕傳作「廬江王」。

〔一八〕且敬深孤苦伎非宜也　「伎」，宋書卷七九文五王廬江王禕傳、通志卷八一並作「倍」。

〔一九〕時禕住西　「西」，宋書卷七九文五王廬江王禕傳作「西州」。

〔二〇〕明年又令有司奏禕怨懟　按張森楷宋書校勘記：「據本紀即在是年，不得云『明年』。」

〔二一〕先是改謝氏爲射氏　「謝氏」原與「射氏」互倒，據殿本及宋書卷七二文九王晉熙王昶傳、通志卷八一乙正。

〔二二〕燮降封陰安縣公　「陰安」，原作「安陰」，據宋書卷七二文九王晉熙王昶傳改。按「安陰縣」於史無考，宋書卷三六州郡志二南豫州晉熙太守所轄有陰安縣。

〔二三〕武昌王渾字休深　「休深」，宋書卷七九文五王武昌王渾傳作「休淵」，此避唐諱而改。

〔二四〕號年爲元光　「元光」，宋書卷七九文五王武昌王渾傳、通鑑卷一二八宋紀一〇孝建二年作「永光」，册府卷二九九作「允光」。

〔二五〕時廷尉劉蒙妾孕臨月　「廷尉劉蒙」，本書卷二宋本紀中前廢帝紀作「少府劉矇」，宋書卷七前廢帝紀作「少府劉勝」，同書卷七二文九王始安王休仁傳、魏書卷九七島夷劉裕傳作「廷尉劉矇」，通鑑卷一三〇宋紀一二泰始元年作「少府劉矇」。

〔二六〕出據獸檻　「獸檻」，宋書卷七二文九王始安王休仁傳作「虎檻」，此避唐諱而改。

〔二七〕及殺晉平王休祐　宋書卷七二文九王始安王休仁傳此下有「憂懼彌切」四字，語意始完足。

〔二八〕人間糴此米一斗一百　「斗」，宋書卷七二文九王晉平剌王休祐傳、御覽卷一五一、卷八三八作「升」。

〔三九〕左右范景達善彈棊　「范景達」，宋書卷七二文九王晉平剌王休祐傳作「苑景達」。

〔四〇〕方便除之　殿本及宋書卷七二文九王晉平剌王休祐傳、通鑑卷一三三宋紀一五泰始七年上有「欲」字。

〔四一〕參軍尹玄度起兵攻休茂　「尹玄度」，宋書卷七九文五王海陵王休茂傳、本書卷二宋本紀中孝武帝紀、通鑑卷一二九宋紀一一大明五年、册府卷七五八作「尹玄慶」。

〔四二〕泰始三年還本　「三年」，宋書卷七二文九王臨慶沖王休倩傳、册府卷二八四作「二年」。

〔四三〕以我故生便富貴　宋書卷七九文五王桂陽王休範傳、御覽卷一五一引沈約宋書「我」下有「弟」字，疑是。

〔四四〕次皇子子況與皇子子玄同生　「子況」，原作「子泥」，據北監本、殿本及宋書卷八〇孝武十四王傳、通志卷八一、通考卷二五七改，本傳後文尚不誤。

〔四五〕張容華生皇子子悅　「張容華」，宋書卷八〇孝武十四王傳作「杜容華」。

〔四六〕六年改封豫章王　「六年」，宋書卷六孝武帝紀、卷八〇孝武十四王豫章王子尚傳、册府卷二六四作「五年」。

〔四七〕進號車騎大將軍開府儀同三司　「車騎大將軍」，宋書卷六孝武帝紀、卷八〇孝武十四王豫章王子尚傳作「車騎將軍」。按馬宗霍校證：「疑南史誤衍。」

〔四八〕未拜受而廢帝敗　「帝」字原脱，據宋書卷八〇孝武十四王豫章王子尚傳補。

〔四九〕遣左右朱景送藥賜子勛死　「朱景」，宋書卷八〇孝武十四王晉安王子勛傳、通鑑卷一三〇宋紀一二泰始元年作「朱景雲」。

〔五〇〕臨海王子頊字孝烈　「孝烈」，宋書卷八〇孝武十四王臨海王子頊傳作「孝列」。

〔五一〕友府州文案及臣吏不諱有無君之心　「有無君之心」，宋書卷九〇明四王邵陵殤王友傳、册府卷八六三作「有無之有」。王懋竑記疑以爲當從宋書；馬宗霍校證以爲當疊一「有」字，兩「有」字分屬上下兩句。按宋書卷九〇殿本考證：「邵陵王名友，『有』與『友』同聲，此言不諱嫌名也。」南史疑有訛誤。

南史卷十五

列傳第五

劉穆之 曾孫祥 從子秀之 **徐羨之** 從孫湛之 湛之孫孝嗣 孝嗣孫君蒨 **傅亮** 族兄隆 **檀道濟** 兄韶 韶孫珪 韶弟祗

劉穆之字道和，小字道人〔一〕，東莞莒人也，世居京口。初爲琅邪府主簿，嘗夢與宋武帝汎海遇大風，驚俯視船下，見二白龍挾船〔二〕。既而至一山，山峰聳秀，意甚悦。及武帝剋京城，從何無忌求府主簿，無忌進穆之。帝曰：「吾亦識之。」即馳召焉。時穆之聞京城有叫聲，晨出陌頭，屬與信會，直視不言者久之，反室壞布裳爲袴往見帝，帝謂曰：「我始舉大義，須一軍吏甚急，誰堪其選？」穆之曰：「無見踰者。」帝笑曰：「卿能自屈，吾事濟矣。」即於坐受署。從平建鄴，諸大處分，皆倉卒立定，並穆之所建，遂動見諮詢。穆之亦竭節盡誠，無所遺隱。

時晉綱寬弛〔三〕，威禁不行，盛族豪家，負勢陵縱；重以司馬元顯政令違舛，桓玄科條繁密。穆之斟酌時宜，隨方矯正，不盈旬日，風俗頓改。

遷尚書祠部郎，復爲府主簿、記室、録事參軍，領堂邑太守。以平桓玄功，封西華縣五等子。及揚州刺史王謐薨，帝次應入輔。劉毅等不欲帝入，議以中領軍謝混爲揚州，或欲令帝於丹徒領州，以内事付僕射孟昶。遣尚書右丞皮沈以二議諮帝。沈先與穆之言，穆之僞如厠，即密疏白帝，言沈語不可從。帝既見沈，且令出外，呼穆之問焉。穆之曰：「公今日豈得居謙，遂爲守蕃將邪？劉、孟諸公俱起布衣，共立大義，事乃一時相推，非宿定臣主分也。力敵勢均，終相吞咀。揚州根本所係，不可假人。前授王謐，事出權道，今若復佗授，便應受制於人。一失於權，無由可得。公功高勳重，不可直置疑畏，便可入朝共盡同異。公至京邑，彼必不敢越公更授餘人。」帝從其言，由是入輔。

從廣固還拒盧循〔四〕，常居幕中畫策。劉毅等疾之，每從容言其權重，帝愈信仗之。穆之外所聞見，大小必白，雖閭里言謔，皆一二以聞。帝每得人間委密消息以示聰明，皆由穆之。又愛賓游，坐客恒滿，布耳目以爲視聽，故朝野同異，穆之莫不必知。雖親昵短長，皆陳奏無隱。人或譏之，穆之曰：「我蒙公恩，義無隱諱，此張遼所以告關羽欲叛也。」

帝舉止施爲，穆之皆下節度，帝書素拙，穆之曰：「此雖小事，然宣布四遠，願公小復留意。」帝既不能留意，又稟分有在，穆之乃曰：「公但縱筆爲大字，一字徑尺無嫌。大既足有所包，其勢亦美。」帝從之，一紙不過六七字便滿。

穆之凡所薦達，不納不止。常云：「我雖不及荀令君之舉善，然不舉不善。」穆之與朱齡石並便尺牘，嘗於武帝坐與齡石並答書，自旦至日中，穆之得百函，齡石得八十函，而穆之應對無廢。

遷中軍、太尉司馬，加丹陽尹。帝西討劉毅，以諸葛長人監留府，疑其難獨任，留穆之輔之。加建威將軍，置佐吏，配給實力。長人果有異謀，而猶豫不能發，屏人謂穆之曰：「悠悠之言，云太尉與我不平，何以至此？」穆之曰：「公泝流遠伐，以老母弱子委節下，若一豪不盡，豈容若此。」長人意乃小安，穆之亦厚爲之備。謂所親曰〔五〕：「貧賤常思富貴，富貴必踐機危。今日思爲丹徒布衣，不可得也。」帝還，長人伏誅。進前將軍。

帝西伐司馬休之，中軍將軍道憐知留任，而事無大小，一決穆之。遷尚書右僕射〔六〕，領選，將軍、尹如故。帝北伐，留世子爲中軍將軍、監太尉留府。轉穆之左僕射、領監軍中軍二府軍司，將軍、尹、領選如故，甲仗五十人入殿，入居東城。

穆之內總朝政，外供軍旅，決斷如流，事無擁滯。賓客輻湊，求訴百端，內外諮稟，盈階滿室。目覽詞訟，手答牋書，耳行聽受，口並酬應，不相參涉，皆悉贍舉。又言談賞笑，彌日亘時，未嘗倦苦。裁有閑暇，手自寫書，尋覽篇章，校定墳籍。性奢豪，食必方丈，旦輒爲十人饌，未嘗獨餐。每至食時，客止十人以還，帳下依常下食，以此爲常。嘗白帝曰：「穆之家本貧賤，贍生多闕，叨忝以來，雖每存約損，而朝夕所須，微爲過豐，此外無一豪負公。」

義熙十三年卒。帝在長安，本欲頓駕關中，經略趙、魏，聞問驚慟，哀惋者數日。以根本虛，乃馳還彭城。以司馬徐羨之代管留臺，而朝廷大事常決於穆之者，並悉北諮。穆之前軍府文武二萬人，以三千配羨之建威府，餘悉配世子中軍府。追贈穆之開府儀同三司。帝又表天子曰：「臣聞崇賢旌善，王教所先，念功簡勞，義深追遠。故司勳執策，在勤必記，德之休明，没而彌著。故尚書左僕射、前將軍臣穆之，爰自布衣，協佐義始，内竭謀猷，外勤庶政，密勿軍國，心力俱盡。及登庸朝右，尹司京畿，敷讚百揆，翼新大猷。頃戎車遠役，居中作捍，撫寧之勳，實洽朝野，識量局致，棟幹之器也。方宣讚盛化，緝隆聖世，忠績未究〔七〕，遠邇悼心。皇恩褒述，班同三事，榮哀既備，寵靈已泰。臣伏思尋，自義熙草創，艱患未弭，外虞既殷，内難亦荐，時屯世故，靡有寧歲。臣以寡乏，負荷國重，實賴穆之匡翼之勳〔八〕。豈唯讜言嘉謀，溢于人聽，若乃忠規密謨，潛慮帷幕，造膝詭辭，莫見其際。

事隔於皇朝，功隱於視聽者，不可勝紀。所以陳力一紀，遂克有成，出征入輔，幸不辱命。微夫人之左右，未有寧濟其事者矣。履謙居寡，守之彌固，每議及封爵，輒深自抑絕。所以勳高當年，而茅土弗及，撫事永念，胡寧可昧。謂宜加贈正司，追甄土宇。俾忠貞之烈，不泯於身後，大賚所及，永旌於善人。臣契闊屯夷，旋觀終始，金蘭之分，義深情感，是以獻其乃懷，布之朝聽。」於是重贈侍中、司徒，封南昌縣侯。

及帝受禪，每歎憶之，曰：「穆之不死，當助我理天下。可謂『人之云亡，邦國殄瘁』。」光禄大夫范泰對曰：「聖主在上，英彥滿朝，穆之雖功著艱難，未容便關興毀。」帝笑曰：「卿不聞驥騄乎，貴日致千里耳。」帝後復曰：「穆之死，人輕易我。」其見思如此。以佐命元勳，追封南康郡公，謚曰文宣。

穆之少時，家貧誕節，嗜酒食，不脩拘檢。好往妻兄家乞食，多見辱，不以爲恥。其妻江嗣女，甚明識，每禁不令往江氏。後有慶會，屬令勿來。穆之猶往，食畢求檳榔。江氏兄弟戲之曰：「檳榔消食，君乃常飢，何忽須此？」妻復截髮市肴饌，爲其兄弟以餉穆之，自此不對穆之梳沐。及穆之爲丹陽尹，將召妻兄弟，妻泣而稽顙以致謝。穆之曰：「本不匿怨，無所致憂。」及至醉〔九〕，穆之乃令厨人以金柈貯檳榔一斛以進之。

元嘉二十五年，車駕幸江寧，經穆之墓，詔致祭墓所。

長子慮之嗣，卒。子邕嗣。先是郡縣爲封國者，内史、相並於國主稱臣，去任便止。孝建中始革此制爲下官致敬。河東王歆之嘗爲南康相，素輕邕。後歆之與邕俱豫元會並坐，邕嗜酒，謂歆之曰：「卿昔見臣，今能見勸一盃酒不？」歆之因斅孫皓歌答曰：「昔爲汝作臣，今與汝比肩，既不勸汝酒，亦不願汝年。」邕性嗜食瘡痂，以爲味似鰒魚。嘗詣孟靈休，靈休先患灸瘡，痂落在牀，邕取食之。靈休大驚，痂未落者，悉褫取飴邕。邕去，靈休與何勗書曰：「劉邕向顧見噉，遂舉體流血。」南康國吏二百許人，不問有罪無罪，遞與鞭，瘡痂常以給膳。

邕卒，子彤嗣，坐刀斫妻奪爵，以弟彪紹。齊建元初，降封南康縣侯、虎賁中郎將。坐廟墓不脩，削爵爲羽林監。又坐與亡弟母楊别居，楊死不殯葬，崇聖寺尼慧首剃頭爲尼，以五百錢爲買棺，以泥洹轝送葬，爲有司奏，事寢不出。

穆之中子式之字延叔，爲宣城、淮南二郡太守，犯贓貨，揚州刺史王弘遣從事檢校之。式之召從事謂曰：「還白使君，劉式之於國粗有微分，偷數百萬錢何有，况不偷邪。」從事還白弘，由此得停。從征關洛有功，封德陽縣五等侯。卒，謚曰恭。

子瑀字茂琳，始興王濬爲南徐州，以瑀爲別駕。瑀性陵物護前，時濬征北府行參軍吳郡顧邁輕薄有才能，濬待之厚。瑀乃折節事邁，以瑀與之款盡，濬所言密事，悉以語瑀。瑀與邁共進射堂下，忽顧左右索單衣幘，邁問其故，瑀曰：「公以家人待卿，言無不盡，卿外宣泄。我是公吏，何得不啓白之。」濬大怒，啓文帝徙邁廣州。

瑀性使氣尚人，後爲御史中丞，甚得志。彈蕭惠開云：「非才非望，非勳非德。」彈王僧達云：「蔭藉高華，人品冗末。」朝士莫不畏其筆端。

轉右衞將軍。年位本在何偃前，孝武初，偃爲吏部尚書，瑀圖侍中不得。與偃同從郊祀，時偃乘車在前，瑀策駟居後，相去數十步，瑀蹋馬及之，謂偃曰：「君轡何疾？」偃曰：「牛駿馭精，所以疾耳。」偃曰：「君馬何遲？」曰：「騏驥羅於羈絆，所以居後。」偃曰：「何不着鞭使致千里？」答曰：「一蹙自造青雲，何至與駑馬爭路。」然甚不得意，謂所親曰：「人仕宦，不出當入，不入當出，安能長居戶限上？」因求益州。及行，甚不得意，至江陵，與顏竣書曰：「朱脩之三世叛兵，一日居荆州，青油幕下，作謝宣明面見向〔一〇〕，使齋帥以長刀引吾下席，於吾何有，政恐匈奴輕漢耳。」坐奪人妻爲妾免官。

後爲吳興太守，侍中何偃嘗案之云〔一一〕：「參伍時望。」瑀大怒曰：「我於時望何參伍之有。」遂與偃絕。族叔秀之爲丹陽，瑀又與親故書曰：「吾家黑面阿秀遂居劉安衆處，朝廷不爲多士。」

其年疽發背，何偃亦發背癰。瑀疾已篤，聞偃亡，懽躍叫呼，於是亦卒。謚曰剛。

祥字顯徵，式之孫也。父敳，太宰從事中郎。祥少好文學，性韻剛疎，輕言肆行，不避高下。齊建元中，爲正員郎。司徒褚彦回入朝，以腰扇鄣日，祥從側過，曰：「作如此舉止，羞面見人，扇障何益。」彦回曰：「寒士不遜。」祥曰：「不能殺袁、劉，安得免寒士。」永明初，撰宋書，譏斥禪代，尚書令王儉密以啓聞，上銜而不問。爲臨川王驃騎從事中郎。祥兄整爲廣州，卒官，祥就整妻求還資，事聞朝廷。又於朝士多所貶忽。王奐爲尚書僕射，祥與奐子融同載，行至中堂，見路人驅驢，祥曰：「驢，汝好爲之，如汝人才，皆已令僕。」著連珠十五首，以寄其懷。其譏議者云：「希世之寶，違時必賤，偉俗之器，無聖則淪。是以明玉黜於楚岫，章甫窮於越人。」有以祥連珠啓上，上令御史中丞任遐奏其過惡，付廷尉。上別遣敕祥曰：「我當原卿性命，令卿萬里思愆。卿若能改革，當令卿得還。」乃徙廣州。不得意，終日縱酒，少時卒。

秀之字道寶，穆之從父兄子也。祖爽，山陰令。父仲道，餘姚令。秀之少孤貧，十歲時與諸兒戲前渚，忽有大蛇來，勢甚猛，莫不顛沛驚呼，秀之獨不動，衆並異之。東海何承天雅相知器，以女妻之。兄欽之爲朱齡石右軍參軍，隨齡石敗没，秀之哀慼不歡宴者十年。

宋景平二年，除駙馬都尉。元嘉中，再爲建康令，政績有聲。孝武鎮襄陽，以爲撫軍録事參軍、襄陽令。襄陽有六門堰，良田數千頃，堰久決壞，公私廢業。孝武遣秀之脩復，雍部由是大豐。

後除西戎校尉、梁南秦二州刺史，加都督。漢川饑饉，秀之躬自儉約。先是漢川悉以絹爲貨，秀之限令用錢，百姓利之。

二十七年，大舉北侵，遣輔國將軍楊文德、巴西梓潼二郡太守劉弘宗受秀之節度，震蕩汧隴。

元凶弑逆，秀之即日起兵，求赴襄陽，司空南譙王義宣不許。事寧，遷益州刺史，折留奉禄二百八十萬付梁州鎮庫，此外蕭然。梁、益豐富，前後刺史莫不大營聚畜，多者致萬金。所攜賓僚並都下貧子，出爲郡縣，皆以苟得自資。秀之爲政整肅，遠近悦焉。南譙王義宣據荆州爲逆，遣徵兵於秀之，秀之斬其使。以起義功，封康樂縣侯，徙丹陽尹。先是秀之從叔穆之爲丹陽，與子弟聽事上宴，聽事柱有一穿，穆之謂子弟及秀之：

「汝等試以栗遥擲柱，入穿者後必得此郡。」唯秀之獨入焉，其言遂驗。時賒買百姓物不還錢，秀之以爲非宜，陳之甚切。雖納其言，竟不用。

遷尚書右僕射。時定制令，隸人殺長吏科〔三〕，議者謂會赦宜以徙論。秀之以爲「律文雖不顯人殺官長之旨，若遇赦但止徙論，便與悠悠殺人曾無一異。人敬官長比之父母，行害之身雖遇赦，謂宜長付尚方，窮其天命，家口補兵」。從之。

後爲寧蠻校尉、雍州刺史，加都督。將徵爲左僕射，會卒。贈司空，謚忠成公。秀之野率無風采，而心力堅正。上以其莅官清潔，家無餘財，賜錢二十萬，布三百疋。傳封至孫，齊受禪，國除。

徐羨之字宗文，東海郯人也。祖寧，尚書吏部郎。父祚之，上虞令。羨之爲桓脩撫軍中兵參軍〔三〕，與宋武帝同府，深相親結。武帝北伐，稍遷太尉左司馬，掌留任，副貳劉穆之。帝議北伐，朝士多諫，唯羨之默然。或問何獨不言，羨之曰：「今二方已平，拓地萬里，唯有小羌未定。公寢食不安，何可輕豫其議。」

穆之卒，帝欲用王弘代之。謝晦曰：「休元輕易，不若徐羨之。」乃以羨之爲丹陽尹，總知留任，甲仗二十人出入，加尚書僕射。

義熙十四年，軍人朱興妻周生子道扶，年三歲，先得癇病。周因其病發，掘地生埋之，爲道扶姑雙女所告，周棄市。羨之議曰：「自然之愛，豺狼猶仁，周之凶忍，宜加顯戮。臣以爲法律之外，尚弘通理，母之即刑，由子明法。爲子之道，焉有自容之地。愚謂可特申之遐裔。」從之。

及武帝即位，封南昌縣公，位司空、録尚書事、揚州刺史。羨之起自布衣，又無術學，直以局度，一旦居廊廟，朝野推服，咸謂有宰臣之望。沈密寡言，不以憂喜見色。頗工弈棊，觀戲常若未解，當世倍以此推之。傅亮、蔡廓嘗言徐公曉萬事，安異同。嘗與傅亮、謝晦宴聚，亮、晦才學辯博，羨之風度詳整，時然後言。鄭鮮之歎曰：「觀徐、傅言論，不復以學問爲長〔一四〕。」

武帝不豫，加班劍三十人。宮車晏駕，與中書令傅亮、領軍將軍謝晦、鎮北將軍檀道濟同被顧命。少帝詔羨之、亮率衆宮内月一決獄〔一五〕。

帝後失德，羨之等將謀廢立，而廬陵王義真多過，不任四海。乃先廢義真，然後廢帝。時謝晦爲領軍，以府舍内屋敗應脩理，悉移家人出宅，聚將士於府内。檀道濟以先朝舊將，威服殿省，且有兵衆，召入朝告之謀。既廢帝，侍中程道惠勸立皇子義恭，羨之不許。

及文帝即位，改封南平郡公，固讓加封。有司奏車駕依舊臨華林園聽訟，詔如先二公權訊〔一六〕。

元嘉二年，羨之與傅亮歸政，三奏乃見許。羨之仍遜位，退還私第。兄子佩之及程道惠、吳興太守王韶之等，並謂非宜，敦勸甚苦。復奉詔攝任。

三年正月，帝以羨之、亮、晦旬月間再肆酖毒〔一七〕，下詔暴其罪，誅之。爾日，詔召羨之至西門外〔一八〕，時謝晦弟皭爲黄門郎正直，報亮云：「殿中有異處分。」亮馳報羨之，羨之乘内人問訊車出郭，步走至新林，入陶竈中自縊而死，年六十三。羨之初不應召，上遣領軍到彦之、右衞將軍王華追討。及死，野人以告，載尸付廷尉。

初，羨之年少時，嘗有一人來謂曰：「我是汝祖。」羨之拜。此人曰：「汝有貴相而有大厄，宜以錢二十八文埋宅四角，可以免災。過此可位極人臣。」後羨之隨親之縣，住在縣内。嘗暫出，而賊自後破縣，縣内人無免者，雞犬亦盡，唯羨之在外獲全。又隨從兄履之爲臨海樂安縣，嘗行經山中，見黑龍長丈餘，頭有角，前兩足皆具，無後足，曳尾而行。及拜司空，守關將入，彗星辰見危南。又當拜時，雙鶴集太極殿東鴟尾鳴唤〔一九〕，竟以凶終。

羨之兄欽之位祕書監。欽之子佩之輕薄好利，武帝以其姻戚，累加寵任，爲丹陽尹。景平初，以羨之知權，頗豫政事，與王韶之、程道惠、中書舍人邢安泰、潘盛爲黨。時謝晦久病連灸，不堪見客，佩之等疑其託疾有異圖，與韶之、道惠同載詣傅亮，稱羨之意，欲令作詔誅之。亮曰：「己等三人同受顧命，豈可自相殘戮。」佩之等乃止。羨之既誅，文帝特宥佩之，免官而已。其冬佩之謀反事發被誅。

佩之弟逵之尚武帝長女會稽宣公主，爲彭城、沛二郡太守。武帝諸子並幼，以逵之姻戚，將大任之，欲先令立功。及討司馬休之，使統軍爲前鋒，待剋當即授荆州，於陣見害。追贈中書侍郎。子湛之。

湛之字孝源，幼孤，爲武帝所愛。常與江夏王義恭寢食不離帝側。永初三年，詔以公主一門嫡長，且湛之致節之胤，封枝江縣侯。數歲與弟淳之共車行，牛奔車壞，左右人馳來赴之。湛之先令取弟，衆咸歎其幼而有識。及長頗涉文義，善自位待，事祖母及母以孝聞。

元嘉中，以爲黄門侍郎。祖母年老，辭以朝直不拜。後拜祕書監。會稽公主身居長嫡，爲文帝所禮，家事大小必諮而後行。西征謝晦，使公主留止臺内，總攝六宫，每有不得意〔二〇〕，輒號哭，上甚憚之。

初，武帝微時，貧陋過甚，嘗自新洲伐荻〔二一〕，有納布衣襖等，皆是敬皇后手自作。武帝既貴，以此衣付公主曰：「後世若有驕奢不節者，可以此衣示之。」湛之爲大將軍彭城王義康所愛，與劉湛等頗相附〔二二〕。及得罪，事連湛之。文帝大怒，將致大辟。湛之憂懼無計，以告公主。公主即日入宮，及見文帝，因號哭下牀，不復施臣妾之禮。以錦囊盛武帝納衣，擲地以示上曰：「汝家本賤貧，此是我母爲汝父作此納衣。今日有一頓飽食，便欲殘害我兒子。」上亦號哭，湛之由此得全。

再遷太子詹事，尋加侍中。湛之善尺牘，音辭流暢，貴戚豪强，產業甚厚，室宇園池，貴游莫及，伎樂之妙，冠絕一時。門生千餘，皆三吳富人子，姿質端美，衣服鮮麗。每出入行游，塗巷盈滿。泥雨日，悉以後車載之。文帝每嫌其侈縱。時安成公何勗，無忌之子，臨汝公孟靈休，昶之子也，並名奢豪〔二三〕，與湛之以肴膳器服車馬相尚，都下爲之語曰：「安成食，臨汝飾。」湛之美兼何、孟。勗官至侍中，追謚荒公。靈休善彈棊，官至祕書監。

湛之後遷丹陽尹，加散騎常侍，以公主憂不拜。過葬，復授前職。二十二年，范曄等謀反，湛之始與之同，後發其事，所陳多不盡，爲曄等款辭所連。有司以湛之關豫逆黨，事起積歲，末乃歸聞，多有蔽匿，請免官削爵，付廷尉。上不許。湛之詣闕上疏請罪，以爲「初通其謀，爲誘引之辭，曄等並見怨咎，規相禍陷。又昔義康南出之始，敕臣入相伴慰，慇懃異意，頗形言旨。遺臣利刃，期以際會。臣苦相諫譬，深加拒塞，以爲怨憤所至，不足爲虞，便以關啓，懼成虚妄。非爲納受，曲相蔽匿。又令申情范曄，釋中間之憾，致懷蕭思話，恨婚意未申。謂此僥倖，亦不宣達。陛下敦惜天倫，彰於四海，蕃禁優簡，親理咸通。又昔蒙眷顧，不容自絶，音翰信命，時相往來。或言少意多，旨深文淺，辭色之間，往往難測。臣顧惟心無邪悖，故不稍以自嫌，慺慺丹實，具如此啓。臣雖駑下，情匪木石，豈不知醜點難嬰，伏劍爲易，而靦然視息，忍此餘生，實非苟吝微命，假延漏刻。誠以負戾灰滅，貽恥方來，貪及視息，少自披訴。乞蒙隳放〔二四〕，伏待鈇鑕。」上優詔不許。

二十四年，服闋，轉中書令、太子詹事，出爲南兗州刺史。善政俱肅，威惠並行。廣陵舊有高樓，湛之更脩整之，南望鍾山。城北有陂澤，水物豐盛，湛之更起風亭、月觀，吹臺、琴室，果竹繁茂，花藥成行。招集文士，盡游玩之適。時有沙門釋惠休善屬文，湛之與之甚厚。孝武命使還俗。本姓湯，位至揚州從事史。

二十六年，湛之入爲丹陽尹、領太子詹事。二十七年，魏太武帝至瓜步，湛之與皇太子分守石頭。二十八年，魯爽兄弟率部曲來奔，爽等軌子也，湛之以爲廟筭特所奬納，不敢苟申私怨，乞屏田里。不許。

轉尚書僕射，領護軍將軍。時尚書令何尚之以湛之國戚，任遇隆重，欲以朝政推之。湛之以令事無不總，又以事歸尚之。互相推委，御史中丞袁淑奏並免官。詔乃使湛之與尚之並受辭訴。尚之雖爲令，而以朝事悉歸湛之。

初，劉湛伏誅，殷景仁卒，文帝任沈演之、庾仲文、范曄等〔一五〕，後又有江湛、何瑀之。自曄誅，仲文免，演之、瑀之並卒，至是江湛爲吏部尚書，與湛之並居權要，世謂之江、徐。上每疾，湛之輒侍醫藥。

二凶巫蠱事發，上欲廢劭，賜濬死，而孝武無寵，故累出外藩，不得停都下。南平王鑠、建平王宏並被愛，而鑠妃即湛妹，湛勸上立之〔一六〕，徵鑠自壽陽入朝。至又失旨，欲立宏，嫌其非次，議久不決〔一七〕。與湛之議，或連日累夕。每夜，使湛之自執燭繞壁檢行，慮有竊聽者。劭入弒之旦，其夕上與湛之屏人語，至曉猶未滅燭。湛之驚起趣北户，未及開，見害，時年四十四。孝武即位，追贈司空，謚曰忠烈公。子聿之爲元凶所殺。聿之子孝嗣。

孝嗣字始昌。父被害，孝嗣在孕，母年少，欲更行，不願有子，自牀投地者無垂箄，又以擣衣杵舂其腰，并服墮胎藥，胎更堅。及生，故小字遺奴。

幼而挺立。八歲襲爵枝江縣公〔一八〕，見宋孝武，升階流涕，迄于就席。帝甚愛之，尚康樂公主，拜駙馬都尉。泰始中，以登殿不著韎，爲書侍御史蔡準所奏，罰金二兩。

孝嗣姑適東莞劉舍，舍兄藏爲尚書左丞，孝嗣往詣之。藏退謂舍曰：「徐郎是令僕人，三十餘可知，汝宜善自結。」昇明中，爲齊高帝驃騎從事中郎，帶南彭城太守，轉太尉諮議參軍。齊建元初，累遷長史兼侍中〔二九〕。善趨步，閑容止，與太宰褚彥回相埒。尚書令王儉謂人曰：「徐孝嗣將來必爲宰相。」轉御史中丞。武帝問儉曰：「誰可繼卿？」儉曰：「臣東都之日，其在徐孝嗣乎。」

出爲吳興太守，儉贈孝嗣四言詩曰：「方軌叔茂，追清彥輔，柔亦不茹，剛亦不吐。」時人以比蔡子尼之行狀也。在郡有能名。

王儉亡，上徵孝嗣爲五兵尚書。其年，敕撰江左以來儀典，令諮受孝嗣。明年，遷太子詹事。從武帝幸方山。上曰：「朕經始此山之南，復爲離宮，應有邁靈丘。」靈丘山湖，新林苑也。孝嗣答曰：「繞黃山，款牛首，乃盛漢之事。今江南未廣，願陛下少更留神。」上乃止。竟陵王子良甚善之。歷吏部尚書，右軍將軍，領太子左衞率，臺閣事多以委之。

武帝崩，遺詔以爲尚書右僕射。隆昌元年，爲丹陽尹。明帝謀廢鬱林，遣左右莫智明以告孝嗣，孝嗣奉旨無所釐替，即還家草太后令。明帝入殿，孝嗣戎服隨後。鬱林既死，明帝須太后令，孝嗣於袖出而奏之，帝大悅。時議悉誅高、武子孫，孝嗣堅保持之，故得無恙。以廢立功，封枝江縣侯，甲仗五十人入殿。轉左僕射。明帝即位，進爵爲公，給班劍二十人，加兵百人。舊拜三公乃臨軒，至是，帝特詔與陳顯達、王晏並臨軒拜授。時王晏爲令，人情物望不及孝嗣，晏誅，轉尚書令。孝嗣愛好文學，器量弘雅，不以權勢自居，故見容明帝之世。

初在率府，晝卧齋北壁下，夢兩童子遽云：「移公牀。」孝嗣驚起，聞壁有聲，行數步而壁崩壓牀。建武四年，即本號開府儀同三司，讓不受。

時連年魏軍動，國用虛乏，孝嗣表立屯田。帝已寢疾，兵事未已，竟不行。及崩，受遺託，重申開府之命，加中書監。永元初輔政，自尚書下省出住宮城南宅，不得還家。帝失德，孝嗣不敢諫；及江祏誅，內懷憂恐，然未嘗表色。始安王遥光反，衆懷遑惑，見孝嗣入宮乃安，然羣小用事，不能制也。

時孝嗣以帝終亂天常，與沈文季俱在南掖門，欲要文季以門爲應，四五目之，文季輒亂以他語，孝嗣乃止。進位司空，固讓。求解丹陽尹，不許。孝嗣文人，不顯同異，名位雖大，故得未及禍。虎賁中郎將許準有膽力，陳説事機，勸行廢立。孝嗣遲疑，謂必無用干戈理，須少主出游，閉城門，召百僚集議廢之。雖有此懷，終不能決。羣小亦稍憎孝嗣，勸帝除之。其冬，孝嗣入華林省，遣茹法珍賜藥，孝嗣容色不異，謂沈昭略曰：「始安事，吾欲以門應之，賢叔若同，無今日之恨。」少能飲酒，飲藥至斗餘方卒，乃下詔言誅之。于時凡被殺者，皆取其蟬冕，剥其衣服。衆情素敬孝嗣，得無所侵。

長子演，尚齊武帝女武康公主，位太子中庶子，第三子況，尚明帝女山陰公主，並拜駙馬都尉，俱見殺。

孝嗣之誅，衆人懼，無敢至者，唯會稽魏温仁奔赴，以私財營喪事，當時稱之。

初，孝嗣復故封，使故吏吴興丘叡筮之，當傳幾世。叡曰：「恐不終尊身。」孝嗣容色甚惡，徐曰：「緣有此慮，故令卿决之。」

中興元年，和帝贈孝嗣太尉。二年，改葬。宣德太后詔增班劍四十人，加羽葆、鼓吹，謚曰文忠，改封餘干縣公。

子緄，仕梁，位侍中，太常，信武將軍，謚頃子。

緄子君蒨字懷簡，幼聰朗好學，尤長丁部書，問無不對，善弦歌。爲梁湘東王鎮西諮議參軍。頗好聲色，侍妾數十，皆佩金翠，曳羅綺，服玩悉以金銀。飲酒數升便醉，而閉門盡日酣歌。每遇歡謔，則飲至斗。有時載伎肆意游行，荆楚山川，靡不畢踐。朋從遊好，莫得見之。時襄陽魚弘亦以豪侈稱，於是府中謡曰：「北路魚，南路徐。」然其服翫次於弘也。

君蒨辯於辭令，湘東王嘗出軍，有人將婦從者。王曰：「才愧李陵，未能先誅女子；將非孫武，遂欲驅戰婦人。」君蒨應聲曰：「項籍壯士，猶有虞兮之愛；紀信成功，亦資姬人之力。」君蒨文冠一府，特有輕艷之才，新聲巧變，人多諷習，竟卒於官。

傅亮字季友，北地靈州人，晉司隸校尉咸之玄孫也。父瑗以學業知名，位至安成太守。瑗與郗超善，超常造瑗，見二子迪及亮。亮年四五歲，超令人解衣使持去，初無悋色。超謂瑗曰：「卿小兒才名位宦當遠踰於兄，然保家終在大者。」迪字長猷，宋初終五兵尚書，贈太常。

亮博涉經史，尤善文辭。義熙中，累遷中書黃門侍郎，直西省。宋武帝以其久直之勤勞，欲以爲東陽郡。先以語迪，大喜告亮〔三〇〕，亮不答，即馳見武帝，陳不樂出。帝笑曰：「謂卿須祿耳，能如此，甚協所望也。」以爲太尉從事中郎，掌記室。宋國初建，除侍中，領世子中庶子，加中書令。從還壽陽，武帝有受禪意，而難於發言，乃集朝臣宴飲，從容曰：「桓玄暴篡，鼎命已移，我首唱大義，興復皇室，今年時衰暮，欲歸老京師。」羣臣唯盛稱功德，莫曉此意。亮悟旨，日晚宮門已閉，叩扉請見曰：「臣暫宜還都。」帝知意，無復他言，直云：「須幾人自送？」亮曰：「須數十人。」於是奉辭。及出，夜見長星竟天，拊髀曰：「我常不信天文，今始驗矣。」亮至都，即徵帝入輔。

永初元年，加太子詹事，封建城縣公，入直中書省，專典詔命。以亮任總國權，聽於省見客。神獸門外，每旦車常數百兩。武帝登庸之始，文筆皆是參軍滕演，北征廣固，悉委長史王誕，自此之後至于受命，表策文誥，皆亮辭也。演字彥將，南陽西鄂人，位至祕書監。

二年，加亮尚書僕射。及帝不豫，與徐羨之、謝晦並受顧命，給班劍二十人。少帝即位，進中書監、尚書令，領護軍將軍。

少帝廢，亮奉迎文帝，立行臺於江陵城南，題曰大司馬門，率行臺百僚詣門拜表，威儀甚盛。文帝將下，引見亮，哭泣哀動左右。既而問義真及少帝薨廢本末，悲號嗚咽，侍側者莫能仰視，亮流汗霑背不能答。於是布腹心於到彥之、王華等。及至都，徐羨之問帝可方誰？亮曰：「晉文、景以上人。」羨之曰：「必能明我赤心。」亮曰：「不然。」

及文帝即位，加左光祿大夫、開府儀同三司。司空府文武即爲左光祿府，進爵始興郡公，固讓進封。

元嘉三年，帝將誅亮，先呼入見，省內密有報之者。亮辭以嫂病暫還，遣信報徐羨之，因乘車出郭門，騎馬奔兄迪墓。屯騎校尉郭泓收之。初至廣莫門，上亦使以詔謂曰：「以公江陵之誠，當使諸子無恙。」亮讀詔訖曰：「亮受先帝布衣之眷，遂蒙顧託。黜昏立明，社稷之計。欲加之罪，其無辭乎。」於是伏誅，妻子流建安。

亮之方貴，兄迪每深誡焉，而不能從。及見世路屯險，著論名曰演慎。及少帝失德，內懷憂懼。直宿禁中，睹夜蛾赴燭，作感物賦以寄意。初奉大駕，道路賦詩三首，其一篇有悔懼之辭。自知傾覆，求退無由，又作辛有、穆生、董仲道贊，稱其見微之美云。

隆字伯祚，亮族兄也。曾祖晞，司徒屬。父祖並早卒。隆少孤貧，有學行。義熙初，年四十，爲孟昶建威參軍，累遷尚書左丞。以族弟亮爲僕射，緦服不得相臨，徙太子率更令。

元嘉初，爲御史中丞，甚得司直之體，轉司徒左長史。會稽剡縣人黃初妻趙打殺息載妻王遇赦，王有父母及男稱女葉，依法徙趙二千里外。隆議曰：「禮律之興，本之自然。求之情理，非從天墮，非從地出。父子至親，分形同氣，稱之於載，即載之於趙。雖言三世，爲體猶一。稱雖創鉅痛深，固無讎祖之義。向使石厚之子，日磾之孫，砥鋒挺鍔，不與二祖同戴天日，則石碏、秺侯何得流名百代。舊令言殺人父母，徙之二千里外〔三〕，不施父子孫祖明矣。趙當避王朞功千里外耳。令亦云凡流徙者，同籍親近欲相隨者聽之。此又大通情之體〔三〕，因親以教愛也。趙既流移，載爲人子，何得不從？載從而稱不行，豈名教所許？如此，稱、趙竟不可分。趙雖内愧終身，稱沈痛没齒，孫祖之義，自不得以永絶，事理然也。」從之。

出爲義興太守，有能名。拜左户尚書，坐正直受節假，對人未至委出，白衣領職。尋轉太常，文帝以新撰禮論付隆，使更下意。隆表上五十二事。後致仕，拜光禄大夫，歸老於家。手不釋卷，博學多通，特精三禮。年八十三卒。

檀道濟，高平金鄉人也，世居京口。少孤，居喪備禮，奉兄姊以和謹稱。宋武帝建義，道濟與兄韶、祗等從平京城，俱參武帝建武將軍事。累遷太尉參軍，封作唐縣男。義熙十二年，武帝北伐，道濟爲前鋒，所至望風降服。徑進洛陽，議者謂所獲俘囚，應悉戮以爲京觀。道濟曰：「伐罪弔人，正在今日。」皆釋而遣之。於是中原感悦，歸者甚衆。長安平，以爲琅邪内史。

武帝受命，以佐命功，改封永脩縣公，位丹陽尹、護軍將軍。武帝不豫，給班劍二十人。出爲鎮北將軍、南兗州刺史。徐羨之等謀廢立，諷道濟入朝，告以將廢廬陵王義真，道濟屢陳不可，竟不納。將廢帝夜，道濟入領軍府就謝晦[三三]，晦悚息不得眠。道濟寢便睡熟，晦以此服之。

文帝即位，給鼓吹一部，進封武陵郡公。固辭進封。道濟素與王弘善，時被遇方深，道濟彌相結附，每構羨之等，弘亦雅仗之。上將誅徐羨之等，召道濟欲使西討。王華曰：「不可。」上曰：「道濟從人者也，曩非創謀，撫而使之，必將無慮。」道濟至之明日，上誅羨之、亮。既而使道濟與中領軍到彥之前驅西伐，上問策於道濟。對曰：「臣昔與謝晦同從北征，入關十策，晦有其九。才略明練，殆難與敵；然未嘗孤軍決勝，戎事恐非其長。臣悉晦智，晦悉臣勇。今奉王命外討，必未陣而禽。」時晦本謂道濟與羨之同誅，忽聞來上，遂不戰自潰。事平，遷征南大將軍、開府儀同三司、江州刺史。

元嘉八年，到彥之侵魏，已平河南，復失之。道濟都督征討諸軍事，北略地，轉戰至濟上，魏軍盛，遂克滑臺。道濟時與魏軍三十餘戰多捷，軍至歷城，以資運竭乃還。時人降魏者具說糧食已罄，於是士卒憂懼，莫有固志。道濟夜唱籌量沙，以所餘少米散其上。及旦，魏軍謂資糧有餘，故不復追，以降者妄，斬以徇。

時道濟兵寡弱，軍中大懼。道濟乃命軍士悉甲[三四]，身白服乘輿[三五]，徐出外圍。魏軍懼有伏，不敢逼，乃歸。道濟雖不剋定河南，全軍而反，雄名大振。魏甚憚之，圖之以禳鬼。還進位司空，鎮尋陽〔三六〕。

道濟立功前朝，威名甚重，左右腹心並經百戰，諸子又有才氣，朝廷疑畏之。時人或目之曰：「安知非司馬仲達也。」

文帝寢疾累年，屢經危殆，領軍劉湛貪執朝政，慮道濟爲異説，又彭城王義康亦慮宫車晏駕，道濟不復可制。十二年，上疾篤，會魏軍南伐，召道濟入朝。其妻向氏曰：「夫高世之勳，道家所忌，今無事相召，禍其至矣。」及至，上已間。十三年春，將遣還鎮，下渚未發，有似鶴鳥集船悲鳴。會上疾動，義康矯詔召入祖道，收付廷尉，及其子給事黄門侍郎植、司徒從事中郎粲、太子舍人混、征北主簿承伯、祕書郎中尊等八人並誅〔三七〕。時人歌曰：「可憐白浮鳩，枉殺檀江州。」道濟死日，建鄴地震白毛生。又誅司空參軍薛彤、高進之〔三八〕，並道濟心腹也。

道濟見收，憤怒氣盛，目光如炬，俄爾間引飲一斛。乃脱幘投地，曰：「乃壞汝萬里長城。」魏人聞之，皆曰「道濟已死，吴子輩不足復憚」。自是頻歲南伐，有飲馬長江之志。

文帝問殷景仁曰：「誰可繼道濟？」答曰：「道濟以累有戰功，故致威名，餘但未任耳。」帝曰：「不然，昔李廣在朝，匈奴不敢南望，後繼者復有幾人？」二十七年，魏軍至瓜步，文帝登石頭城望，甚有憂色。歎曰：「若道濟在，豈至此！」

韶字令孫，以平桓玄功封巴丘縣侯〔三九〕。從征廣固，率所領先登，位琅邪內史。從討盧循，以功更封宜陽縣，後拜江州刺史，以罪免。

韶嗜酒貪橫，所莅無政績，上嘉其合門從義，道濟又有大功，故特見寵授。卒。子臻字係宗，位員外郎，臻子珪。

珪字伯玉，位沅南令。元徽中，王僧虔爲吏部尚書，以珪爲征北板行參軍。珪訴僧虔求禄不得，與僧虔書曰：「僕一門雖謝文通，乃忝武達。羣從姑叔，三媾帝姻，而令子姪餓死，遂不荷潤。蟬腹龜腸，爲日已久。飢彪能嚇，人遽與肉，餓麟不噬，誰爲落毛。雖復孤微，百世國士，姻媾位宦，亦不後物。尚書同堂姊爲江夏王妃，檀珪同堂姑爲南譙王妃；尚書伯爲江州，檀珪祖亦爲江州。僕於尚書人地本懸，至於婚宦皆不殊絶〔四〇〕。今通塞雖異，猶忝氣類，尚書何事爲爾見苦。」僧虔報書曰：「吾與足下素無怨憾，何以相苦？直是意有左右耳。」乃用爲安成郡丞。

祗字恭叔，與兄韶、弟道濟俱參義舉，封西昌縣侯，歷位廣陵相。義熙十年，亡命司馬國璠兄弟自北徐州界潛得過淮，因天陰闇，夜率百許人緣廣陵城入，叫喚直上聽事。祗被射傷股，語左右曰：「賊乘暗得入，欲掩我不備，但打五鼓懼之，曉必走矣。」賊聞鼓鳴，直謂爲曉，乃奔散，追殺百餘人。

宋國初建，爲領軍。祗性矜豪，樂在外放恣，不願内職，不得志，發疾不自療，其年卒于廣陵。謚曰威侯。傳嗣至齊受禪，國除。

論曰：自晉綱不綱，主威莫樹，亂基王室，毒被江左。宋武一朝創業，事屬横流，改易紊章，歸于平道。以建武、永平之風，變太元、隆安之俗，此蓋宣公之爲乎〔四一〕。其配饗清廟，豈徒然也？若夫怙才驕物，公旦其猶病諸，而以劉祥居之，斯亡亦爲幸焉。秀之行己有道，可謂位無虛授。當徐、傅二公跪承顧託，若使死而可再，固當赴蹈爲期。及至處權定機，當震主之地，甫欲攘抑後禍，禦蔽身災，使桐宫有卒迫之痛，淮王非中霧之疾，若以社稷爲存亡，則義異於此。湛之、孝嗣臨機不決，既以敗國，且以殞身，「反受其亂」，斯其効也。道濟始因録用，故得忘瑕，晚困大名，以至顛覆。韶、祗克傳胤嗣，其木鴈之間乎。

校勘記

〔一〕小字道人　「道人」，宋書卷四二劉穆之傳作「道民」，此避唐諱而改。

〔二〕見二白龍挾船　「二」，原作「一」，據南監本、北監本、殿本及宋書卷四二劉穆之傳、建康實録卷一〇、御覽卷三九八、卷九二九引沈約宋書、册府卷八九三、通志卷一三一改。

〔三〕時晉綱寬弛　「綱」，原作「網」，據宋書卷四二劉穆之傳、册府卷七二二、通志卷一三一改。

〔四〕從廣固還拒盧循　宋書卷四二劉穆之傳、册府卷七一六、通志卷一三一「從」下有「征」字。

〔五〕謂所親曰　按晉書卷八五諸葛長民傳、建康實録卷一一、通鑑卷一一六晉紀三八義熙八年、通志卷一二九，下爲諸葛長民答其弟黎民之語，故此語前當有「長人」方確。若無，則下「貧賤常思富貴」云云易誤認爲劉穆之所言。

〔六〕遷尚書右僕射　「右」，原作「左」，據宋書卷四二劉穆之傳、册府卷四五八、通志卷一三一改。按下文云「轉穆之左僕射」，知此「左」爲「右」之訛。

〔七〕忠績未究　「忠」，宋書卷四二劉穆之傳、文選卷三八傅季友爲宋公求加贈劉前軍表作「志」，疑是。

〔八〕實賴穆之匡翼之勳　「勳」，宋書卷四二劉穆之傳作「益」。

〔九〕及至醉　通志卷一三一「醉」下有「飽」字。按本卷上文有江氏兄弟戲穆之「檳榔消食」之語，知作「醉飽」爲宜。

〔一〇〕作謝宣明面見向　「見」，原作「目」，據大德本壹、南監本及宋書卷四二劉穆之傳附劉瑀傳、冊府卷九四四、通志卷一三一改。按初學記卷二五引沈約宋書作「作謝宣明面孔向人」。

〔一一〕侍中何偃嘗案之云　「嘗」，原作「當」，據宋書卷四二劉穆之傳附劉瑀傳、通志卷一三一改。

〔一二〕隸人殺長吏科　「隸人」，宋書卷八一劉秀之傳作「疑民」，通典卷一六四、御覽卷六三七引宋書作「疑部人」，冊府卷六一〇作「隸」，通志卷一三一作「隸民」。按本卷下文載秀之議，有「人殺官長」「人敬官長」等語。錢大昕考異卷三五：「『隸』當依宋書作『疑』。人殺長吏，謂部民殺官長也。南、北史避『民』字。」

〔一三〕羨之爲桓脩撫軍中兵參軍　「桓脩」，原作「桓循」，據南監本、北監本及宋書卷四三徐羨之傳改。

〔一四〕不復以學問爲長　「以」字原脱，據通鑑卷一一九宋紀一永初三年、通志卷一三一補。

〔一五〕少帝詔羨之亮率衆宮內月一決獄　「宮內」，宋書卷四三徐羨之傳作「官」，疑是。

〔一六〕詔如先二公權訊　「權訊」，宋書卷四三徐羨之傳、冊府卷一八八、通鑑卷一二〇宋紀二元嘉元年作「推訊」。按真大成中古史書校證：「『權訊』不辭，『權』當作『推』，『權』乃字之誤也。『推』有審問義，類篇手部：『推，窮詰。』『推訊』同義連文。」

〔一七〕帝以羨之亮晦旬月間再肆酖毒　「酖」，原作「醜」，據宋書卷四三徐羨之傳、通志卷一三一改。

〔一八〕爾日詔召羨之至西門外　「西門」，宋書卷四三徐羨之傳、通鑑卷一二〇宋紀二元嘉三年作「西明門」。

〔一九〕雙鶴集太極殿東鴟尾鳴喚　「鶴」，宋書卷三二五行志三作「鸛」，御覽卷九二一作「鵲」。按鶴非不祥之物，疑當作「鸛」。

〔二〇〕每有不得意　「每」，宋書卷七一徐湛之傳作「忽」。

〔二一〕嘗自新洲伐荻　「新洲」上，建康實録卷一四、通鑑卷一二三宋紀五元嘉十七年、通志卷一三一有「於」字，御覽卷一五三引沈約宋書、景定建康志卷一九有「往」字。疑此脱文。

〔二二〕與劉湛等頗相附　「劉湛」，原作「劉湛之」，據殿本及宋書卷七一徐湛之傳、通志卷一三一改。

〔二三〕並名奢豪　「名」，宋書卷七一徐湛之傳、册府卷三〇六、卷五九五作「各」。按真大成中古史書校證：「作『各』義長，『各』、『名』形近相訛。『各』有皆義。」

〔二四〕乞蒙隳放　「隳」，原作「隨」，據宋書卷七一徐湛之傳改。册府卷二〇九明本作「墮」，「隳」「墮」意同。

〔二五〕文帝任沈演之庾仲文范曄等　「庾仲文」，宋書卷七一徐湛之傳作「庾炳之」。按宋書卷五三庾登之傳附庾炳之傳：「炳之字仲文。」此避唐諱而改稱其字。

〔二六〕而鑠妃即湛妹湛勸上立之　二「湛」字原作「湛之」，今並據宋書卷七一徐湛之傳、册府卷四六六改。按上文所敘,「湛」指江湛,「湛之」乃徐湛之。宋書卷七二文九王南平穆王鑠傳云「鑠妃江氏」,宋書卷七一王僧綽傳亦云「鑠妃即湛妹」,知「之」字衍。

〔二七〕議久不決　「久」,原作「又」,據宋書卷七一徐湛之傳、王僧綽傳及通鑑卷一二七宋紀九元嘉三十年改。

〔二八〕八歲襲爵枝江縣公　按錢大昕考異卷三五:「按湛之封枝江縣侯,身後亦未見加封之文,其子何以得襲公爵?又考宋書州郡志,枝江止云侯相,不云公相,疑此誤也。」

〔二九〕齊建元初累遷長史兼侍中　按錢大昕考異卷三六:「按晉、宋以來,三公、儀同三司及都督軍事者,俱有長史。長史之名雖同,而品秩輕重各别。諸列傳除長史者,必繫本府名。」「未有單稱長史者。」「長兼者,未正授之稱。」南史疑衍「史」字。

〔三〇〕先以語迪大喜告亮　宋書卷四三傅亮傳、册府卷七六五、通志卷一三一疊「迪」字。

〔三一〕徙之二千里外　「二」,原作「一」,據南監本、北監本、汲本、殿本及宋書卷五五傅隆傳、册府卷六一五、通志卷一三一改。按上云「徙趙二千里外」亦可爲證。

〔三二〕此又大通情之體　南監本、北監本、殿本及宋書卷五五傅隆傳、册府卷六一五、通志卷一三一無「之」字。

〔三三〕道濟入領軍府就謝晦　宋書卷四三檀道濟傳、通志卷一三二「謝晦」下有「宿」字。

〔三四〕道濟乃命軍士悉甲　「甲」上,通志卷一三一有「解」字,武經總要後集卷三有「去」字。疑此脱文。

〔三五〕身白服乘輿　「白」，原作「自」，據通鑑卷一二二宋紀四元嘉八年、記纂淵海卷八〇、武經總要後集卷三改。

〔三六〕還進位司空鎮尋陽　「尋陽」，原作「壽陽」，據宋書卷四三檀道濟傳、通鑑卷一二二宋紀四元嘉九年改。按宋書本傳，在「進位司空」同時，「持節、常侍、都督、刺史並如故」。出征前道濟爲江州刺史，則其所鎮之地當爲尋陽。

〔三七〕太子舍人混征北主簿承伯祕書郎中尊　「混」，宋書卷四三檀道濟傳作「隰」。「尊」，宋書、册府卷九五〇、通志卷一三一作「遵」。

〔三八〕又誅司空參軍薛彤高進之　「薛彤」，宋書卷四三檀道濟傳、通鑑卷一二三宋紀五元嘉十三年、通志卷一三一作「薛肜」。

〔三九〕以平桓玄功封巴丘縣侯　「平」字原脱，「巴丘」原作「邑丘」，據宋書卷四五檀韶傳、册府卷三四四補改。按宋時有巴丘，無「邑丘」。

〔四〇〕至於婚宦皆不殊絶　「皆不」，大德本壹、通志卷一三一作「肯不」，南齊書卷三三王僧虔傳、册府卷九一八作「不肯」。

〔四一〕此蓋宣公之爲乎　「宣公」，宋書卷四二劉穆之傳作「文宣公」。按本傳，劉宋建立後「謚穆之曰文宣公」。

南史卷十六

列傳第六

王鎮惡　朱齡石弟超石　毛脩之孫惠素　傅弘之　朱脩之　王玄謨子瞻　從弟玄象　玄載　玄邈

王鎮惡，北海劇人也。祖猛，仕苻堅，任兼將相。父休爲河東太守。鎮惡以五月生，家人以俗忌，欲令出繼疎宗。猛曰：「此非常兒。昔孟嘗君惡月生而相齊，是兒亦將興吾門矣。」故名爲鎮惡。年十三而苻氏敗，寓食黽池人李方家。方善遇之，謂方曰：「若遭英雄主，要取萬户侯，當厚相報。」方曰：「君丞相孫，人材如此，何患不富貴，至時願見用爲本縣令足矣。」

後隨叔父曜歸晉，客荆州，頗讀諸子兵書，喜論軍國大事，騎射非長，而從横善果斷。

宋武帝伐廣固，鎮惡時爲天門郡臨澧令。人或薦之武帝，召與語，異焉，因留宿。旦謂諸佐曰：「鎮惡王猛孫，所謂將門有將。」即以署前部賊曹。拒盧循有功，封博陸縣五等子。

武帝謀討劉毅，鎮惡曰：「公若有事西楚，請給百舸爲前驅。」及西討，轉鎮惡參軍事，使率龍驤將軍蒯恩百舸前發。鎮惡受命，便晝夜兼行，揚聲劉兗州上。毅謂爲信，不知見襲。

鎮惡去江陵城二十里，舍船步上，蒯恩軍在前，鎮惡次之，舸留一二人，對舸岸上豎旗安鼓。語所留人曰：「計我將至城，便長嚴，令後有大軍狀〔一〕。又分隊在後，令燒江津船。鎮惡徑前襲城，津戍及百姓皆言劉藩實上，晏然不疑。將至城，逢毅要將朱顯之馳前問藩所在，軍人答云「在後」。及至軍後不見藩，又望見江津船艦被燒而鼓聲甚盛，知非藩上，便躍馬告毅，令閉城門。鎮惡亦馳進得入城，便因風放火，燒大城南門及東門。又遣人以詔及赦并武帝手書凡三函示毅〔二〕，毅皆燒不視。金城內亦未信帝自來。及短兵接戰，鎮惡軍人與毅下將或是父兄子弟中表親親〔三〕，且鬭且語，知武帝在後，人情離懈。

初，毅常所乘馬在城外不得入，倉卒無馬，使就子肅取馬〔四〕，肅不與。朱顯之謂曰：「人取汝父而惜馬，汝走欲何之？」奪馬以授毅，從大城東門出奔牛牧佛寺自縊。鎮惡身被五箭，手所執矟手中破折。江陵平後二十日，大軍方至，以功封漢壽縣子。

及武帝北伐，爲鎮西諮議，行龍驤將軍，領前鋒。將發，前將軍劉穆之謂曰：「昔晉文王委蜀於鄧艾，今亦委卿以關中，卿其勉之。」鎮惡曰：「吾等因託風雲，並蒙抽擢，今咸陽不剋，誓不濟江。三秦若定，而公九錫不至，亦卿之責矣。」

鎮惡入賊境，戰無不捷，破虎牢及柏谷塢。進次黽池，造故人李方家，升堂見母，厚加酬賚，即授方黽池令。方軌徑據潼關，將士乏食，乃親到弘農督人租。百姓競送義粟，軍食復振。

初，武帝與鎮惡等期，若剋洛陽，須待大軍，未可輕前。既而鎮惡等至潼關，爲僞大將軍姚紹所拒不得進，馳告武帝求糧援。時帝軍入河，魏軍屯河岸，軍不得進。帝呼所遣人開舫北户指河上軍示之曰：「我語令勿進而深入，岸上如此，何由得遣軍。」鎮惡既得義租，紹又病死，僞撫軍將軍姚讚代紹守嶮，衆力猶盛。武帝至湖城，讚引退。

大軍次潼關，謀進取計，鎮惡請率水軍自河入渭，直至渭橋。鎮惡所乘皆蒙衝小艦，行船者悉在艦内，泝渭而進，艦外不見有行船人。北土素無舟檝，莫不驚以爲神。鎮惡既至，令將士食畢，便棄船登岸。渭水流急，諸艦悉逐流去，鎮惡撫士卒曰：「此是長安城北門外，去家萬里，而舫乘衣糧並已逐流，唯宜死戰，可立大功。」乃身先士卒，即陷長安城。城内六萬餘户，鎮惡撫慰初附，號令嚴肅。於灞上奉迎，武帝勞之曰：「成吾霸業者真卿也。」謝曰：「此明公之威，諸將之力。」帝笑曰：「卿欲學馮異邪。」

時關中豐全，鎮惡性貪，收斂子女玉帛不可勝計，帝以其功大不問。時有白帝言鎮惡藏姚泓僞輦，有異志，帝使覘之，知鎮惡剔取飾輦金銀，棄輦於垣側，帝乃安。

帝留第二子桂陽公義真爲安西將軍、雍秦二州刺史，鎮長安。鎮惡以征虜將軍領安西司馬、馮翊太守，委以扞禦之任。

及大軍東還，赫連勃勃逼北地，義真遣中兵參軍沈田子拒之。虜甚盛，田子退屯劉因堡〔五〕，遣使還報鎮惡。鎮惡對田子使謂安西長史王脩曰：「公以十歲兒付吾等，當共思竭力，今擁兵不進，賊何由得平？」使反言之，田子甚懼。

王猛之相苻堅也，北人以方諸葛亮。入關之功，又鎮惡爲首，時論者深憚之。田子嶢柳之捷，威震三輔，而與鎮惡爭功。武帝將歸，留田子與鎮惡，私謂田子曰：「鍾會不得遂其亂者，爲有衞瓘等也。語曰：『猛獸不如羣狐。』卿等十餘人何懼王鎮惡。」故二人常有猜心。時鎮惡師于涇上，與田子俱會傅弘之壘，田子求屏人，因斬之幕下，并兄基、弟鴻、遵、深從弟昭、朗、弘，凡七人〔六〕。弘之奔告義真，義真率王智、王脩被甲登橫門以察其變。俄而田子至，言鎮惡反。脩執田子，以專戮斬焉。是歲，義熙十四年正月十五日也。追贈左將軍、青州刺史。及帝受命，追封龍陽縣侯，謚曰壯。傳國至曾孫叡，齊受禪，國除。

朱齡石字伯兒，沛郡沛人也。世爲將，伯父憲及斌並爲西中郎袁真將佐。桓温伐真於壽陽，真以憲兄弟潛通温，並殺之，齡石父綽逃歸温。壽陽平，真已死，綽輒發棺戮尸。温怒將斬之，温弟沖請得免。綽受沖更生之恩，事沖如父。位西陽、廣平太守。及沖薨，綽歐血而死。

齡石少好武，不事崖檢。舅淮南蔣氏才劣，齡石使舅卧聽事，翦紙方寸帖着舅枕，以刀子縣擲之，相去八九尺，百擲百中。舅畏齡石，終不敢動。舅頭有大瘤，齡石伺眠密割之即死。

武帝剋京城，以爲建武參軍。從至江乘將戰，齡石言世受桓氏恩，不容以兵刃相向，乞於軍後〔七〕。帝義而許之。以爲鎮軍參軍，遷武康令。縣人姚係祖專爲劫，郡縣畏不能討，齡石至縣，僞與厚，召爲參軍。係祖恃彊，乃出應召。齡石斬之，掩其家，悉殺其兄弟，由是一部得清〔八〕。後領中兵。齡石有武幹，又練吏職，帝甚親委之。平盧循有功，爲西陽太守。

義熙九年，徙益州刺史，爲元帥伐蜀。初，帝與齡石密謀進取，曰：「劉敬宣往年出黄武〔九〕，無功而退。賊謂我今應從外水往，而料我當出其不意猶從内水來也，必重兵守涪城以備内道。若向黄武，正墮其計。今以大衆自外水取成都，疑兵出内水，此制敵之奇也。」而慮此聲先馳，賊審虚實，别有函封付齡石，署曰至白帝乃開。諸軍雖進，未知處分，至白帝發書，曰：「衆軍悉從外水取成都；臧熹、朱枚於中水取廣漢〔一〇〕；使羸弱乘高艦十餘，由内水向黄武。」譙縱果備内水，使其大將譙道福戍涪城，遣其秦州刺史侯暉、僕射譙詵等屯彭模〔一一〕，夾水爲城。十年六月，齡石至彭模。七月，齡石率劉鍾、蒯恩等於北城斬侯暉、譙詵。朱枚至廣漢，復破譙道福别軍。譙縱奔涪城，巴西人王志斬送之，并獲道福，斬于軍門。

帝之伐蜀，將謀元帥，乃舉齡石。衆咸謂齡石資名尚輕，慮不辦克，論者甚衆，帝不從。乃分大軍之半，令猛將勁卒悉以配之。臧熹，敬皇后弟也，亦命受其節度。及戰剋捷，衆咸服帝知人，又美齡石善於事。以平蜀功，封豐城侯。

十四年，桂陽公義真被徵，以齡石爲雍州刺史，督關中諸軍事。齡石至長安，義真乃發。義真敗于青泥，齡石亦舉城奔走見殺。傳國至孫，齊受禪，國除。

齡石弟超石，亦果鋭。雖出自將家，兄弟並閑尺牘。桓謙爲衛將軍，以補行參軍。後爲武帝徐州主簿，收迎桓謙身首，躬營殯葬。

義熙十二年北伐，超石前鋒入河。時軍人緣河南岸牽百丈，有漂度北岸者，輒爲魏軍所殺略。帝遣白直隊主丁旿率七百人及車百乘於河北岸爲却月陣，兩頭抱河，車置七仗士。事畢，使豎一長白毦。魏軍不解其意，並未動。帝先命超石戒嚴，白毦既舉，超石赴之，并齎大弩百張，一車益二十人，設彭排於轅上。魏軍見營陣立，乃進圍營。超石先以弱弓小箭射之，魏軍四面俱至。魏明元皇帝又遣南平公長孫嵩三萬騎肉薄攻營，於是百弩俱發。魏軍既多，弩不能制，超石初行，别齎大槌并千餘張矟，乃斷矟三四尺以槌之〔二二〕，一矟輒洞貫三四人。魏軍不能當，遂潰。大軍進剋蒲坂，以超石爲河東太守。

後除中書侍郎，封興平縣五等侯。關中亂，帝遣超石慰勞河洛，與齡石俱没赫連勃勃，見殺。

毛脩之字敬文，滎陽陽武人也。祖武生、伯父璩並益州刺史〔二三〕。父瑾，梁、秦二州刺史。

脩之仕桓玄爲屯騎校尉，隨玄西奔。玄欲奔漢川，脩之誘令入蜀。馮遷斬玄於枚洄洲，脩之力也。宋武帝以爲鎮軍諮議，遷右衛將軍。既有斬玄之謀，又父伯並在蜀，帝欲引爲外助，故頻加榮爵。

及父瑾爲譙縱所殺，帝表脩之爲龍驤將軍，配兵遣奔赴。時益州刺史鮑陋不肯進討，脩之言狀，帝乃令冠軍將軍劉敬宣伐蜀，無功而退。譙縱由此送脩之父伯及中表喪柩，口累並得還。

後劉毅西鎮江陵，以爲衞軍司馬、南郡太守。脩之雖爲毅將佐，而深結於帝，及毅敗見宥。時遣朱齡石伐蜀，脩之固求行。帝慮脩之至蜀多所誅殺，且土人既與毛氏有嫌，亦當以死自固。不許。

脩之不信鬼神，所至必焚房廟。時蔣山廟中有好牛馬，並奪取之。累遷相國右司馬，行司州事。戍洛陽，脩立城壘。武帝至，履行善之，賜衣服玩好，當時評直二千萬。王鎮惡死，脩之代爲安西司馬。桂陽公義真敗，爲赫連勃勃所禽。及赫連昌滅，入魏。脩之在洛，敬事嵩高道士寇謙之。謙之爲魏太武帝信敬，營護之，故不死。脩之嘗爲羊羹薦魏尚書，尚書以爲絶味，獻之太武，大悦，以爲太官令，被寵，遂爲尚書、光禄大夫，封南郡公，太官令常如故〔一四〕。

後朱脩之俘于魏亦見寵，脩之問朱脩之，南國當權者爲誰，答云殷景仁。脩之笑曰：「吾昔在南，殷尚幼少，我歸罪之日，便當巾韝到門。」經年不忍問家消息，久之乃訪焉。脩之具答，并云：「賢子元矯甚能自處。」脩之悲不得言，直視良久，乃長歎曰：「嗚呼！」自此一不復及。

初，北人去來言脩之勸魏侵邊，并教以在南禮制〔一五〕，文帝甚疑責之。朱脩之後得還，具相申理，上意乃釋。脩之在魏多妻妾，男女甚衆，身遂死於魏。

孫惠素，仕齊爲少府卿。性至孝，母服除後，更脩母所住處牀帳屏帷，每月朝十五向帷悲泣，傍人爲之感傷，終身如此。

惠素吏才彊濟，而臨事清刻，敕市銅官碧青一千二百斤供御畫，用錢六十五萬。有讒惠素納利，武帝怒，敕尚書評價，貴二十八萬餘，有司奏，伏誅。死後家徒四壁，武帝後知無罪，甚悔恨之。

傅弘之字仲度，北地泥陽人也。傅氏舊屬靈州，漢末失土，寄馮翊，置泥陽、富平二縣，廢靈州，故傅氏悉屬泥陽。晉武帝太康三年復立靈州縣，傅氏還屬靈州。弘之高祖祗，晉司徒，後封靈州公。不欲封本縣，故祗一門還屬泥陽。曾祖暢，祕書丞，没石勒，生子洪。晉穆帝永和中，石氏亂，度江。洪生梁州刺史歆，歆生弘之。

少倜儻有大志，歷位太尉行參軍。宋武帝北伐，弘之與扶風太守沈田子等七軍自武關入。弘之素習騎乘，於姚泓馳道內戲馬，甚有姿制，羌胡觀者數千，並歎稱善。留爲桂陽公義真雍州中從事史。

及義真東歸，赫連勃勃傾國追躡，於青泥大戰，弘之躬貫甲胄，氣冠三軍，軍敗陷沒，不爲之屈。時天大寒，裸弘之，弘之叫罵，見殺。

朱脩之字恭祖，義陽平氏人也。曾祖燾，晉平西將軍。祖序，豫州刺史。父諶，益州刺史。

脩之初爲州主簿，宋元嘉中，累遷司徒從事中郎。文帝謂曰：「卿曾祖昔爲王導丞相中郎，卿今又爲王弘中郎，可謂不忝爾祖矣。」

後隨右軍到彥之北侵，彥之自河南回，脩之留戍滑臺，被魏將安頡攻圍。糧盡，將士熏鼠食之。脩之被圍既久，母常悲憂，忽一旦乳汁驚出，母號慟告家人曰：「我年老非復有乳汁時，今如此，兒必没矣。」魏果以其日剋滑臺，囚之。太武嘉其固守之節，以爲雲中鎮將，妻以宗室女。

脩之潛謀南歸，妻疑之，每流涕謂曰：「觀君無停意，何不告我以實，義不相負。」脩之深嘉其義而不告也。及太武伐馮弘，脩之及同没人邢懷明並從。又有徐卓者亦没魏，復欲率南人竊發，事泄見誅。脩之、懷明懼禍，同奔馮弘，不見禮。停一年，會宋使至。脩之名位素顯，傳詔見便拜。彼國敬傳詔，呼爲天子邊人。見傳詔致敬，乃始禮之。

時魏屢伐黄龍，弘遣使求救，脩之乃使傳詔説而遣之。泛海，未至東萊，舫柂折，風猛，海師慮向海北，垂長索，舫乃正。海師視上有鳥飛，知去岸不遠，須臾至東萊。及至，以爲黄門侍郎。

孝武初，累遷寧蠻校尉、雍州刺史，加都督。脩之政在寬簡，士庶悦附。及荆州刺史南郡王義宣反，檄脩之舉兵。雍土時飢，脩之僞與之同；既而遣使陳情於孝武，孝武嘉之，以爲荆州刺史，加都督。義宣乃聞脩之不同，更以魯秀爲雍州刺史，擊襄陽。脩之命斷馬鞍山道，秀不得前乃退。脩之率衆向江陵，竺超已執義宣〔一六〕，脩之至，於獄殺之。以功封南昌縣侯。

脩之立身清約，百城貺贈，一無所受。唯以蠻人宜存撫納，有餉皆受，得輒與佐史賭之，未嘗入己。去鎮之日，秋毫無犯。計在州以來，然油及私牛馬食官穀草，以私錢六十萬償之〔一七〕。而儉刻無潤，薄於恩情，姊在鄉里，饑寒不立，脩之貴爲刺史，未曾供贍。往姊家，姊爲設菜羹麤飯以激之，脩之曰：「此是貧家好食，進之致飽。」先是，新野庾彥達爲益州刺史，攜姊之鎮，資給供奉，中分秩禄，西土稱焉。

脩之後拜左户尚書、領軍將軍。至建鄴，牛奔墜車折脚，辭尚書，徙崇憲太僕，仍加特進、金紫光禄大夫。脚疾不堪獨行見，特給扶侍。卒，謚貞侯。

王玄謨字彥德，太原祁人也。六世祖宏，河東太守、緜竹侯〔一八〕，以從叔司徒允之難，棄官北居新興，仍爲新興、鴈門太守。其自序云爾。祖牢，仕慕容氏爲上谷太守，隨慕容德居青州。父秀，早卒。

玄謨幼而不羣，世父蕤有知人鑒，常笑曰：「此兒氣概高亮，有太尉彥雲之風。」宋武帝臨徐州，辟爲從事史，與語異之。少帝末，謝晦爲荆州，請爲南蠻行參軍、武寧太守。晦敗，以非大帥見原。

元嘉中，補長沙王義欣鎮軍中兵參軍，領汝陰太守。每陳北侵之規，上謂殷景仁曰：「聞王玄謨陳説，使人有封狼居胥意。」

後爲興安侯義賓輔國司馬、彭城太守。義賓薨，玄謨上表，以彭城要兼水陸，請以皇子撫臨州政，乃以孝武出鎮。

及大舉北侵，以玄謨爲寧朔將軍。前鋒入河，受輔國將軍蕭斌節度。軍至碻磝，玄謨進向滑臺，圍城二百餘日。魏太武自來救之，衆號百萬，鼓鞞動天地。玄謨之行也，衆力不少，器械精嚴，而專仗所見，多行殺戮。初圍城，城内多茅屋，衆求以火箭燒之。玄謨曰：「損亡軍實。」不聽。城中即撤壞之，空地爲窟室。及魏救將至，衆請發車爲營，又不從。將士並懷離怨。又營貨利，一匹布責人八百梨，以此倍失人心。及太武軍至，乃夜遁，麾下散亡略盡。蕭斌將斬之，沈慶之固諫曰：「佛狸威震天下，控弦百萬，豈玄謨所當〔一九〕。殺戰將以自弱，非良計也。」斌乃止。

初，玄謨始將見殺，夢人告曰：「誦觀世音千徧則免。」玄謨夢中曰：「何可竟也。」仍見授，既覺誦之，且得千徧。明日將刑，誦之不輟。忽傳唱停刑，遣代守碻磝。江夏王義恭爲征討都督，以碻磝沙城不可守，召令還。爲魏軍所追，大破之，流矢中臂。二十八年正月，還至歷城。義恭與玄謨書曰：「聞因敗爲成，臂上金創，將非金印之徵邪？」

元凶弑立，以玄謨爲冀州刺史。孝武伐逆，玄謨遣濟南太守垣護之等將兵赴義。事平，除徐州刺史，加都督。

及南郡王義宣與江州刺史臧質反，朝廷假玄謨輔國將軍，爲前鋒南討，拜豫州刺史。質尋至，大破之。加都督，封曲江縣侯。中軍司馬劉沖之白孝武，言玄謨在梁山與義宣通謀。檢雖無實，上意不能明，使有司奏玄謨没匿所得賊寶物，虛張戰簿，與徐州刺史垣護之並免官。

尋爲寧蠻校尉、雍州刺史，加都督。雍土多諸僑寓，玄謨上言所統僑郡無有境土，新舊錯亂，租課不時，宜加并合。見許。乃省并郡縣，自此便之。百姓當時不願屬籍。其年，玄謨又令九品以上租，使貧富相通，境内莫不嗟怨。人間訛言玄謨欲反，時柳元景當權，元景弟僧景爲新城太守，以元景之勢，制令雍土南陽順陽上庸新城諸郡並發兵，欲討玄謨。玄謨令内外晏然，以解衆惑，馳啓孝武，具陳本末。帝知其虛，馳遣主書吴喜公慰撫之。又答曰：「玄謨啓明白之日，七十老公反欲何求？聊復爲笑，想足以申卿眉頭耳。」玄謨性嚴，未曾妄笑，時人言玄謨眉頭未曾申，故以此見戲。

後爲金紫光禄大夫，領太常。及建明堂，以本官領起部尚書，又領北選。孝武狎侮羣臣，各有稱目，多須者謂之羊，短長肥瘦皆有比擬。顔師伯缺齒，號之曰齴，劉秀之儉恡，常呼爲老慳。黄門侍郎宗靈秀軀體肥壯，拜起艱難，每一集會，輒於坐賜靈秀器服飲食，前後相係，欲其占謝傾踣，以爲歡笑。又刻木作靈秀父光禄勳叔獻像送其家聽事。柳元景、垣護之雖並北人，而玄謨獨受老傖之目。凡諸稱謂，四方書疏亦如之。嘗爲玄謨作四時詩曰：「菫茹供春膳〔一〇〕，粟漿充夏飡。爬醬調秋菜，白醝解冬寒。」又寵一崑崙奴子名白主，常在左右，令以杖擊羣臣。自柳元景以下皆罹其毒。

玄謨尋遷徐州刺史，加都督。時北土災饉，乃散私穀十萬斛、牛千頭以賑之。孝武崩，與羣公俱被顧命。時朝政多門，玄謨以嚴直不容，徙青、冀二州刺史，加都督。少帝誅顏師伯、柳元景等，狂悖滋甚，以領軍徵玄謨，子姪咸勸稱疾。玄謨曰：「避難苟免，既乖事君之節，且吾荷先朝厚恩，彌不得逡巡。」及至，屢表諫諍，又流涕請緩刑去殺，以安元元之意。少帝大怒。

明帝即位，禮遇益崇。時四方反叛，玄謨領水軍前鋒南討，以脚疾未差，聽乘輿出入。尋除車騎大將軍、江州刺史〔一一〕，副司徒建安王休仁於赭圻，賜以諸葛亮筩袖鎧。頃之，以爲左光禄大夫、開府儀同三司，領護軍將軍，遷南豫州刺史，加都督。薨年八十二〔一二〕，謚曰莊公。

子深早卒，深子續嗣。深弟寬，泰始初，爲隨郡太守。逢四方反，父玄謨在建鄴，寬棄郡自歸。以母在西，爲賊所執，請西行，遂襲破隨郡，收其母。事平，明帝嘉之，使圖寬形以上。齊永明元年，爲太常，坐於宅殺牛，免官。後卒於光禄大夫。

寬弟瞻字明遠，一字叔鸞。負氣慠俗，好貶裁人物。仕宋爲王府參軍。嘗詣劉彥節，直登榻曰：「君侯是公孫，僕是公子，引滿促膝，唯余二人。」彥節外跡雖酬之，意甚不悅。齊豫章王嶷少時，早與瞻友。瞻常候嶷高論，齊武帝時在大牀寢，瞻謂嶷曰：「帳中人物亦復隨人寢興。」嶷言次忽問王景文兄楷賢愚何如殷道矜，瞻曰：「卿遂復言他人兄邪。」武帝笑稱嶷小名阿玉〔三〕，「汝兄愚，那得忽來王參軍此句」。瞻曰：「直恐如卿來談。」武帝銜之，未嘗形色。後歷黃門侍郎。

及齊建元初，瞻爲永嘉太守，詣闕跪拜不如儀。武帝知之，召入東宮，仍送付廷尉殺之。命左右啓高帝曰：「父辱子死，王瞻慠朝廷，臣輒已收之。」高帝曰：「此何足計。」及聞瞻已死，乃默無言。

玄謨從弟玄象，位下邳太守。好發冢，地無完槨。人間垣內有小冢，墳上殆平，每日初升，見一女子立冢上，近視則亡。或以告玄象，便命發之。有一棺尚全，有金蠶、銅人以百數。剖棺見一女子，年可二十，姿質若生，卧而言曰：「我東海王家女，應生，資財相奉，幸勿見害。」女臂有玉釧，破冢者斬臂取之，於是女復死。玄謨時爲徐州刺史，以事上聞，玄象坐免郡。

玄載字彦休，玄謨從弟也。父蕤，東莞太守。玄載仕宋，位益州刺史。沈攸之之難，玄載起義，送誠於齊高帝，封鄂縣子。齊建元元年，爲左户尚書。永明四年，位兗州刺史，卒官。謚烈子。

玄載弟玄邈字彦遠，仕宋位青州刺史。齊高帝之鎮淮陰，爲宋明帝所疑，乃北勸魏，遣書結玄邈。玄邈長史房叔安進曰：「夫布衣韋帶之士，銜一餐而不忘，義使之然也。今將軍居方州之重，託君臣之義，無故舉忠孝而棄之，三齊之士寧蹈東海死耳，不敢隨將軍也。」玄邈意乃定。仍使叔安使建鄴，發高帝謀。高帝於路執之，并求玄邈表。叔安答曰：「寡君使表上天子，不上將軍。且僕之所言，利國家而不利將軍，無所應問。」荀伯玉勸殺之，高帝曰：「物各爲主，無所責也。」玄邈罷州還，高帝塗中要之，玄邈嚴軍直過。還都，啓宋明帝，稱高帝有異謀，高帝不恨也。昇明中，高帝引爲驃騎司馬、太山太守。玄邈甚懼，高帝待之如初。再遷西戎校尉、梁南秦二州刺史，封河陽縣侯，兄弟同時爲方伯。

齊建元初，亡命李烏奴作亂梁部，玄邈使人僞降烏奴，告之曰：「王使君兵弱，攜愛妾二人已去矣。」烏奴喜，輕兵襲州城，玄邈奇兵破之。高帝聞之曰：「玄邈果不負吾。」

延興元年，爲中護軍。明帝使玄邈往江州殺晉安王子懋，玄邈苦辭不行，及遣王廣之往廣陵取安陸王子敬，玄邈不得已奉旨。建武中，卒於護軍，贈雍州刺史，謚壯侯。

叔安字子仁，清河人。高帝即位，懷其忠正，時爲益州司馬、寧蜀太守，就拜前將軍。方用爲梁州，會病卒。帝歎曰：「叔安節義，古人中求之耳，恨不至方伯而終。」子長瑜，亦有義行，永明中，爲州中從事。

論曰：自晉室播遷，來宅揚、越，關邊遥阻，汧、隴遐荒，區甸分其内外，山河判其表裏。桓温一代英人，志移晉鼎，自非兵屈霸上，戰衄枋頭，則光宅之運，中年允集。宋武帝屈起布衣，非藉人譽，一旦驅率烏合，奄興霸緒，功雖有餘而德猶未洽。非樹奇功於難立，震大威於四海，則不能成配天之業，一異同之心。故須外積武功，以收人望。及金墉請吏，元勳既立，心欲挂旆龍門，折衝冀、趙，跨功桓氏，取高昔人。方復觀兵崤、澠，陳師天嶮。及靈威薄震，重關自闢，故知英筭所包，先勝而後戰也。王鎮惡推鋒直指，前無彊陣，爲宋方叔，其壯矣乎。朱齡石、超石、毛脩之、傅弘之等，以歸衆難固之情，逢英勇乘機之運，以至顛陷，爲不幸矣。脩之滑臺之守，有疎勒之難，苟誠節在焉，所在爲重，其取榮大國，豈徒然哉。終假道自歸，首丘之義也。玄謨封狼之心，雖簡帝念；然天方相魏，人豈能支。宋氏以三吳之弱卒，當八州之勁勇，欲以邀勝，不亦難乎。蹙境亡師，固其宜也。觀夫慶之言，可謂達於時變。瞻傲佷不悔，卒至亡軀，然齊武追恨魚服，匹夫懼矣。玄邈行己之度，有士君子之風乎。

校勘記

〔一〕令後有大軍狀　「後」上，御覽卷三一六引宋書、册府卷四二〇有「如」字，通鑑卷一一六晉紀三八義熙八年有「若」字。

〔二〕又遣人以詔及赦并武帝手書凡三函示毅　「赦」，宋書卷四五王鎮惡傳、册府卷四二〇、卷七二四、通鑑卷一一六晉紀三八義熙八年、通志卷一三一作「赦文」。

〔三〕鎮惡軍人與毅下將或是父兄子弟中表親親　「下將」，宋書卷四五王鎮惡傳、册府卷七二四作「東將」，通典卷一五四、御覽卷三一六引晉書作「東來將士」，册府卷四二〇作「將」。按馬宗霍校證：「『東將』者，謂從劉毅自東來諸將士也，南史改爲『下將』，非是。」

〔四〕使就子肅取馬　「肅」，宋書卷四五王鎮惡傳作「肅民」，此避唐諱而省。

〔五〕田子退屯劉因堡　「劉因堡」，宋書卷四五王鎮惡傳作「劉回堡」，晉書卷一三〇赫連勃勃載記、通鑑卷一一八晉紀四〇義熙十四年作「劉迴堡」。

〔六〕并兄基弟鴻遵深從弟昭朗弘凡七人　「深」，宋書卷四五王鎮惡傳作「淵」，此避唐諱而改。「弘」字原脱，據宋書卷四五王鎮惡傳補。按無「弘」字則不足七人之數。

〔七〕乞於軍後　「於」，南監本、北監本、殿本及宋書卷四八朱齡石傳、通鑑卷一一三晉紀三五元興三年、册府卷八〇三、通志卷一三一作「在」。

〔八〕由是一部得清　「由是」，宋書卷四八朱齡石傳作「自是」。「一部」，宋書、册府卷七〇五作「一郡」。

〔九〕劉敬宣往年出黄武　「黄武」，宋書卷四八朱齡石傳作「黄虎」，此避唐諱而改。

〔一〇〕臧熹朱枚於中水取廣漢　「朱枚」，宋書卷四八朱齡石傳、通典卷一五三作「朱林」，通志卷一三一作「朱牧」。按宋書卷四六及本書卷二五王懿傳所見「龍驤將軍朱牧」即其人，「林」「枚」「牧」三字形似，未審孰是。

〔一一〕遣其秦州刺史侯暉僕射譙詵等屯彭模　「侯暉」，宋書卷四八朱齡石傳作「侯輝」，御覽卷三八七引宋書作「侯耀」。

〔一二〕乃斷稍三四尺以槌之　「稍」，原作「稍」，據宋書卷四八朱齡石傳附朱超石傳、通志卷一三一改。御覽卷三一八引晉書疊一「槌」字，宋書卷四八朱齡石傳附朱超石傳、通典卷一六一、册府卷七二四、通鑑卷一一八晉紀四〇義熙十三年、玉海卷一四二則疊作「鎚」字。按馬宗霍校證：「『槌』『鎚』二字通用。依文義，南史『以槌』下當從宋書疊一『槌』字方合。」

〔一三〕祖武生伯父璩並益州刺史　「武生」，宋書卷四八毛脩之傳作「虎生」，此避唐諱而改。

〔一四〕太官令常如故　宋書卷四八毛脩之傳「常」字作「尚書」，御覽卷八六一引宋書無「常」字。

〔一五〕并教以在南禮制　「教」，原作「不」，據南監本、北監本、汲本、殿本及宋書卷四八毛脩之傳改。

〔一六〕竺超已執義宣　「竺超」，宋書卷七六朱脩之傳作「竺超民」，此避唐諱而省。

〔一七〕以私錢六十萬償之　「六十萬」，宋書卷七六朱脩之傳、册府卷六七九作「十六萬」。

〔一八〕六世祖宏河東太守緜竺侯　「緜竺侯」，宋書卷七六王玄謨傳、通志卷一三一作「綿竹侯」。

〔一九〕豈玄謨所當　宋書卷七六王玄謨傳、通鑑卷一二五宋紀七元嘉二十七年、册府卷八七一、通志卷一三一「所」下有「能」字。

〔二〇〕堇茹供春膳　「堇茹」，宋書卷七六王玄謨傳作「堇荼」。

〔二一〕尋除車騎大將軍江州刺史　「車騎大將軍」，宋書卷七六王玄謨傳作「大將軍」。按宋書卷八明帝紀：泰始二年正月，「領軍將軍王玄謨爲車騎將軍、江州刺史」。疑當作「車騎將軍」。

〔二二〕薨年八十二　宋書卷七六王玄謨傳云「年八十一薨」。

〔二三〕武帝笑稱嶷小名阿玉　「阿玉」，原作「多王」。按錢大昕考異卷三五：「嶷小名阿玉，見梁本紀，此文誤。」今改正。

南史卷十七

列傳第七

劉敬宣 **劉懷肅** 弟懷敬 懷慎 **劉粹** 族弟損 **孫處** **蒯恩**
向靖 子柳 **劉鍾** **虞丘進** **孟懷玉** 弟龍符 **胡藩**
劉康祖 伯父簡之 簡之弟謙之 簡之子道產 道產子延孫

劉敬宣字萬壽，彭城人也。父牢之，晉鎮北將軍。敬宣八歲喪母，晝夜號泣，中表異之。輔國將軍桓序鎮蕪湖，牢之參序軍事。四月八日，敬宣見衆人灌佛，乃下頭上金鏡爲母灌像，因悲泣不自勝。序謂牢之曰：「卿此兒非唯家之孝子，必爲國之忠臣。」

起家王恭前軍參軍，又參會稽世子元顯征虜軍事。隆安二年，王恭起兵京口，以誅司馬尚之爲名，牢之時爲恭前軍司馬。恭以豪戚自居，甚相陵忽，牢之心不能平。及恭此舉，使牢之爲前鋒，牢之遣敬宣襲恭，敗之。元顯以敬宣爲後將軍諮議參軍。

三年，孫恩爲亂，牢之自表東討，敬宣請以騎傍南山趣其後。吳賊畏馬，又懼首尾受敵，遂大敗之，進平會稽。遷後軍從事中郎。

宋武帝既累破祆賊，功名日盛，敬宣深相憑結。元顯進號驃騎，敬宣仍隨府轉。元顯驕肆，羣下化之，敬宣每預宴會，調戲無所酬答，元顯甚不悅。

元興元年，牢之南討桓玄，元顯爲征討大都督，日夜昏酣。牢之以道子昏闇，元顯淫凶，慮平玄之日，亂政方始；會玄遣信說牢之，牢之欲假手於玄誅執政，然後乘玄之隙，可以得志天下。將許玄降。敬宣諫恐玄威望既成，則難圖。牢之怒曰：「吾豈不知今日取之如反覆手，但平後令我柰驃騎何？」遣敬宣爲任。

玄既得志，害元顯，廢道子，以牢之爲會稽太守。牢之與敬宣謀襲玄，期以明旦。爾日大霧，府門晚開，日旰，敬宣不至。牢之謂謀泄，欲奔廣陵，而敬宣還京口迎家。牢之謂已爲玄禽，乃縊而死。敬宣奔喪，哭畢，就司馬休之、高雅之等俱奔洛陽，往來長安，求救於姚興，後奔慕容德。

敬宣素明天文，知必有興復晉室者。尋夢丸土服之，覺而喜曰：「丸者，桓也，桓吞，吾當復本土乎。」乃結青州大姓諸崔、封謀滅德〔一〕，推休之爲主。時德司空劉軌大被任，高雅之又要軌，謀泄，乃相與殺軌而去。會宋武帝平京口，手書召敬宣，即馳還，襲封武岡縣男，後拜江州刺史。

劉毅之少，人或以雄桀許之。敬宣曰：「此人外寬内忌，自伐而尚人，若一旦遭逢，當以陵上取禍。」毅聞深恨。及在江陵，知敬宣還，尋知爲江州，大駭惋。敬宣愈不自安。安帝反正，自表求解。武帝恩款周洽，所賜莫與爲比。敬宣女嫁，賜錢三百萬，雜綵千匹。

帝方大相寵任，欲令立功。義熙三年，表遣敬宣伐蜀。博士周祗諫，以爲「道遠運漕難繼，毛脩之家讎不雪，不應以得死爲恨。劉敬宣蒙生存之恩，亦宜性命仰答。將軍欲驅二死之甘心，忘國家之重計，愚情竊所未安」。不從。假敬宣節，監征蜀諸軍事。敬宣至黄武，去成都五百里，食盡，遇疾疫而還。爲有司奏免官。

五年，武帝伐慕容超，除中軍諮議參軍，與兗州刺史劉藩大破超軍，進圍廣固，屢獻規略。盧循逼建鄴，敬宣分領鮮卑獸斑突騎，置陣甚整。循走，仍從南討，爲左衛將軍。敬宣寬厚，善待士，多伎藝，弓馬音律，無事不善。尚書僕射謝混美才地，少所交納，與敬宣遇便盡禮。或問混：「卿未嘗輕交，而傾蓋劉壽〔二〕，何也？」混曰：「孔文舉禮太史子義，天下豈有非之邪。」

初，敬宣蜀還，劉毅欲以重法繩之。武帝既相任待，又何無忌謂不宜以私憾傷至公。

毅雖止，猶謂武帝曰〔三〕：「平生之舊，豈可孤信？光武悔之於龐萌，曹公失之於孟卓。宜深慎之。」毅出爲荆州，謂敬宣曰：「欲屈卿爲長史、南蠻，豈有見輔意乎？」敬宣懼禍，以告武帝。帝笑曰：「但令老兄平安，必無過慮。」後領冀州刺史。

時帝西討劉毅，豫州刺史諸葛長人監太尉軍事，貽敬宣書曰：「盤龍狼戾專恣，自取夷滅。異端將盡，世路方夷，富貴之事，相與共之。」敬宣報曰：「下官常懼福過災生，實思避盈居損。富貴之旨，非所敢當。」便以長人書呈，帝謂王誕曰：「阿壽故爲不負我。」

十一年，進號右軍將軍〔四〕。時晉宗室司馬道賜爲敬宣參軍。會武帝西征司馬休之，而道賜乃陰結同府辟閭道秀、左右小將王猛子等謀反。道賜自號齊王，規據廣固，舉兵應休之。猛子取敬宣刀殺敬宣，文武佐吏即討道賜、道秀、猛子斬之。先是敬宣嘗夜與僚佐宴，空中有投一隻芒屩於坐，墜敬宣食盤上，長三尺五寸，已經人著，耳鼻間並欲壞，頃之而敗。喪至，武帝臨哭甚哀。子光祖嗣。宋受禪，國除。

劉懷肅，彭城人，宋武帝從母兄也。家世貧窶，而躬耕好學。仕晉爲費令。及聞武帝起義，棄縣來奔。

義熙元年，爲輔國將軍、淮南歷陽二郡太守。二年，又領劉毅撫軍司馬，以建義功，封東興縣侯。其冬，桓石綏、司馬國璠、陳襲於胡桃山聚衆爲寇，懷肅討破之。江、淮間羣蠻及桓氏餘黨爲亂，懷肅自請討之，及行失旨，毅上表免懷肅官。三年卒，追贈左將軍。無子，弟懷慎以子蔚祖嗣，位江夏内史。

蔚祖卒，子道存嗣，位太尉江夏王義恭諮議參軍。孝武伐元凶，道存出奔義軍，元凶乃殺其母以徇。景和中，爲義恭太宰從事中郎。義恭敗，以黨與下獄死。

懷肅次弟懷敬，澀訥無才能。初，武帝產而皇妣殂，孝皇帝貧薄，無由得乳人，議欲不舉，帝從母生懷敬，未朞，乃斷懷敬乳而自養帝。帝以舊恩，懷敬累見寵授，至會稽太守。時以爲速，武帝曰：「亡姨於我恩重，此何可忘？」歷尚書，金紫光禄大夫。

懷敬子真道爲錢唐令，元嘉十三年，東土飢，帝遣揚州中從事史沈演之巡行在所，演之表真道及餘杭令劉道錫有美政。上嘉之，各賜穀千斛，以真道爲步兵校尉。

十四年，出爲梁、南秦二州刺史。十八年，氐帥楊難當侵寇漢中，真道討破之，而難當寇盜猶不已，文帝遣龍驤將軍裴方明率禁兵五千，受真道節度。十九年，方明至武興，率太子積弩將軍劉康祖等進軍，大致剋捷，以真道爲建威將軍、雍州刺史，方明輔國將軍、梁南秦二州刺史。又詔故晉壽太守姜道盛殞身鋒鏑，可贈給事中，賜錢十萬。道盛注古文尚書行於世。真道、方明並坐破仇池斷割金銀諸雜寶貨，又藏難當善馬，下獄死。

懷敬弟懷慎，少謹慎質直。從宋武帝征討，位徐州刺史。爲政嚴猛，境内震肅。以平廣固、盧循功，封南城縣男。十二年，武帝北伐，以爲中領軍、征虜將軍，宿衞輦轂。坐府内相殺免官。雖名位轉優，而恭恪愈至。每所之造，位任不踰己者，皆束帶門外下車，其謹退類如此。

永初元年，以佐命功，進爵爲侯，位五兵尚書，加散騎常侍、光禄大夫。景平元年，遷護軍將軍。禄賜班於宗族，家無餘財，卒，謚肅侯。子德願嗣。大明初，爲游擊將軍，領石頭戍事。坐受賈客韓佛智貨，下獄奪爵。後爲秦郡太守。德願性麤率，爲孝武狎侮。上寵姬殷貴妃薨，葬畢，數與羣臣至殷墓。謂德願曰：「卿哭貴妃若悲，當加厚賞。」德願應聲便號慟，撫膺擗踴，涕泗交流。上甚悦，以爲豫州刺史。又令醫術人羊志哭殷氏，志亦鳴咽。他日有問志：「卿那得此副急淚？」志時新喪愛姬，答曰：「我爾日自哭亡妾耳。」志滑稽，善爲諧謔，上亦愛狎之。德願善御車，嘗立兩柱，使其中劣通車軸，乃於百餘步上振轡長驅，未至數尺，打牛奔從柱間直過，其精如此。孝武聞其能，爲之乘畫輪車，幸太宰江夏王義恭第。德願岸著籠冠，短朱衣，執轡進止，甚有容狀。永光中，爲廷尉，與柳元景厚善。元景敗，下獄誅。

懷慎庶長子榮祖，少好騎射，爲武帝所知。及盧循攻逼，時賊乘小艦入淮拔柵，武帝宣令三軍不得輒射賊。榮祖不勝憤怒，冒禁射之，所中應弦而倒，帝益奇焉。以戰功，參太尉軍事，從討司馬休之。彭城内史徐逵之敗没，諸將意沮，榮祖請戰愈厲，上乃解所著鎧授之。榮祖陷陣，身被數創。及帝北伐，轉鎮西中兵參軍。水軍入河，與朱超石大破魏軍於半城。帝大饗戰士，謂榮祖曰：「卿以寡剋衆，攻無堅城，雖古名將何以過此。」永初中，爲輔國將軍。追論半城功，賜爵都鄉侯。榮祖爲人輕財貴義，善撫將士，然性褊，頗失士君子心。卒于官。

懷慎弟懷默，江夏内史。子孫登，武陵内史。孫登子亮，少工刀楯，以軍功封順陽縣侯，歷梁、益二州刺史。在任廉儉，所得公禄，悉以還官，宋明帝下詔褒美。亮在梁州忽服食，欲致長生，迎武當山道士孫懷道使合仙藥〔五〕，藥成，服之而卒。及就斂，屍弱如生。謚曰剛侯。

孫登弟道隆，前廢帝景和中，位右衛將軍，封永昌縣侯，委以腹心之任。泰始初，又爲明帝盡力，遷左衛將軍、中護軍。賜死，事在建安王休仁傳。

劉粹字道沖，沛郡蕭人也。家在京口。初爲州從事，從宋武帝平建鄴，征廣固，以功封西安縣五等侯。累遷中軍諮議參軍。盧循之逼，京口任重，文帝時年四歲，武帝使粹奉文帝鎮京口。後爲江夏相。

族兄毅貳於武帝，粹不與毅同而盡心武帝。帝將謀毅，衆並疑粹在夏口，帝愈信之。及大軍至，竭其誠力。事平，封灄縣男〔六〕。永初元年，以佐命功，改封建安縣侯。文帝即位，爲雍州刺史，加都督。

元嘉三年，討謝晦。初，晦與粹善，以粹子曠之爲參軍，至是帝甚疑之。王弘曰：「粹無私，必無憂也。」及受命南討，一無所顧。文帝以此嘉之。晦亦不害曠之，遣還。粹尋卒，曠之嗣。

粹弟道濟，位益州刺史，任長史費謙等聚斂，傷政害人。初，晉末有司馬飛龍者，自稱晉宗室，走仇池。元嘉九年，聞道濟綏撫失和，遂自仇池入綿竹爲亂，道濟遣軍討斬之。先是道濟以五城人帛氐奴、梁顯爲參軍督護，費謙固執不與；遠方商人至者，謙又抑之。商旅呼嗟，百姓咸欲爲亂，氐奴等因聚黨爲盜，及趙廣等詐言司馬殿下猶在陽泉山中。蜀土僑舊翕然並反，奉道人程道養，言是飛龍。道養，枹罕人也。趙廣改名爲龍興，號爲蜀王、車騎大將軍、益梁二州牧，建號泰始元年，備置百官，以道養弟道助爲驃騎將軍、長沙王，鎮涪城。廣自號鎮軍將軍，帛氏奴爲征虜將軍，梁顯爲鎮北將軍，奉道養圍成都。道濟遣中兵參軍裴方明頻破之。

十年正月，賊復大至，攻逼成都，道濟卒，方明等共埋尸於後齋，使書與道濟相似者爲教。酬答籤疏，不異常日，雖母妻不知也。二月，道養升壇郊天，方就柴燎，方明擊，大敗之。會平西將軍臨川王義慶使巴東太守周籍之帥衆援成都，廣等屯據廣漢，分守郪川。籍之與方明攻郫，克之。方明禽僞驃騎將軍司馬龍伸，斬之。龍伸即道助也。涪、蜀皆平。

俄而張尋攻破陰平，復與道養合，逃于郪山，其餘羣賊出爲盜不絕。文帝遣寧朔將軍蕭汪之討之。十四年，餘黨乃平，遷趙廣、張尋等於建鄴。十六年，廣、尋復與國山令司馬敬琳謀反，伏誅。

粹族弟損字子騫，衞將軍毅從父弟也。父鎮之字仲德，以毅貴顯，閑居京口，未嘗應召。常謂毅，「汝必破我家」。毅甚畏憚，每還京口，未嘗敢以羽儀入鎮之門。左光禄大夫徵，不就，卒於家。損元嘉中爲吴郡太守，至昌門，便入太伯廟。時廟室頹毁，垣牆不脩，損愴然曰：「清塵尚可髣髴，衡宇一何摧頹！」即令脩葺。卒，贈太常。

損同郡宗人有劉伯龍者，少而貧薄，及長，歷位尚書左丞，少府，武陵太守，貧寠尤甚。常在家慨然，召左右將營十一之方，忽見一鬼在傍撫掌大笑。伯龍歎曰：「貧窮固有命，乃復爲鬼所笑也。」遂止。

孫處字季高，會稽永興人也。籍注字，故以字行。少任氣，武帝征孫恩，季高樂從。及平建鄴，封新番縣五等侯〔七〕。盧循之難，武帝謂季高曰：「此賊行破，非卿不能破其窟穴。」即遣季高泛海襲番禺，拔之。循父嘏、長史孫建之、司馬虞尫夫等輕舟奔始興，即分遣振武將軍沈田子等討平嶺表諸郡。循於左里走還襲廣州，季高破走之。義熙七年，季高卒，追贈南海太守，封候官縣侯。九年，武帝表贈交州刺史。

蒯恩字道恩，蘭陵承人也。武帝征孫恩，縣差恩伐馬芻，常負大束，兼倍餘人。每捨芻於地，歎曰：「大丈夫彎弓三石，柰何充馬士。」武帝聞之，即給器仗。自征祆賊，常爲先登，膽力過人，甚見愛信。於婁縣戰，箭中右目〔八〕。平京城，定建鄴，以軍功封都鄉侯。從伐廣固，破盧循，隨劉藩追斬徐道覆，與王鎮惡襲江陵，隨朱齡石伐蜀，又從伐司馬休之。自從征討，凡百餘戰，身被重創。武帝録其前後功，封新寧縣男。

武帝北伐，留恩侍衞世子，命朝士與之交。恩益自謙損，與人語常呼位官，自稱鄙人，撫士卒甚有恩紀。世子開府，再遷爲司馬。後入關迎桂陽公義真，没於赫連勃勃。傳國至孫，無子，國除。

向靖字奉仁，小字彌，河内山陽人也。名與武帝祖諱同，故以小字行。靖與武帝有舊〔九〕，從平京城，參建武軍事，進平建鄴，以功封山陽縣五等侯。又從征廣固，討盧循，所在著績，封安南縣男。武帝西伐司馬休之，征關中，並見任使。及帝受命，以佐命功，封曲江縣侯，位太子左衞率，加散騎常侍。卒于官。

彌立身儉約，不營室宇，無園田商貨之業，時人稱之。

子植嗣，多過失，不受母訓，奪爵。更以植次弟楨紹封〔一〇〕，又坐殺人，國除。

楨弟柳字玄季，有學義才能，立身方雅。太尉袁淑、司空徐湛之、東揚州刺史顔竣皆與友善。及竣貴，柳猶以素情自許，不推先之。順陽范璩誡柳曰：「名位不同，禮有異數，卿何得作曩時意邪？」柳曰：「我與士遜心期久矣，豈可一旦以勢利處之。」及柳爲南康郡，涉義宣事敗，繫建康獄。屢密請竣，求相申救。孝武嘗與竣言及柳事，竟不助之。柳遂伏法。

璩字伯玉，平北將軍汪曾孫也，位淮南太守。

劉鍾字世之，彭城人也。少孤，依鄉人中山太守劉回共居，常慷慨於貧賤。從宋武帝征伐，盡其心力。及義旗建，帝板鍾爲郡主簿，曰：「豫是彭城鄉人赴義者，並可依劉主簿。」於是立義隊，連戰皆捷。及桓謙屯于東陵，卞範之屯覆舟山西，武帝疑賊有伏兵，顧左右，政見鍾，謂曰：「此山下當有伏兵，卿可往探之。」鍾馳進，果有伏兵，一時奔走。後除南齊國內史，封安丘縣五等侯。求改葬父祖及親屬十喪，帝厚加資給。從征廣固，孟龍符於陣陷没，鍾直入取其屍而反。盧循逼建鄴，鍾拒柵，身被重創，賊不得入。循南走，鍾又隨劉藩追徐道覆，斬之。

後隨朱齡石伐蜀爲前鋒，去成都二百里，鍾于時脚疾，齡石乃詣鍾，謀且欲養鋭息兵，以伺其隙。鍾曰：「不然，前揚言大衆向内水，譙道福不敢捨涪城，今重軍卒至，出其不意，蜀人已破膽矣。賊今阻兵守險，是其懼不敢戰，非能持久也。因其兇懼攻之，其勢必剋；若緩兵，彼將知人虛實，當爲蜀子虜耳。」齡石從之，明日，陷其二城，徑平成都。以廣固功，封永新縣男。

十二年，武帝北伐，鍾居守。累遷右衛將軍。元熙元年卒。傳國至孫，齊受禪，國除。

虞丘進字豫之，東海郯人也。少時隨謝玄討苻堅有功〔一〕，封關内侯。後從宋武帝征孫恩，頻戰有功。從定建鄴，除燕國内史，封龍川縣五等侯。及盧循逼都，孟昶等議奉天子過江，進廷議不可，面折昶等，武帝甚嘉之。除鄱陽太守。後隨劉藩斬徐道覆。義熙九年，以前後功，封望蔡縣男。永初二年，累遷太子右衛率。卒，追論討司馬休之功，進爵爲子。傳國至曾孫，齊受禪，國除。

孟懷玉，平昌安丘人也，世居京口。宋武帝東伐孫恩，以爲建武司馬。豫義旗，從平京口，定建鄴，以功封鄱陽縣五等侯。盧循逼都，以戰功爲中軍諮議參軍〔二〕。循平，封陽豐縣男，位江州刺史、南中郎將。卒官。無子，國除。

懷玉弟龍符，驍果有膽氣，早爲武帝所知，以軍功封平昌縣五等子。從伐廣固，以車騎將軍加龍驤將軍、廣川太守〔三〕。乘勝追奔，被圍見害，追贈青州刺史，封臨沅縣男。

胡藩字道序，豫章南昌人也。少孤，居喪以毁聞。太守韓伯見之，謂藩叔尚書少廣曰：「卿此姪當以義烈成名。」州府辟不就，須二弟冠婚畢，乃參郗恢征虜軍事。時殷仲堪爲荆州刺史，藩外兄羅企生爲仲堪參軍。藩過江陵省企生，因説仲堪曰：「桓玄意趣不常，節下崇待太過，非將來計也。」仲堪不悦。藩退謂企生曰：「倒戈授人，必至大禍，不早去，後悔無及。」後玄自夏口襲仲堪，藩參玄後軍軍事。仲堪敗，企生果以附從及禍。藩轉參太尉大將軍相國軍事。宋武帝起兵，玄戰敗將出奔，藩扣馬曰：「今羽林射手猶有八百，皆是義故西人，一旦捨此，欲歸可復得乎？」玄直以鞭指天而已。於是奔散相失，追及玄於蕪湖。玄見藩喜謂張須無曰：「卿州故爲多士，今復見王脩。」桑落之敗，藩艦被燒，并鎧入水，潛行三十許步，方得登岸。乃還家。

武帝素聞藩直言於殷氏，又爲玄盡節，召參鎮軍軍事。從征慕容超，超軍屯聚臨朐。藩言於武帝曰：「賊屯軍城外，留守必寡，今往取其城而斬其旗幟，此韓信所以剋趙也。」帝乃遣檀韶與藩潛往，即剋其城。賊見城陷，一時奔走，還保廣固。圍之，將拔之夜，忽有鳥大如鵝，蒼黑色，飛入帝帳裏，衆以爲不祥。藩賀曰：「蒼黑者，胡虜色。胡虜歸我，大吉之祥。」明旦攻城，陷之。從討盧循於左里，頻戰有功，封吴平縣五等子。

尋除鄱陽太守，從伐劉毅。初，毅當之荆州，表求東道還建鄴辭墓。去都數十里，不過拜闕。帝出倪塘會毅，藩請殺之，乃謂帝曰：「公謂劉衞軍爲公下乎？」帝曰：「卿謂何如？」對曰：「夫豁達大度，功高天下，連百萬之衆，允天人之望，毅固以此服公。至於涉獵記傳，一詠一點〔一四〕，自許以雄豪，加以誇伐，搢紳白面之士，輻湊而歸，此毅不肯爲公下也。」帝曰：「吾與毅俱有剋復功，其過未彰，不可自相圖。」至是謂藩曰：「昔從卿倪塘之謀，無今舉也。」

又從征司馬休之，復爲參軍。徐逵之敗没，帝怒，即日於馬頭岸度江。江津岸壁立數丈，休之臨岸置陣，無由可登。帝呼藩令上，藩有疑色。帝怒，命左右録來，欲斬之。藩不受命，顧曰：「寧前死耳。」以刀頭穿岸，劣容脚指徑上，隨之者稍多。及登，殊死戰，敗之。

從伐關中，參太尉軍事，統別軍至河東。暴風漂輜重艦度北岸，魏軍牽得此艦。藩氣憤，率左右十二人乘小船徑往。魏騎五六百，見藩來並笑之。藩素善射，登岸射之，應弦而倒者十許人。魏軍皆退，悉收所失而反。又遣藩及朱超石等追魏軍於半城，魏騎數萬合圍，藩及超石不盈五千，力戰，大破之。武帝還彭城，參相國軍事。論平司馬休之及廣固功，封陽山縣男。元嘉中，位太子左衞率。卒，謚曰壯侯。子隆世嗣。

藩諸子多不遵法度，第十四子遵世同孔熙先逆謀，文帝以藩功臣，不欲顯其事，使江州以他事殺之。十六子誕世，十七子茂世，後欲奉庶人義康，交州刺史檀和之至豫章討平之。

劉康祖，彭城呂人也，世居京口。父虔之，輕財好施，位江夏相。宋武帝西征司馬休之及魯宗之，宗之子軌襲殺虔之，追贈梁、秦二州刺史，封新康縣男。

康祖便弓馬，膂力絶人，以浮蕩蒱酒爲事。每犯法爲郡縣所録，輒越屋踰牆，莫之能禽。夜入人家，爲有司所圍，突圍去，並莫敢追，因夜還京口，半夕便至。明旦守門詣府州要職，俄而建康移書録之，府州執事者並證康祖其夕在京，遂得無恙。前後屢被糺劾，文帝以勳臣子每原貸之。後襲封拜員外郎，再坐蒱戲免官。孝武爲豫州刺史，鎮歷陽，以康祖爲征虜中兵參軍。既被委任，折節自脩。歷南平王鑠安蠻府司馬。

元嘉二十七年，魏太武帝親率大衆攻圍汝南，文帝遣諸軍救援，康祖總統爲前驅。次新蔡，攻破魏軍，去懸瓠四十里。太武燒營而還。轉左軍將軍。文帝欲大舉北侵，康祖以歲月已晚，請待明年。上不許。其年秋，蕭斌、王玄謨、沈慶之等入河，康祖率豫州軍出許、洛。玄謨等敗歸，南平王鑠在壽陽，上慮爲魏所圍，召康祖速反。康祖回軍，未至壽陽數十里，會魏永昌王以長安之衆八万騎，與康祖相及於尉武。康祖有八千人，乃結車營而進。魏軍四面來攻，衆分爲三，且休且戰。康祖率厲將士，無不一當百，魏軍死者太半，流血没踝。矢中頭而死〔一五〕，於是大敗，舉營淪覆，免者裁數十人。魏人傳康祖首示彭城，面如生。贈益州刺史，謚曰壯。

康祖伯父簡之，有志幹，爲宋武帝所知。帝將謀興復，收集才力之士，嘗再造簡之，會有客。簡之悟其意，謂虔之曰：「劉下邳再來，必當有意。既不得語，汝可試往見之。」及虔之至，武帝已剋京口。虔之即投義。簡之聞之，殺耕牛，會衆以赴之。位太尉諮議參軍。

簡之弟謙之，好學，撰晉紀二十卷，位廣州刺史，太中大夫。

簡之子道產，初爲無錫令，襲爵晉安縣五等侯。元嘉三年，累遷梁、南秦二州刺史，加都督。在州有惠化。後爲雍州刺史、領寧蠻校尉，加都督，兼襄陽太守。善於臨職，在雍部政績尤著，蠻夷前後不受化者皆順服，百姓樂業，由此有襄陽樂歌，自道產始也。卒于官，謚曰襄侯。道產澤被西土，及喪還，諸蠻皆備縗絰號哭，追送至于沔口。

長子延孫，孝武初，位侍中，封東昌縣侯，累遷尚書右僕射。大明元年，除金紫光禄大夫，領太子詹事。又出爲南徐州刺史。先是，武帝遺詔：京口要地，去都密邇，自非宗室近戚不得居之。劉氏之居彭城者，分爲三里，帝室居綏輿里，左將軍劉懷肅居安上里，豫州刺史劉懷武居叢亭里。三里及延孫所居呂縣凡四劉，雖同出楚元王，由來不序昭穆。延孫於帝室本非同宗，不應有此授。時司空竟陵王誕爲徐州，上深相畏忌，不欲使居京口，遷之廣陵。廣陵與京口對岸，使腹心爲徐州據京口以防誕，故以南徐州授延孫，而與之合族，使諸王序親。

三年，南兗州刺史竟陵王誕有罪不受徵，延孫馳遣中兵參軍杜幼文赴討。及至，誕已閉城自守，乃還。誕遣劉公泰齎書要之，延孫斬公泰，送首建鄴，復遣幼文受沈慶之節度。

五年，詔延孫曰：「舊京樹親，由來常準。今此防久弭，當以還授小兒。」乃徵延孫爲侍中、尚書左僕射，領護軍。延孫病，不任拜赴〔一六〕。卒，贈司徒，給班劍二十人。有司奏謚忠穆，詔改爲文穆。子質嗣。

論曰：劉敬宣與宋武恩結龍潛，義分早合，雖興復之始，事隔逢迎，而深期久要，未之或爽。隆赫之任，遂止於人存，飾終之數，無聞於身後。恩禮之有厚薄，將别有以乎？劉懷肅、劉懷慎、劉粹、孫處、蒯恩、向靖、劉鍾、虞丘進、孟懷玉、孟龍符、胡藩等，或階緣恩舊，一其心力，或攀附風雲，奮其鱗羽，咸能振拔塵滓，自致封侯。詩云「無德不報」，其言信矣。康祖門奉興王，早裂封壤，受委疆埸，赴蹈爲期。道産樹績漢南，歷年踰十，遺風餘烈，有足稱焉。覽其行事，可謂異迹均美。延孫隆名盛寵，擇而後授，遂以腹心之託，自致宗臣之重，亦其遇也〔一七〕。

校勘記

〔一〕乃結青州大姓諸崔封謀滅德　「崔」，原作「省」，據册府卷七五八改。按崔氏爲青州大族，蓋形近而訛。

〔二〕而傾蓋劉壽　「劉壽」，宋書卷四七劉敬宣傳作「萬壽」。按劉敬宣本字萬壽，此雙名單稱，下又云：「帝謂王誕曰：『阿壽故爲不負我。』」

〔三〕猶謂武帝曰　「猶」，大德本貳作「獨」。

〔四〕進號右軍將軍　「右軍將軍」，宋書卷四七劉敬宣傳、通志卷一三一作「右將軍」。按劉敬宣當由征虜將軍進階爲右將軍。

〔五〕迎武當山道士孫懷道使合仙藥　「孫懷道」，宋書卷四五劉懷慎傳附孫登傳作「孫道胤」，册府卷九二八作「孫懷」。

〔六〕封灄縣男　按宋書卷四三徐羨之傳載詔，記劉粹官爵爲「左衛將軍、灄陽男」。錢大昕考異卷二四：「袁廷檮曰：『灄』下脱『陽』字。州郡志，江夏郡有灄陽縣。」其説是。

〔七〕封新番縣五等侯　「新番縣」，宋書卷四九孫處傳、册府卷三四四作「新夷縣」。按「新番縣」僅見於此，宋書卷三八州郡志四廣州新會太守下有新夷令，知當作「新夷縣」。

〔八〕箭中右目　「右」，宋書卷四九蒯恩傳作「左」。

〔九〕靖與武帝有舊　「靖」，北監本、汲本、殿本及通志卷一三一作「彌」。

〔一〇〕更以植次弟楨紹封　「楨」，原作「禎」，據北監本、汲本、殿本及通志卷一三一改，下文「楨弟柳字玄季」尚不誤。

〔一一〕少時隨謝玄討苻堅有功　原疊「謝玄」二字，據殿本及宋書卷四九虞丘進傳、册府卷三五〇、卷三七九、通志卷一三一删。

〔一二〕以戰功爲中軍諮議參軍　「中軍」，原作「中書」，據宋書卷四七孟懷玉傳、册府卷三四四、卷三七九、通志卷一三一改。

〔一三〕以車騎將軍加龍驤將軍廣川太守　按宋車騎將軍位二品，龍驤將軍位三品。孫虨宋書考論：「車騎將軍」「當是爲車騎參軍」。其説可從。

〔一四〕一詠一點　南監本、北監本、汲本、殿本作「一詠一談」，通鑑卷一一六晉紀三八義熙八年作「一談一詠」，册府卷四〇三作「一語一默」。

〔一五〕矢中頭而死　「頭」，宋書卷五〇劉康祖傳、御覽卷三一二引裴子野宋略、通鑑卷一二五宋紀七元嘉二十七年、通志卷一三一作「頸」。

〔一六〕不任拜赴　「赴」，宋書卷七八劉延孫傳、建康實録卷一四、御覽卷二二一引宋書、册府卷四六一作「起」。

〔一七〕自致宗臣之重亦其遇也　「遇」，原作「過」，按王懋竑記疑謂「『過』當作『遇』」，今改正。

南史卷十八

列傳第八

趙倫之 子伯符 **蕭思話** 子惠開 惠明 惠明子眎素 惠明弟惠基 惠基子洽 惠基弟惠休 惠休弟子介 介子允 引 惠開從子琛 **臧燾** 玄孫嚴 嚴族叔未甄 未甄子盾 厥 燾弟熹 熹子質

趙倫之字幼成，下邳僮人，宋孝穆皇后之弟也。幼孤貧，事母以孝稱。宋武帝起兵，以軍功封閬中縣五等侯，累遷雍州刺史。武帝北伐，倫之遣順陽太守傅弘之、扶風太守沈田子出嶢柳，大破姚泓於藍田。及武帝受命，以佐命功，封霄城縣侯。少帝即位，徵拜護軍。元嘉三年，拜領軍將軍。倫之雖外戚貴寵，而居身儉素，性野拙澀，於人間世事多所不解。久居方伯，公私富貴。入爲護軍，資力不稱，以爲見貶。光禄大夫范泰好戲，笑謂曰：「司徒公缺，必用汝老奴。我不言汝資地所任，要是外戚高秩次第所至耳。」倫之大喜，每載酒肴詣泰。五年，卒，謚元侯。子伯符嗣。

伯符字潤遠，少好弓馬，爲寧遠將軍，總領義徒，以居宫城北。每火起及有劫盜，輒身貫甲冑，助郡縣赴討，武帝甚嘉之。

文帝即位，累遷徐、兗二州刺史。爲政苛暴，吏人畏懼如與虎狼居，而劫盜遠迸，無敢入境。元嘉十八年，徵爲領軍將軍。先是，外監不隸領軍，宜相統攝者，自有别詔，至此始統領焉。後爲丹陽尹，在郡嚴酷，曹局不復堪命，或委叛被戮，透水而死〔一〕。典筆吏取筆失旨，頓與五十鞭。子倩尚文帝第四女海鹽公主，甚愛重。倩嘗因言戲，以手擊主，事上聞，文帝怒，離婚。伯符慙懼，發病卒，謚曰肅。傳國至孫勗，齊受禪，國除。

蕭思話，南蘭陵人，宋孝懿皇后弟子也。父源之字君流，歷徐、兗二州刺史。永初元年卒，贈前將軍。

思話十許歲時，未知書，好騎屋棟，打細腰鼓，侵暴隣曲，莫不患毒之。自此折節，數年中遂有令譽。頗工隸書，善彈琴，能騎射。後襲爵封陽縣侯。

元嘉中，爲青州刺史。亡命司馬朗之兄弟聚黨謀爲亂，思話遣北海太守蕭汪之討斬之。

八年，魏軍大至，乃棄鎮奔平昌。魏軍定不至，由是徵繫尚方。初在青州，常所用銅斗覆在藥厨下，忽於斗下得二死雀。思話歎曰：「斗覆而雙雀殞，其不祥乎？」既而被繫。及梁州刺史甄法護在任失和，氐帥楊難當因此寇漢中，乃自徙中起思話爲梁、南秦二州刺史，平漢中，悉收侵地，置戍葭萌水。思話遷鎮南鄭。

法護，中山無極人也。過江，寓居南郡。弟法崇自少府爲益州刺史。法護委鎮之罪，爲府所收，於獄賜死。文帝以法崇受任一方，命言法護病卒。文帝使思話上定漢中本末，下之史官。

十四年，遷臨川王義慶平西長史、南蠻校尉。文帝賜以弓琴，手敕曰：「前得此琴，言是舊物，今以相借，并往桑弓一張，理材乃快〔二〕。良材美器，宜在盡用之地，丈人真無所與讓也。」嘗從文帝登鍾山北嶺，中道有盤石清泉，上使於石上彈琴，因賜以銀鍾酒，謂曰：「相賞有松石間意。」歷寧蠻校尉，雍州刺史，監四州軍事，徵爲吏部尚書。思話以去州無復事力，倩府軍身九人。文帝戲之曰：「丈人終不爲田父於閭里，何憂無人使邪？」未拜，遷護軍將軍。

是時，魏攻懸瓠，文帝將大舉北侵，朝士僉同，思話固諫不從。魏軍退，即代孝武爲徐、兗二州刺史，監四州軍事。後爲圍碻磝城不拔，退師歷下，爲江夏王義恭所奏免官。

元凶弒立，以爲徐、兗二州刺史，即起義以應孝武。孝武即位，徵爲尚書左僕射，固辭，改爲中書令、丹陽尹、散騎常侍。時都下多劫掠，二旬中十七發，引咎陳遜，不許。後拜郢州刺史，加都督。卒，贈征西將軍、開府儀同三司，謚曰穆侯。

思話外戚令望，早見任待，歷十二州，杖節監督者九焉。所至雖無皎皎清節，亦無穢黷之累。愛才好士，人多歸之。

長子惠開少有風氣，涉獵文史，家雖貴戚而居服簡素。初爲祕書郎，意趣與人多不同，比肩或三年不共語。外祖光祿大夫沛郡劉成戒之曰：「汝恩戚家子，無多異以取天下之疾。」轉太子舍人，與汝南周朗同官友善，以偏奇相尚。

孝建元年，爲黄門侍郎，與侍中何偃爭推積射將軍徐沖之事，偃任遇甚隆，怒使門下推彈惠開，乃上表解職，由此忤旨。别敕有司以屬疾多，免之。思話素恭謹，與惠開不同，每加嫌責；及見惠開自解表，歎曰：「兒不幸與周朗周旋，理應如此。」杖之二百。尋除中庶子，丁父艱，居喪有孝性。家素事佛，凡爲父起四寺：南岡下名曰禪岡寺，曲阿舊鄉宅名曰禪鄉寺，京口墓亭名曰禪亭寺，所封封陽縣名曰禪封寺。謂國僚曰：「封秩鮮而兄弟甚多，若全關一人，則在我所讓，若人人等分，又事可悲恥。寺衆既立，自宜悉供僧衆。」襲封封陽縣侯，爲新安王子鸞冠軍長史。

惠開妹當適桂陽王休範，女又當適孝武子，發遣之資，應須二千萬。乃以爲豫章内史，聽其肆意聚納，由是在郡著貪暴之聲。再遷御史中丞。孝武與劉秀之詔曰：「今以蕭惠開爲憲司，冀當稱職。但一往眼額〔三〕，已自殊有所震。」及在職，百僚憚之。

後拜益州刺史，路經江陵。時吉翰子在荆州，共惠開有舊，爲設女樂。樂人有美者，惠開就求不得，又欲以四女妓易之，不許。惠開怒，收吉斬之，即納其妓。啓云：「吉爲劉義宣所遇，交結不逞，向臣訕毁朝政，輒已戮之。」孝武稱快。

惠開素有大志，至蜀欲廣樹經略。善於敍述，聞其言者皆以爲大功可立。才疎意廣，竟無成功。嚴用威刑，蜀人號曰「卧虎」。明識過人，嘗三千沙門〔四〕，一閲其名，退無所失。

明帝即位，晉安王子勛反，惠開乃集將佐謂曰：「吾荷世祖之眷，當投袂萬里，推奉九江。」蜀人素怨惠開嚴，及是所遣兵皆不得前。晉原郡反，諸郡悉應〔五〕，並來圍城。城内東兵不過二千，凡蜀人，惠開疑之，悉皆遣出。子勛尋敗，蜀人並欲屠城，以望厚賞。明帝以蜀土險遠，赦其誅責，遣其弟惠基使蜀宣旨。而蜀人志在屠城，不使王命速達〔六〕，遏留惠基。惠基破其渠帥，然後得前。惠開奉旨歸順，城圍得解。明帝又遣惠開宗人寶首水路慰勞益州，寶首欲以平蜀爲功，更奬説蜀人，處處蜂起。惠開乃啓陳情事，遣宋寧太守蕭惠訓、州別駕費欣業分兵並進，大破之，禽寶首送之。惠開至都，明帝問其故，侍衛左右莫不悚然側目，惠開舉動自若，從容答曰：「臣唯知逆順，不識天命。」又云：「非臣不亂，非臣不平。」

初，惠開府録事參軍劉希微負蜀人責將百萬〔七〕，爲責主所制，未得俱還。惠開與希微共事不厚，而厩中凡有馬六十疋，悉以乞希微償責。其意趣不常如是。惠開還資二千餘萬，悉散施道俗〔八〕，一無所留。

後除桂陽王休範征北長史、南東海太守。其年，會稽太守蔡興宗之郡，惠開自京口請假還都，相逢於曲阿。惠開先與興宗名位略同，又經情款，自以負釁摧屈，慮興宗不能詣己，戒勒部下：「蔡會稽部伍若問，慎不得答。」惠開素嚴，部下莫敢違。興宗見惠開舟力甚盛，遣人訪訊，事力二三百人皆低頭直去，無一人答者。

尋除少府，加給事中。惠開素剛，至是益不得志，曰：「大丈夫入管喉舌，出莅方伯，乃復低頭入中邪。」寺内所住齋前，嚮種花草甚美，惠開悉剗除，別種白楊〔九〕。每謂人曰：「人生不得行胸懷，雖壽百歲猶爲夭也。」發病嘔血，吐物如肝肺者。卒，子睿嗣，齊受禪，國除。

惠開與諸弟並不睦，惠基使至益州，遂不相見。與同産弟惠明亦致嫌隙云。

惠明其次弟也，亦有時譽。泰始初，爲吴興太守，郡界有卞山，山下有項羽廟。相承云羽多居郡聽事，前後太守不敢上。惠明謂綱紀曰：「孔季恭嘗爲此郡，未聞有災。」遂盛設筵榻接賓，數日，見一人長丈餘，張弓挾矢向惠明，既而不見。因發背，旬日而卒。

子眎素，梁天監中，位丹陽尹丞。初拜日，武帝賜錢八萬，眎素一朝散之親友。遷司徒左西屬、南徐州中從事。

性靜退，少嗜慾，好學，能清言，榮利不關於中〔一〇〕，喜怒不形於色。在人間及居職，並任情通率，不自矜尚，天然簡素。及在京口，便有終焉之志。後爲中書侍郎。在位少時，求爲諸暨令。到縣十餘日，挂衣冠於縣門而去。獨居屏事，非親戚不得至其籬門。妻即齊太尉王儉女，久與別居，遂無子。卒，親故迹其事行，謚曰貞文先生。

惠明弟惠基，幼以外戚見宋江夏王義恭，歎其詳審，以女結婚。歷中書黃門郎。惠基善隸書及弈棊，齊高帝與之情好相得。桂陽王休範妃，惠基姊也，高帝謂之曰：「卿家桂陽，遂復作賊。」高帝頓新亭壘，以惠基爲軍副。惠基弟惠朗親爲休範攻戰，惠基在城內了不自疑。後爲長兼侍中。

袁粲、劉彥節起兵之夕，高帝以彥節是惠基妹夫，惠基時直在省，遣王敬則觀其指趣，見惠基安靜，不與彥節相知，由是益加恩信。

仕齊爲都官尚書，掌吏部〔二〕。永明中爲侍中，領驍騎將軍。尚書令王儉朝宗貴望，惠基同在禮閣，非公事不私覿焉。遷太常，加給事中。

自宋大明以來，聲伎所尚，多鄭、衞，而雅樂正聲鮮有好者。惠基解音律，尤好魏三祖曲及相和歌，每奏輒賞悅不能已。

當時能棊人琅邪王抗第一品，吳郡褚思莊、會稽夏赤松第二品。赤松思速，善於大行，思莊戲遲，巧於鬬棊。宋文帝時，羊玄保爲會稽，帝遣思莊入東，與玄保戲，因置局圖〔三〕，還於帝前覆之。齊高帝使思莊與王抗交賭，自食時至日暮，一局始竟。上倦，遣還省，至五更方決。抗睡於局後寢〔三〕，思莊達旦不寐。時或云，思莊所以品第致高，緣其用思深久，人不能對。抗、思莊並至給事中。永明中，敕使抗品棊，竟陵王子良使惠基掌其事。

初，思話先於曲阿起宅，有閑曠之致。惠基常謂所親曰：「須婚嫁畢，當歸老舊廬。」立身退素，朝廷稱爲善士。卒，贈金紫光禄大夫。

子洽字宏稱。幼敏寤，年七歲，誦楚辭略上口。及長，好學博涉，善屬文。仕梁位南徐州中從事。近畿重鎮，職吏數千人，前後居者皆致巨富。洽清身率職，饋遺一無所受，妻子不免飢寒。累遷臨海太守，爲政清平，不尚威猛，人俗便之。還拜司徒左長史。敕撰當塗堰碑，辭甚贍麗。卒於官。文集二十卷行於世。

惠基弟惠休。齊永明四年，爲廣州刺史，罷任，獻奉傾資。上敕中書舍人茹法亮曰：「可問蕭惠休，故當不復私邪〔四〕？吾欲分受之也。」後封建安縣子。

永元元年，徙吳興太守〔五〕。徵爲尚書右僕射。吳興郡項羽神舊酷烈，人云惠休事神謹，故得美遷。于時朝士多見殺，二年，惠休還至平望，帝令服藥而卒，贈金紫光禄大夫。

惠休弟惠朗，同桂陽賊，齊高帝赦之。後爲西陽王征虜長史，行南兗州事，坐法免官。

惠朗弟惠蒨，仕齊左户尚書。子介。

介字茂鏡，少穎悟，有器識。梁大同中，武陵王紀爲揚州刺史，以介爲府長史，在職以清白稱。武帝謂何敬容曰：「蕭介甚貧，可以處一郡〔一六〕。」復曰：「始興郡頻無良守，可以介爲之。」由是出爲始興太守。及至，甚著威德。

徵爲少府卿，尋加散騎常侍。會侍中闕，選司舉王筠等四人，並不稱旨。帝曰：「我門中久無此職，宜用蕭介爲之。」應對左右，多所匡正，帝甚重之。

遷都官尚書，每軍國大事，必先訪介。帝謂朱异曰：「端右材也。」中大同二年，辭疾致仕，帝優詔不許，終不肯起，乃遣謁者僕射魏祥就拜光禄大夫。

太清中，侯景於渦陽敗走，入壽陽。帝敕助防韋黯納之，介聞而上表致諫，極言不可。帝省表歎息，卒不能用。

介性高簡，少交游，唯與族兄琛、從兄眎素及洽從弟淑等文酒賞會，時人以比謝氏烏衣之游。

初，武帝總延後進二十餘人，置酒賦詩。臧盾以詩不成，罰酒一斗。盾飲盡，顏色不變，言笑自若。介染翰便成，文無加點。帝兩美之曰：「臧盾之飲，蕭介之文，即席之美也。」年七十三，卒於家。

第三子允字叔佐，少知名。風神凝遠，通達有識鑒，容止醞藉。仕梁位太子洗馬。侯景攻陷臺城，百僚奔散，允獨整衣冠坐于宮坊，景軍敬焉，弗之逼也。尋出居京口。時寇賊縱横，百姓波駭，允獨不行。人問其故，允曰：「性命自有常分，豈可逃而免乎。方今百姓，爭欲奮臂而論大功，何事於一書生哉。莊周所謂畏景避迹，吾弗爲也。」乃閉門靜處，併日而食，卒免於患。

陳永定中，侯安都爲南徐州刺史，躬造其廬，以申長幼之敬。宣帝即位，爲黄門侍郎。晉安王爲南豫州，以爲長史。時王尚少，未親人務，故委允行府事。入爲光禄卿。允性敦重，未嘗以榮利干懷。及晉安出鎮湘州，又苦攜允。允少與蔡景歷善，子徵脩父黨之敬〔七〕，聞允將行，乃詣允曰：「公年德並高，國之元老，從容坐鎮，旦夕自爲列曹，何爲方辛苦蕃外。」答曰：「已許晉安，豈可忘信。」其恬榮勢如此。

至德中，鄱陽王出鎮會稽，允又爲長史，帶會稽郡丞。行經延陵季子廟，設蘋藻之薦，託異代之交，爲詩以叙意，辭理清典。後主嘗問蔡徵允之爲人，徵曰：「其清虛玄遠，殆不可測；至於文章，可得而言。」因誦允詩以對。後主嗟賞久之。尋拜光禄大夫。

及隋師濟江，允遷于關右。時南士至長安者，例皆授官，允與尚書僕射謝伷辭以老疾。隋文帝義之，並厚賜帛。尋卒，年八十四。

弟引字叔休，方正有器度，性聰敏，博學善屬文。仕梁位西昌侯儀同府主簿。侯景之亂，梁元帝爲荆州刺史，朝士多歸之。引曰：「諸王力爭，禍患方始，今日逃難，未是擇君之秋。吾家再世爲始興郡，遺愛在人，政可南行以存家門耳。」乃與弟彤及宗親等百餘人南奔嶺表〔一八〕。時始興人歐陽頠爲衡州刺史，乃往依焉。頠遷廣州病死，子紇領其衆，引疑紇異圖，因事規正，由是情禮漸疏。及紇反，時都下士人岑之敬、公孫挺等並惶駭，唯引怡然，謂之敬等曰：「管幼安、袁曜卿亦但安耳〔一九〕。君子正身以明道，直己以行義，亦何憂乎。」及章昭達平番禺，引始北還，拜尚書金部侍郎。

引善書，爲當時所重，宣帝嘗披奏事，指引署名曰：「此字筆趣翩翩，似鳥之欲飛。」引謝曰：「此乃陛下假其毛羽耳。」帝又謂引曰：「我每有所忿，見卿輒意解，何也？」引曰：「此自陛下不遷怒，臣何預此恩。」

引性抗直，不事權貴，宣帝每欲遷用，輒爲用事者所裁。及呂梁覆師，戎儲空匱，轉引爲庫部侍郎，掌知營造。引在職一年，而器械充足。歷中書，黄門，吏部侍郎。廣州刺史馬靖甚得嶺表人心，而甲兵精練，每年深入俚洞，數有戰功，朝野頗生異議。宣帝以引悉嶺外物情，且遣引觀靖，審其舉措，諷令送質。及至，靖即悟旨，遣兒弟爲質。

後主即位，爲中庶子、建康令。時殿内隊主吴璡及宦者李善度、蔡脱兒等多所請屬，引一皆不許。引始族子密，時爲黄門郎，諫引曰：「李、蔡之權，在位皆憚，亦宜少爲身計。」引曰：「吾之立身，自有本末，亦安能爲李、蔡致屈，就令不平，不過免職耳。」吴璡竟作飛書，李、蔡證之，坐免官，卒於家。

子德言最知名。引弟彤，位太子中庶子，南康王長史。

琛字彦瑜，惠開從子也。祖僧珍，宋廷尉卿。父惠訓，齊末爲巴東相。梁武帝起兵，齊和帝於荆州即位，惠訓與巴西太守魯休烈並以郡相抗，惠訓使子璝據上明。建康城平，始歸降。武帝宥之，以爲太中大夫，卒官。

琛少明悟，有才辯。數歲時，從伯惠開見而奇之，撫其背曰：「必興吾宗。」起家齊太學博士。時王儉當朝，琛年少，未爲儉所識。負其才氣，候儉宴于樂游，乃著虎皮靴，策桃枝杖，直造儉坐。儉與語大悦。儉時爲丹陽尹，辟爲主簿。

永明九年，魏始通好，琛再銜命北使，還爲通直散騎侍郎。時魏遣李彪來使，齊武帝讌之。琛於御筵舉酒勸彪，彪不受，曰：「公庭無私禮，不容受勸。」琛答曰：「詩所謂『雨我公田，遂及我私』。」坐者皆悅服，彪乃受琛酒。

累遷尚書左丞。時齊明帝用法嚴峻，尚書郎坐杖罰者皆即科行，琛乃密啓曰：「郎有杖起自後漢，爾時郎官位卑，親主文案，與令史不異。故郎三十五人，令史二十人，是以古人多恥爲此職。自魏、晉以來，郎官稍重。今方參用高華，吏部又近於通貴，不應官高昔品，而罰遵曩科。所以從來彈舉，雖在空文，而許以推遷。或逢赦恩，或入春令，便得息停。宋元嘉、大明中，經有被罰者，別由犯忤主心，非關常準。自泰始、建元以來，未經施行，事廢已久，人情未習。自奉敕之後，已行倉部郎江重欣杖督五十，皆無不人懷慙懼。兼有子弟成長，彌復難爲儀適。其應行罰，可特賜輸贖，使與令史有異，以彰優緩之澤。」帝納之。自是應受罰者，依舊不行。

東昏初嗣立，時議無廟見文。琛議據周頌烈文、閔予，皆爲即位朝廟之典。於是從之。

梁武在西邸，與琛有舊。梁臺建，以爲御史中丞。天監九年，累遷平西長史、江夏太守。

始琛爲宣城太守，有北僧南度，唯齎一瓠蘆，中有漢書序傳。僧云：「三輔舊書，相傳以爲班固真本〔二〇〕。」琛固求得之，其書多有異今者，而紙墨亦古，文字多如龍舉之例，非隸非篆。琛甚祕之。及是以書餉鄱陽王範，獻于東宮。

後爲吳興太守，郡有項羽廟，土人名爲「憤王」，甚有靈驗，遂於郡聽事安牀幕爲神坐，公私請禱。前後二千石皆於聽拜祠，以軛下牛充祭而避居他室。琛至，著履登聽事，聞室中有叱聲。琛厲色曰：「生不能與漢祖爭中原，死據此聽事，何也？」因遷之於廟。又禁殺牛解祀，以脯代肉。琛頻莅大郡，不事産業，有闕則取，不以爲嫌。歷左户、度支二尚書，侍中。

帝每朝讌，接琛以舊恩。嘗犯武帝偏諱，帝斂容。琛從容曰：「二名不偏諱〔二一〕。陛下不應諱順。」上曰：「各有家風。」琛曰：「其如禮何。」又經預御筵醉伏，上以棗投琛，琛仍取栗擲上，正中面。御史中丞在坐，帝動色曰：「此中有人，不得如此，豈有說邪？」琛即答曰：「陛下投臣以赤心，臣敢不報以戰栗。」上笑悦。上每呼琛爲宗老，琛亦奉陳昔恩，以「早簉中陽，夙忝同閈，雖迷興運，猶荷洪慈」。上答曰：「雖云早契闊，乃自非同志。勿談興運初，且道狂奴異。」

琛常言：「少壯三好：音律、書、酒。年長以來，二事都廢；唯書籍不衰。」而琛性通脫，常自解竈，事畢餘餕，必陶然致醉。位特進、金紫光祿大夫。卒，遺令諸子：「與妻同墳異藏，祭以蔬菜。葬止車十乘，事存率素。」乘輿臨哭甚哀，謚曰平子。琛所撰漢書文府、齊梁拾遺并諸文集，數十萬言。

子遊，位少府卿。遊子密字士幾，幼聰敏，博學有文詞。位黄門郎，太子中庶子，散騎常侍。

臧燾字德仁，東莞莒人，宋武敬皇后兄也。少好學，善三禮，貧約自立，操行爲鄉里所稱。晉太元中，衞將軍謝安始立國學，徐、兗二州刺史謝玄舉燾爲助教。晉孝武帝追崇庶祖母宣太后，議者或謂宜配食中宗。燾議曰：「陽秋之義，母以子貴，故仲子、成風咸稱夫人。經言考仲子宮，若配食惠廟，則宫無緣别築。前漢孝文孝昭太后並繫子爲號，祭於寢園，不配於高祖、孝武之廟。後漢和帝之母曰恭懷皇后，安帝祖母曰敬隱皇后，順帝之母曰恭愍皇后，雖不繫子爲號，亦祭於陵寢，不配章、安二帝。此則二漢雖有太后皇后之異，至於並不配食，義同陽秋。唯光武追廢吕后，故以薄后配高廟。又衞后既廢，霍光追尊李夫人爲皇后，配孝武廟。此非母以子貴之例，直以高、武二廟無配故耳。又漢世立寢於陵，自是晉制所異。謂宜遠準陽秋考宮之義，近慕二漢不配之典。尊號既正，則罔極之情申；別建寢廟，則嚴禰之義顯。繫子爲稱，兼明母貴之所由。一舉而允三義，固哲王之高致也。」議者從之。

頃之去官，以父母老家貧，與弟熹俱棄人事，躬耕自業，約己養親者十餘年。父母喪亡，居喪六年，以毀瘠著稱。

宋武帝義旗建，參右將軍何無忌軍事，隨府轉鎮南參軍。武帝鎮京口，參帝中軍軍事，入補尚書度支郎，改掌祠部，襲封高陵亭侯〔二二〕。

時太廟鴟尾災，燾謂著作郎徐廣曰：「昔孔子在齊聞魯廟災，曰必桓、僖也。今征西、京兆四府君宜在毀落，而猶列廟饗，此其徵乎。」乃上議曰：

臣聞「國之大事，在祀與戎」。將營宮室，宗廟爲首。古先哲王莫不致肅恭之誠心，盡崇嚴乎祖考，然後能流淳化於四海，通幽感於神明，固宜詳廢興於古典，循情禮以求中者也〔二三〕。

禮，天子七廟，三昭三穆與太祖而七。自考廟以至祖考五廟，皆月祭之。遠廟爲祧，有二祧，享嘗乃止。去祧爲壇，去壇爲墠，有禱然後祭之，此宗廟之次、親疏之序也。鄭玄以爲祧者文王、武王之廟，王肅以爲五世六世之祖。尋去祧之言，則祧非文、武之廟矣。文、武，周之祖宗，何云去祧爲壇乎？明遠廟爲祧者，無服之祖也。又遠廟則有享嘗之降，去祧則有壇墠之殊，明世遠者其義彌疏也。若祧是文、武之廟，宜同月祭於太祖，雖推后稷以配天，由功德之所始，非尊崇之義每有差降也。又禮有以多爲貴者，故傳稱「德厚者流光，德薄者流卑」。又言自上以下降殺以兩，禮也。此則尊卑等級之典，上下殊異之文。而云天子諸侯俱祭五廟，何哉？又王祭嫡殤，下及來孫。而上祀之禮不過高祖。推隆恩於下流，替誠敬於尊廟，亦非聖人制禮之意也。是以泰始建廟，從王氏議，以禮父爲士，子爲天子諸侯，祭以天子諸侯，其尸服以士服。故上及征西，以備六世之數。宣皇雖爲太祖，尚在子孫之位，至於殷祭之日，未申東向之禮，所謂子雖齊聖，不先父食者矣。今京兆以上既遷，太祖始得居正，議者以昭穆未足，欲屈太祖於卑坐，臣以爲非禮典之旨也。所謂與太祖而七，自是昭穆既足，太廟在六世之外〔二四〕，非爲須滿七廟乃得居太祖也。

議者又以四府君神主，宜永同於殷祫。臣又以爲不然。傳所謂毀廟之主，陳乎太祖，謂太祖以下先君之主也。故白虎通云：「禘祫祭遷廟者，以其繼君之體，持其統而不絕也。」豈如四府君在太祖之前？非繼統之主，無靈命之瑞，非王業之基。昔以世近而及，今則情禮已遠，而當長饗殷祫，永虛太祖之位，求之禮籍，未見其可。昔永和之初，大議斯禮，于時虞喜、范宣並以洪儒碩學，咸謂四府君神主無緣永存於百世。或欲瘞之兩階，或欲藏之石室，或欲爲之改築，雖所執小異，而大歸是同。若宣皇既居羣廟之上，而四主禘祫不已，則大晉殷祭長無太祖之位矣。夫理貴有中，不必過厚，禮與世遷，豈可順而不斷？故臣子之情雖篤，而靈、厲之謚彌彰，追遠之懷雖切，而遷毀之禮爲用。豈不有心於加厚，顧禮制不可踰耳。石室則藏於廟北，改築則未知所處。虞主所以依神，神移則有瘞埋之禮。四主若饗祀宜廢，亦神之所不依也。準傍事例，宜同虞主之瘞埋。然經典難詳，羣言錯繆，非臣淺識所能折中。時學者多從燾議，竟未施行。

宋武帝受命，拜太常。雖外戚貴顯，而彌自沖約。茅屋蔬飡，不改其舊。所得奉禄，與親戚共之。永初三年致事，拜光禄大夫，加金章紫綬。卒，少帝贈左光禄大夫。

長子邃，宜都太守。邃子凝之，學涉有當世才，與司空徐湛之爲異常交。年少時，與傅僧祐俱以通家子，始爲文帝所引見。時上與何尚之論鑄錢事，凝之便干其語次，上因回與語。僧祐引凝之衣令止，凝之大言曰：「明主難再遇，便應政盡所懷。」上與往復十餘反，凝之辭韻詮序，上甚賞焉。後爲尚書左丞〔一五〕，以徐湛之黨，爲元凶所殺。凝之子寅字士若，事在沈攸之傳。寅弟稜，後軍參軍。稜子嚴。

嚴字彦威，幼有孝性，居父憂以毁聞。孤貧勤學，行止書卷不離手。從叔未甄爲江夏郡，攜嚴之官，於途作屯游賦，又作七箄，辭並典麗。性孤介，未嘗造請。梁僕射徐勉欲識之，嚴終不詣。累遷湘東王宣惠輕車府參軍兼記室。嚴於學多所諳記，尤精漢書，諷誦略皆上口。王嘗自執四部書目試之，嚴自甲至丁卷中各對一事，并作者姓名，遂無遺失。王遷荆州，隨府轉西中郎安西録事參軍，歷義陽、武寧郡守。郡界蠻左，前郡守常選武人以兵鎮之，嚴獨以數門生單車入境，郡蠻悦服〔二六〕。後卒於鎮南諮議參軍。文集十卷。

嚴族叔未甄〔二七〕，燾曾孫也。父潭，左户尚書〔二八〕。未甄有才幹，少爲外兄汝南周顒所知，仕梁爲太尉長史。丁所生母憂，三年廬于墓側。歷廷尉卿，江夏太守，卒。子盾。

盾字宣卿，幼從徵士琅邪諸葛璩受五經。璩學徒常有數十百人，盾處其間，無所狎比。璩曰：「此生王佐才也。」爲尚書中兵郎。美風姿，善容止，每趨奏，梁武帝甚悦焉。入兼中書通事舍人。

盾有孝性，嘗隨父宿直廷尉府，母劉氏在宅夜暴亡，盾左手中指忽痛不得寢。及旦，宅信果報凶問，其感通如此。服未終，父卒，居喪五年，不出廬户，形骸枯悴，家人不識。武帝累敕抑譬。後累遷御史中丞，性公强，甚稱職。

中大通五年，帝幸同泰寺開講，設四部大會，衆數萬人。南越所獻馴象忽於衆中狂逸，衆皆駭散，唯盾與散騎侍郎裴之禮嶷然自若，帝甚嘉焉。

大同二年，爲中領軍。領軍管天下兵要，監局事多，盾爲人敏贍，有風力，長於撥繁，職事甚理。先是吴平侯蕭景居此職著聲，至是盾復繼之。後卒於領軍將軍，謚曰忠。

盾弟厥字獻卿，亦以幹局稱。爲晉安太守，郡居山海，常結聚逋逃，前二千石討捕不能止。厥下車宣化，凶黨皆襁負而出，自是居人復業。然政嚴，百姓謂之臧彪。前後再兼中書通事舍人，卒於兼司農卿。

厥前後居職，所掌之局大事及蘭臺廷尉所不能決者，敕並付厥。辯斷精明，咸得其理。卒後，有撾登聞鼓訴求付清直舍人，帝曰：「臧厥既亡，此事便無所付。」其見知如此。子操，尚書三公郎。

熹字義和，壽之弟也，與壽並好經學。隆安初兵起，熹乃習騎射，志立功名。嘗與溧陽令阮崇獵，遇猛獸突圍，獵徒並散，熹射之，應弦而倒。

從宋武入京城，進至建鄴。桓玄走，武帝便使熹入宮收圖書器物，封府庫。有金飾樂器，武帝問熹：「卿欲此乎？」熹正色曰：「主上幽逼，播越非所，將軍首建大義，劬勞王室，雖復不肖，實無情於樂。」帝笑曰：「聊以戲耳。」以建義功，封始興縣五等侯，參武帝車騎、中軍軍事。

武帝將征廣固，議者多不同，熹贊成其行。

武帝遣朱齡石統大衆伐蜀，命熹奇兵出中水，領建平、巴東二郡太守。蜀主譙縱遣大將譙撫之屯牛脾，又遣譙小苟重兵塞打鼻。熹至牛脾，撫之敗走，追斬之，成都平。熹遇疾卒於蜀，追贈光禄勳。

子質字含文，少好鷹犬，善蒱博意錢之戲。長六尺七寸，出面露口，頽頂拳髮。初爲世子中軍參軍，嘗詣護軍趙倫之，倫之名位已重，不相接。質憤然起曰：「大丈夫各以老嫗作門户，何至以此中相輕。」倫之慙謝，質拂衣而去。

後爲江夏王義恭撫軍參軍，以輕薄無檢，爲文帝所嫌，徙給事中。會稽長公主每爲之言，乃出爲建平太守，甚得蠻楚心。歷竟陵内史，巴東建平二郡太守〔二九〕，吏人便之。質年始出三十，屢居名郡，涉獵文史，尺牘便敏，有氣幹，好言兵。文帝謂可大任，以爲徐、兗二州刺史，加都督。在鎮奢費，爵命無章，爲有司所糾。遇赦。與范曄、徐湛之等厚善。曄謀反，量質必與之同。會事發，復爲義興太守。

二十七年，遷南譙王義宣司空司馬、南平内史。未之職，會魏太武帝圍汝南，戍主陳憲固守告急，文帝遣質輕往壽陽，與安蠻司馬劉康祖等救憲。後太武率大衆數十萬向彭城，以質爲輔國將軍北救。始至盱台，太武已過淮。二十八年正月，太武自廣陵北返，悉力攻盱台，就質求酒。質封溲便與之，太武怒甚，築長圍一夜便合。質報太武書云：「爾不聞童謡言邪？『虜馬飲江水，佛狸死卯年』。冥期使然，非復人事。寡人受命相滅，期之白登，師行未遠，爾自送死，豈容復令爾饗有桑乾哉。假令寡人不能殺爾，爾由我而死。爾若有幸，得爲亂兵所殺；爾若不幸，則生相鎖縛，載以一驢，負送都市。爾識智及衆，豈能勝苻堅邪？頃年展爾陸梁者，是爾未飲江，太歲未卯故耳。」時魏地童謡曰：「軺車北來如穿雉，不意虜馬飲江水。虜主北歸石濟死，虜欲度江天不徙。」故答書引之。太武大怒，乃作鐵牀，於上施鐵鑱，云「破城得質，當坐之此上」〔三〇〕。質又與魏軍書，寫臺格購斬太武封萬户侯，賜布絹各萬疋。

魏以鉤車鉤垣樓，城內繫絙，數百人叫呼引之，車不能退。質夜以木桶盛人，縣出城外，截鉤獲之〔三一〕。明日又以衝車攻城，土堅密，每頹落下不過數斗〔三二〕。魏軍乃肉薄登城〔三三〕，墜而復升，莫有退者。殺傷萬計，死者與城平。如此三旬，死者過半，太武乃解圍而歸。上嘉質功，以爲寧蠻校尉、雍州刺史、監四州諸軍事。明年，文帝又北侵，使質率見力向潼關。質頓兵不肯時發，又顧戀嬖妾，棄軍營壘，單馬還城，散用臺庫見錢六七百萬，爲有司所糾，上不問。

元凶弒立，以質爲丹陽尹。質家遣門生師顗報質，具言文帝崩問。質使告司空義宣及孝武帝，而自率衆五千馳下討逆，自陽口進江陵見義宣。時質諸子在都，聞質舉義，並逃亡。義宣始得質報，即日舉兵馳信報孝武，板進質號征北將軍。孝武即位，加質車騎將軍、開府儀同三司、都督江州諸軍事。使質自白下步上，薛安都、程天祚等亦自南掖門入，與質同會太極殿庭，生禽元凶，仍使質留守朝堂，封始興郡公。之鎮，舫千餘乘，部伍前後百餘里，六平乘並施龍子幡。

時孝武自攬威權，而質以少主遇之，刑政慶賞，不復諮稟朝廷，自謂人才足爲一世英傑。始聞國禍，便有異圖，以義宣凡闇易制，欲外相推奉以成其志。及至江陵，便致拜稱名。質於義宣雖爲兄弟，而年近大十歲。義宣驚曰：「君何意拜弟？」質曰：「事中宜然。」時義宣已推崇孝武，故其計不行。每慮事泄，及至新亭，又拜江夏王義恭。義恭愕然，問質所以。質曰：「天下屯危，禮異常日，前在荆州，亦拜司空。」

會義宣有憾於孝武，質因此密信説誘，陳朝廷得失。又謂震主之威不可持久。質女爲義宣子採妻，謂質無復異同〔三四〕，納其説。且義宣腹心將佐蔡超、竺超人等咸有富貴情願，又勸義宣。義宣時未受丞相，質子敦爲黄門侍郎，奉詔敦勸，道經尋陽，質令敦具更譬説義宣。義宣意乃定，馳報豫州刺史魯爽，期孝建元年秋同舉。

爽失旨，即起兵，遣人至都報弟瑜，席卷奔叛〔三五〕。瑜弟弘爲質府佐，孝武馳使報質誅弘，於是執臺使，狼狽舉兵，馳報義宣。孝武遣撫軍將軍柳元景統豫州刺史王玄謨等屯梁山洲，兩岸築偃月壘，水陸待之。元景檄書宣告，而義宣亦相次係至。江夏王義恭書曰：「昔桓玄借兵於仲堪，有似今日。」義宣由此與質相疑。質進計曰：「今以萬人取南州，則梁山中絶，萬人綴玄謨，必不敢輕動。質浮舟外江，直向石頭，此上略也。」義宣將從之，義宣客顏樂之説義宣曰：「質若復拔東城，則大功盡歸之矣。宜遣麾下自行。」義宣遣腹心劉諶之就質陳軍城南。玄謨留羸弱守城，悉精兵出戰。薛安都騎軍前出，垣護之督諸將繼之，乃大潰。質求義宣欲計事，密已走矣。質不知所爲，亦走至尋陽，焚府舍，載妓妾入南湖，摘蓮噉之。追兵至，以荷覆頭，沈於水，出鼻。軍士鄭俱兒望見〔三六〕，射之中心，兵刃亂至，腹胃纏縈水草。隊主裘應斬質，傳首建鄴。録尚書江夏王義恭等奏依漢王莽事，漆其頭藏于武庫，詔可。

論曰：趙倫之、蕭思話俱以外戚之親，並接風雲之會，言親則在趙爲密，論望則於蕭爲重。古人云「人能弘道」，蓋此之謂乎。惠開親禮雖篤，弟隙尤著，方寸之内，孝友異情。嶮於山川，有驗於此。臧氏文義之美，傳于累代，含文以致誅滅，好亂之所致乎。

校勘記

〔一〕或委叛被戮透水而死　「戮」，南監本、北監本、殿本及宋書卷四六趙倫之傳附趙伯符傳、册府卷六九七、通志卷一三二作「録」。

〔二〕理材乃快　「理材」，宋書卷七八蕭思話傳、御覽卷三四七引沈約宋書、册府卷三七九作「材理」。

〔三〕但一往眼額　「眼額」，宋書卷八七蕭惠開傳作「服領」，御覽卷二一六引晉中興書作「服額」。

〔四〕嘗三千沙門　「嘗」字下，太平寰宇記卷一二二、册府卷七九九有「有」字，通志卷一三二有「供」字。疑此脱文。

〔五〕晉原郡反諸郡悉應　「反」，原作「及」，據宋書卷八七蕭惠開傳、册府卷二一五、通鑑卷一三一宋紀一三泰始二年、蜀鑑卷六改。

〔六〕不使王命速達　「速」，宋書卷八七蕭惠開傳作「遠」。

〔七〕初惠開府録事參軍劉希微負蜀人責將百萬　「劉希微」，宋書卷八七蕭惠開傳、册府卷八〇三作「到希微」。

〔八〕悉散施道俗　「道俗」，宋書卷八七蕭惠開傳作「道路」。

〔九〕别種白楊　「别」，宋書卷八七蕭惠開傳、御覽卷九五六引沈約宋書、類聚卷八九引沈約宋書作「列」。

〔一〇〕榮利不關於中　「中」，梁書卷五二止足蕭眎素傳、册府卷八一三作「口」。

〔一一〕仕齊爲都官尚書掌吏部　南齊書卷四六蕭惠基傳「掌吏部」上有「轉」字，義確。

〔一二〕因置局圖　「置」，南齊書卷四六蕭惠基傳、御覽卷七五三引齊書、吴郡志卷四三作「製」，通志卷一三八作「制」。

〔一三〕抗睡於局後寢　南齊書卷四六蕭惠基傳、御覽卷七五三引齊書、吴郡志卷四三無「寢」字。

〔一四〕故當不復私邪　「復」，南齊書卷四六蕭惠基傳附蕭惠休傳作「侵」，其敕云：「可問蕭惠休。吾先使卿宣敕，答其勿以私禄足充獻奉。今段殊覺其下情厚於前後人。問之，故當不侵私邪？吾欲分受之也。」「復」疑當作「侵」。

〔一五〕徙吴興太守　「徙」，原作「從」，據南齊書卷四六蕭惠基傳附蕭惠休傳、文苑英華辨證卷三引南史改。

〔一六〕可以處一郡　梁書卷四一蕭介傳、册府卷二〇〇、名賢氏族言行類稿卷一八引南史「以」在「處」下。

〔一七〕允少與蔡景歷善子徵脩父黨之敬　「子」上，陳書卷二一蕭允傳、册府卷八〇六、通志卷一四五有「景歷」二字，册府卷八六四有「歷」字。按徵爲蔡景歷之子。

〔一八〕乃與弟彤及宗親等百餘人南奔嶺表　「彤」，陳書卷二一蕭允傳附蕭引傳、册府卷九四八作「彤」。下同。

〔一九〕管幼安袁曜卿亦但安耳　下「安」字，南監本、北監本、汲本、殿本及陳書卷二一蕭允傳附蕭引傳、通鑑卷一七〇陳紀四太建二年、通志卷一四五作「安坐」。

〔二〇〕三輔舊書相傳以爲班固真本　「舊書」，梁書卷二六蕭琛傳、册府卷六〇八、通志卷一四一作「舊老」。

〔二一〕二名不偏諱　「二」字原脱，據通志卷一四一補。按「二名不偏諱」語出禮記曲禮上、檀弓下。

〔二二〕襲封高陵亭侯　按張森楷南史校勘記：「按燾前人初未封侯，何以云襲？疑『襲』字衍。」

〔二三〕循情禮以求中者也　「循」，原作「脩」，據宋書卷五五臧燾傳改。

〔二四〕太廟在六世之外　「太廟」，宋書卷五五臧燾傳、册府卷五七六作「太祖」。

〔二五〕後爲尚書左丞　「尚書左丞」，宋書卷五五臧燾傳、梁書卷五〇文學下臧嚴傳作「尚書右丞」。

〔二六〕郡蠻悦服　「郡蠻」，北監本、殿本及梁書卷五〇文學下臧嚴傳、通志卷一四一作「群蠻」。

〔二七〕嚴族叔未甄　「族叔」，本卷上文臧嚴傳及梁書卷五〇文學下臧嚴傳、通志卷一四一作「從叔」。按張森楷南史校勘記：「嚴祖凝之與未甄祖潭之爲同産兄弟，則未甄與嚴父稜爲同堂從兄弟，當云嚴從叔未甄。」

〔二八〕父潭左户尚書　「潭」，宋書卷五五臧燾傳作「潭之」，梁書卷四二臧盾傳作「潬之」，「潬」疑「潭」之形訛。

〔二九〕巴東建平二郡太守　「二」，原作「三」，據宋書卷七四臧質傳、通志卷一三二改。

〔三〇〕云破城得質當坐之此上　「云」字原脱，據宋書卷七四臧質傳、册府卷三九九、通志卷一三二補。

〔三一〕截鉤獲之　宋書卷七四臧質傳作「截鉤能獲之」，通鑑卷一二六宋紀八元嘉二十八年作「截其鉤獲之」。

〔三二〕每穨落下不過數斗　宋書卷七四臧質傳、册府卷三九九、通鑑卷一二六宋紀八元嘉二十八年「每」作「每至」，「斗」作「升」。按馬宗霍校證：「此言因城土堅密，雖以衝車攻之，落土不多，似當作『數升』爲是。」

〔三三〕魏軍乃肉薄登城　「肉」，原作「自」，據殿本及宋書卷七四臧質傳、册府卷三九九宋本、通鑑卷一二六宋紀八元嘉二十八年、通志卷一三二改。

〔三四〕質女爲義宣子采妻謂質無復異同　「質女爲義宣子采妻謂」九字原脱，據南監本、北監本、汲本、殿本及宋書卷七四臧質傳補。通志卷一三二「採」作「悰」。按宋書卷六八武二王南郡王義宣傳載其子十八人，有名「悰」而無名「採」者，疑當作「悰」。通志「謂」上又有「義宣」二字，義確。

〔三五〕遣人至都報弟瑜席卷奔叛　宋書卷七四臧質傳、通志卷一三二疊「瑜」字。

〔三六〕軍士鄭俱兒望見　「軍士」，宋書卷七四臧質傳、御覽卷九九九引宋書、通鑑卷一二八宋紀一○孝建元年作「軍主」，疑是。

南史卷十九

列傳第九

謝晦 兄瞻 弟皭 從叔澹 **謝裕** 子恂 玄孫微 裕弟純 述 孫朓

謝方明 子惠連 **謝靈運** 孫超宗 曾孫幾卿

謝晦字宣明，陳郡陽夏人，晉太常裒之玄孫也。裒子奕、據、安、萬、鐵，並著名前史。據子朗字長度，位東陽太守。朗子重字景重，位會稽王道子驃騎長史。重生絢、瞻、晦、皭、遯。絢位至宋文帝鎮軍長史〔一〕，早卒。晦初爲孟昶建威府中兵參軍。昶死，帝問劉穆之，昶府誰堪入府？穆之舉晦，即命爲太尉參軍。

武帝嘗訊獄〔二〕，其旦，刑獄參軍有疾，以晦代之。晦車中一覽訊牒，隨問，酬對無失。帝奇之，即日署刑獄賊曹。累遷太尉主簿。從征司馬休之，時徐逵之戰死，帝將自登岸，諸將諫不從。晦持帝〔三〕，帝曰：「我斬卿。」晦曰：「天下可無晦，不可無公，晦死何有。」會胡藩登岸，賊退，乃止。

晦美風姿，善言笑，眉目分明，鬢髮如墨。涉獵文義，博贍多通，時人以方楊德祖，微將不及。晦聞猶以爲恨。帝深加愛賞，從征關、洛，内外要任悉委之。帝於彭城大會，命紙筆賦詩，晦恐帝有失，起諫帝，即代作曰：「先蕩臨淄穢，却清河洛塵。華陽有逸驥，桃林無伏輪。」於是羣臣並作。時謝混風華爲江左第一〔四〕，嘗與晦俱在武帝前，帝目之曰：「一時頓有兩玉人耳。」

劉穆之遣使陳事，晦往往異同，穆之怒曰：「公復有還時不？」及帝欲以晦爲從事中郎，穆之堅執不與，故終穆之世不遷。及穆之喪問至，帝哭之甚慟，曰：「喪我賢友。」晦時正直，喜甚，自入閤參審。其日教出，轉晦從事中郎。宋臺建，爲右衞將軍，加侍中。

武帝聞咸陽淪没，欲復北伐，晦諫以士馬疲怠，乃止。於是登城北望，慨然不悅，乃命羣僚誦詩，晦詠王粲詩曰：「南登霸陵岸，回首望長安。悟彼下泉人，喟然傷心肝。」帝流涕不自勝。及帝受命，於石頭登壇，備法駕入宫，晦領游軍爲警。加中領軍，封武昌縣公。

永初二年，坐行璽封鎮西司馬南郡太守王華，而誤封北海太守球，板免晦侍中。尋轉領軍將軍，加散騎常侍，依晉中軍羊祜故事，入直殿省，總統宿衞。及帝不豫，給班劍二十人，與徐羨之、傅亮、檀道濟並侍醫藥。少帝即位，加中書令，與徐、傅輔政。及少帝廢，徐羨之以晦領護南蠻校尉、荆州刺史，加都督，欲令居外爲援。慮文帝至，或别用人，故遽有此授。精兵舊將，悉以配之。文帝即位，晦慮不得去，甚憂惶。及發新亭，顧石頭城喜曰：「今得脱矣。」進封建平郡公，固讓。又給鼓吹一部。至江陵，深結侍中王華，冀以免禍。二女當配彭城王義康、新野侯義賓。元嘉二年，遣妻及長子世休送女還都。先是，景平中，魏師攻取河南，至是欲誅羨之等并討晦，聲言北行，又言拜京陵，裝舟艦。傅亮與晦書，言「薄伐河朔，事猶未已，朝野之慮，憂懼者多」。又言「當遣外監萬幼宗往」。時朝廷處分異常，其謀頗泄。三年正月，晦弟黄門侍郎嚼馳使告晦，晦猶謂不然，呼諮議參軍何承天示以亮書曰：「計幼宗一二日必至，傅公慮我好事，故先遣此書。」承天曰：「外間所聞，咸謂西討已定，幼宗豈有上理？」晦尚謂虚，使承天豫立答詔啓草，北行宜須明年。江夏内史程道慧得尋陽人書，言其事已審，使執晦〔五〕。晦問計於承天，對曰：「蒙將軍殊顧，常思報德，事變至矣，何敢隱情。然明日戒嚴，動用軍法，區區所懷，懼不得盡。」晦懼曰：「卿豈欲我自裁哉？」承天曰：「尚未至此，其在境外。」晦曰：「荆州用武之地，兵糧易給。聊且決戰，走復何晚。吾不愛死，負先帝之顧，如何？」又謂承天曰：「幼宗尚未至，若後二三日無消息，便是不復來邪？」承天曰：「程説其事已判，豈容復疑。」晦欲焚南鑾兵籍，率見力決戰。士人多勸發兵〔六〕。晦問諸將：「戰士三千足守城乎？」南蠻司馬周超曰：「非徒守城，若有外寇，亦可立勳。」司馬庾登之請解司馬、南郡以授之，晦即命超爲司馬，轉登之爲長史。

文帝誅羨之等及晦子世休，收皭、子世平、兄子紹等〔七〕。晦知訖，先舉羨之、亮哀，次發子弟凶問。既而自出射堂，集得精兵三萬人，乃奉表，言「臣等若志欲專權，不顧國典，便當輔翼幼主，孤背天日，豈得沿流三千〔八〕，虛館三月，奉迎鑾駕，以遵下武。故廬陵王於營陽之世，屢被猜嫌〔九〕，積怨犯上，自貽非命。不有所廢，將何以興，耿弇不以賊遺君父，臣亦何負於宋室邪」。又言「羨之、亮無罪見誅，王弘兄弟輕躁昧進，王華猜忌忍害」。帝時已戒嚴，尚書符荆州暴其罪狀。

晦率衆二萬發自江陵，舟艦列自江津至于破冢，旗旌相照。歎曰：「恨不得以此爲勤王之師。」移檄建鄴，言王弘、曇首、王華等罪。又上表陳情。初，晦與徐、傅謀爲自全計：晦據上流，檀鎮廣陵，各有强兵，足制朝廷；羨之、亮於中知權，可得持久。及帝將行〔一〇〕，召檀道濟委之以衆。晦始謂道濟不全，及聞其來，大衆皆潰。晦得小船還江陵。

初，雍州刺史劉粹遣弟竟陵太守道濟與臺軍主沈敞之襲江陵，至沙橋，周超大破之。俄而晦至江陵，無佗，唯愧周超而已〔一一〕。超其夜詣到彦之降，晦乃攜弟遯、兄子世基等七騎北走。遯肥不能騎馬，晦每待不得速。至安陸延頭，晦故吏戍主光順之檻送建鄴。於路作悲人道以自哀。

周超既降，到彥之以參府事。劉粹遣告彥之，沙橋之事，敗由周超。彥之乃執與晦等並伏誅。

世基，絢之子也。有才氣，臨死爲連句詩曰：「偉哉横海鱗，壯矣垂天翼。一旦失風水，飜爲螻蟻食。」晦續之曰：「功遂侔昔人，保退無智力。既涉太行險，斯路信難陟。」

晦女爲彭城王義康妃，聰明有才貌，被髮徒跣與晦訣曰：「阿父，大丈夫當横屍戰場，柰何狼藉都市。」言訖叫絕，行人爲之落涙。

晦死時年三十七。庾登之、殷道鸞、何承天自晦下並見原。

瞻字宣遠，一曰名檐字通遠，晦次兄也。六歲能屬文，爲紫石英贊、果然詩，爲當時才士歎異。與從叔混、族弟靈運俱有盛名。嘗作喜霽詩，靈運寫之，混詠之。王弘在坐，以爲三絕。

瞻幼孤，叔母劉撫養有恩，兄弟事之同於至親。劉弟柳爲吴郡，將姊俱行，瞻不能違遠，自楚臺祕書郎解職隨從，故爲柳建威長史。後爲宋武帝相國從事中郎。晦時爲宋臺右衞，權遇已重，於彭城還都迎家，賓客輻湊。時瞻在家，驚駭謂晦曰：「吾家以素退爲業，汝遂勢傾朝野，此豈門户福邪。」乃籬隔門庭，曰：「吾不忍見此。」後因宴集，靈運問晦：「潘、陸與賈充優劣。」晦曰：「安仁諂於權門，士衡邀競無已，並不能保身，自求多福。公閭勳名佐世，不得爲並。」靈運曰：「安仁、士衡才爲一時之冠，方之公閭，本自遼絶。」瞻斂容曰：「若處貴而能遺權，斯則是非不得而生，傾危無因而至。君子以明哲保身，其在此乎。」常以裁止晦如此。

及還彭城，言於武帝曰：「臣本素士，父祖位不過二千石。弟年始三十，志用凡近，位任顯密，福過災生，特乞降黜，以保衰門。」前後屢陳。帝欲以瞻爲吴興郡，又自陳請，乃爲豫章太守。

晦或以朝廷密事語瞻，瞻輒向親舊説以爲戲笑，以絶其言。晦遂建佐命功，瞻愈憂懼。永初二年，在郡遇疾不療，幸於不永。晦聞疾奔波，瞻見之曰：「汝爲國大臣，又總戎重，萬里遠出，必生疑謗。」時果有詐告晦反者。

瞻疾篤還都，帝以晦禁旅，不得出宿，使瞻居于晉南郡公主壻羊賁故第，在領軍府東門。瞻曰：「吾有先人弊廬，何爲於此？」臨終遺晦書曰：「吾得歸骨山足，亦何所多恨。弟思自勉，爲國爲家。」卒時年三十五。

瞻文章之美，與從叔混、族弟靈運相抗〔三〕。靈運父瑍無才能，爲祕書郎早卒，而靈運好臧否人物。混患之，欲加裁折，未有其方。謂瞻曰：「非汝莫能。」乃與晦、曜、弘微等共游戲〔三〕，使瞻與靈運共車。靈運登車便商較人物，瞻謂曰：「祕書早亡，談者亦互有同異。」靈運默然，言論自此衰止。

弟曒字宣鏡，年數歲，所生母郭氏疾，曒晨昏溫清，勤容戚顏，未嘗暫改。恐僕役營疾懈倦，躬自執勞，母爲疾畏驚，而微賤過甚〔四〕，一家尊卑感曒至性，咸納屨行、屏氣語，如此者十餘年。位黃門侍郎，從坐伏誅。

澹字景恒，晦從叔也。祖安，晉太傅。父瑶，琅邪王友。澹任達仗氣，不營當世，與順陽范泰爲雲霞之交。歷位尚書。

宋武帝將受禪，有司議使侍中劉叡進璽，帝曰：「此選當須人望。」乃使澹攝。澹嘗侍帝宴，酣飲大言無所屈，鄭鮮之欲按之，帝以爲澹方外士，不宜規矩繩之，然意不說，不以任寄。後復侍飲，醉謂帝曰：「陛下用羣臣，但須委屈順者乃見貴，汲黯之徒無用也。」帝大笑。

景平中，累遷光禄大夫。從子晦爲荆州，將之鎮，詣瞻别。晦色自矜，瞻問晦年，答曰三十五。瞻笑曰：「昔荀中郎年二十九爲北府都督〔一五〕，卿比之已爲老矣。」晦色甚愧。元嘉中，位侍中、特進、金紫光禄大夫，卒。

初，瞻從弟混與劉毅昵，瞻常以爲憂，漸疎混，每謂弟璞、從子瞻曰：「益壽此性，終當破家。」混尋見誅，朝廷以瞻先言，故不及禍。

璞字景山，幼孝友，祖安深賞愛之，位光禄勳。

謝裕字景仁，朗弟允之子，而晦從父也。名與宋武帝諱同，故以字行。允字令度，位宣城内史。景仁幼爲從祖安所知，始爲前軍行參軍，會稽王世子元顯嬖人張法順權傾一時，内外無不造門，唯景仁不至，年三十而方爲著作佐郎。桓玄誅元顯，見景仁，謂四坐曰：「司馬庶人父子云何不敗，遂令謝景仁三十而方佐著作郎。」玄建楚臺，以補黄門侍郎。及篡位，領驍騎將軍。

景仁博聞强識，善敍前言往行，玄每與言不倦。玄出行，殷仲文、卞範之之徒皆騎馬散從，而使景仁陪輦。宋武帝爲桓脩撫軍中兵參軍，嘗詣景仁諮事，景仁與語説，因留帝食。食未辦，而景仁爲玄所召。玄性促，俄頃間騎詔續至，帝屢求去，景仁不許，曰：「主上見待，要應有方，我欲與客食，豈不得待？」竟安坐飽食然後應召。帝甚感之。及平建鄴，景仁與百僚同見，武帝目之曰：「此名公孫也。」歷位武帝鎮軍司馬，復爲車騎司馬。

義熙五年，帝將伐慕容超，朝議皆謂不可，劉毅時鎮姑孰，固止帝，以爲「苻堅侵境，謝太傅猶不自行。宰相遠出，傾動根本」。景仁獨曰：「公建桓、文之烈，應天人之心，雖業高振古，而德刑未樹，宜推亡固存，廣振威略。平定之後，養鋭息徒，然後觀兵洛汭，脩復園寢，豈有縱敵貽患者哉。」帝從之。及北伐，大司馬琅邪王天子母弟，屬當儲副，帝深以根本爲憂，轉景仁大司馬左司馬，專總府任。又遷吏部尚書。時從兄混爲尚書左僕射，依制不得相監，帝啓依僕射王彪之、尚書王劭前例不解職。坐選吏部令史邢安泰爲都令史、平原太守，二官共除，安泰以令史職拜謁陵廟，爲御史中丞鄭鮮之所糾，白衣領職。十一年，爲左僕射。

景仁性矜嚴整潔，居宇淨麗，每唾輒唾左右人衣，事畢，即聽一日澣濯。每欲唾，左右爭來受之。武帝雅相知重，申以昏姻，廬陵王義真妃，景仁女也。十二年卒，贈金紫光禄大夫。葬日，武帝親臨甚慟。

子恂字泰温，位鄱陽太守。恂子孺子〔一六〕，少與族兄莊齊名。多藝能，尤善聲律。車騎將軍王彧，孺子姑之子也。嘗與孺子宴桐臺，孺子吹笙，彧自起舞，既而歎曰：「今日真使人飄飄有伊、洛間意。」爲新安王主簿，出爲廬江郡，辭，宋孝武謂有司曰：「謝孺子不可屈爲小郡。」乃以爲司徒主簿。後以家貧，求西陽太守，卒官。

子璟，少與從叔朓俱知名。齊竟陵王子良開西邸，招文學，璟亦預焉。位中書郎。梁天監中，爲左户尚書，再遷侍中，固辭年老，求金紫，帝不悦，未敍，會卒。

子微字玄度〔一七〕，美風采，好學善屬文，位兼中書舍人。與河東裴子野、沛國劉顯同官友善。時魏中山王元略還北，梁武帝餞於武德殿，賦詩三十韻，限三刻成。微二刻便就，文甚美，帝再覽焉。又爲臨汝侯猷製放生文〔一八〕，亦見賞於世。後除尚書左丞。及昭明太子薨，帝立晉安王綱爲皇太子，將出詔，唯召尚書右僕射何敬容、宣惠將軍孔休源及微三人與議。微時年位尚輕，而任遇已重。後卒於北中郎豫章王長史、南蘭陵太守〔一九〕。文集二十卷。

純字景懋，景仁弟也。劉毅鎮江陵，以爲衞軍長史、南平相。及王鎮惡襲毅，毅時病，佐史聞兵至，馳還入府，左右引車欲還外解，純叱之曰：「我人吏也，逃欲安之。」及入，毅兵敗衆散，純爲人所殺。純弟甝字景甝，位司徒右長史。

甝弟述字景先，小字道兒。少有至行，隨純在江陵，純遇害，述奉純喪還都，至西塞遇暴風，純喪舫流漂不知所在，述乘小船尋求，經純妻庾舫過。庾遣人謂曰：「小郎去必無及，寧可存亡俱盡邪。」述號泣答曰：「若安全至岸，尚須營理〔二〇〕；如其已致意外，述亦無心獨存。」因冒浪而進，見純喪幾没，述號叫呼天，幸而獲免。咸以爲精誠所致，武帝聞而嘉之。及臨豫州，諷中正以爲迎主簿，甚被器遇。

景仁愛甝而憎述，嘗設饌請宋武帝，希命甝豫坐，而帝召述。述知非景仁夙意，又慮帝命之，請急不從。帝馳遣呼述，須至乃飧〔二一〕，其見重如此。及景仁疾，述盡心視湯藥，飲食必嘗而後進。衣不解帶不盥櫛者累旬，景仁深感愧焉，友愛遂篤。及景仁卒，哀號過禮。景仁肥壯，買材數具皆不合用，述哀惶，親選迺獲焉。

爲太尉參軍，從征司馬休之，封吉陽縣五等侯。元嘉二年，拜中書侍郎。後爲彭城王義康驃騎長史，領南郡太守。義康入相，述又爲司徒左長史，轉左衞將軍。莅官清約，私無宅舍，義康遇之甚厚。尚書僕射殷景仁、領軍將軍劉湛並與述爲異常之交。

述美風姿，善舉止，湛每謂人曰：「我見謝道兒未嘗足。」雍州刺史張邵以黷貨將致大辟，述表陳邵先朝舊勳，宜蒙優貸，文帝手詔訓納焉。述語子綜曰：「主上矜邵夙誠，自將曲恕，吾所啓謬會，故特見納。若此跡宣布，則爲侵奪主恩。」使綜對前焚之。帝後謂邵曰：「卿之獲免，謝述力焉。」

述有心虛疾，性理時或乖謬，卒於吴興太守。喪還未至都數十里，殷景仁、劉湛同乘迎赴，望船流涕。及劉湛誅，義康外鎮，將行歎曰：「謝述唯勸吾退，劉湛唯勸吾進，述亡而湛存，吾所以得罪也。」文帝亦曰：「謝述若存，義康必不至此。」

三子：綜、約、緯。綜有才藝，善隸書，爲太子中舍人。與范曄謀反伏誅，約亦死。緯尚宋文帝第五女長城公主，素爲綜、約所憎，免死，徙廣州，孝建中還都。方雅有父風，位正員郎。子朓。

朓字玄暉，少好學，有美名，文章清麗。爲齊隨王子隆鎮西功曹，轉文學。子隆在荆州，好辭賦，朓尤被賞，不捨日夕。長史王秀之以朓年少相動，欲以啓聞。朓知之，因事求還，道中爲詩寄西府曰「常恐鷹隼擊，時菊委嚴霜。寄言罻羅者，寥廓已高翔」是也。仍除新安王中軍記室。朓牋辭子隆曰：

朓聞潢汙之水，思朝宗而每竭；駑蹇之乘，希沃若而中疲。何則？皋壤搖落，對之惆悵，歧路東西，或以嗚唈。況乃服義徒擁，歸志莫從，邈若墜雨，飄似秋蔕。朓實庸流，行能無算，屬天地休明，山川受納，褒采一介，搜揚小善，故得捨耒場圃，奉筆兔園。東泛三江，西浮七澤，契闊戎旃，從容讌語。長裾日曳，後乘載脂，榮立府廷，恩加顏色，沐髮晞陽，未測涯涘，撫臆論報，早誓肌骨。不悟滄溟未運，波臣自蕩，渤澥方春，旅翮先謝。清切藩房，寂寥舊蓽，輕舟反泝，弔影獨留。白雲在天，龍門不見，去德滋永，思德滋深。唯待青江可望，候歸艎於春渚；朱邸方開，效蓬心於秋實。如其簪屨或存，衽席無改，雖復身填溝壑，猶望妻子知歸。攬涕告辭，悲來橫集。

時荆州信去倚待，朓執筆便成，文無點易。

以本官兼尚書殿中郎。隆昌初，敕朓接北使，朓自以口訥，啓讓，見許。明帝輔政，以爲驃騎諮議，領記室，掌霸府文筆。又掌中書詔誥，轉中書郎。

出爲晉安王鎮北諮議、南東海太守，行南徐州事。啓王敬則反謀，上甚賞之，遷尚書吏部郎。朓上表三讓。中書疑朓官未及讓，以問國子祭酒沈約。約曰：「宋元嘉中，范曄讓吏部，朱脩之讓黄門，蔡興宗讓中書，並三表詔答。近代小官不讓，遂成恒俗，恐有乖讓意。王藍田、劉安西並貴重，初自不讓，今豈可慕此不讓邪？孫興公、孔覬並讓記室[一三]，今豈可三署皆讓邪？謝吏部今授超階，讓别有意，豈關官之大小。撝謙之美，本出人情，若大官必讓，便與詣闕章表不異。例既如此，謂都非疑。」朓讓，優答不許。

朓善草隸，長五言詩，沈約常云「二百年來無此詩也」。敬皇后遷祔山陵，朓撰哀策文，齊世莫有及者。

東昏失德，江祏欲立江夏王寶玄，末更回惑，與弟祀密謂朓曰：「江夏年少，脱不堪，不可復行廢立。始安年長入纂，不乖物望。非以此要富貴，只求安國家爾。」遥光又遣親人劉渢致意於朓。朓自以受恩明帝，不肯答。少日，遥光以朓兼知衞尉事，朓懼見引，即以祏等謀告左興盛，又説劉暄曰：「始安一旦南面，則劉渢、劉晏居卿今地，但以卿爲反覆人爾。」暄陽驚，馳告始安王及江祏。始安欲出朓爲東陽郡，祏固執不與。先是，朓常輕祏爲人，祏常詣朓，朓因言有一詩，呼左右取，既而便停。祏問其故，云「定復不急」。祏以爲輕己。後祏及弟祀、劉渢、劉晏俱候朓，朓謂祏曰：「可謂帶二江之雙流」，以嘲弄之。祏轉不堪，至是構而害之。詔暴其過惡，收付廷尉。又使御史中丞范岫奏收朓，下獄死，時年三十六。臨終謂門賓曰：「寄語沈公，君方爲三代史，亦不得見没。」

初，朓告王敬則反，敬則女爲朓妻，常懷刀欲報朓，朓不敢相見。及當拜吏部，謙挹尤甚，尚書郎范縝嘲之曰：「卿人才無懟小選，但恨不可刑于寡妻。」朓有愧色。及臨誅，歎曰：「天道其不可昧乎！我雖不殺王公，王公因我而死。」朓好獎人才，會稽孔覬粗有才筆，未爲時知，孔珪嘗令草讓表以示朓〔一三〕。朓嗟吟良久，手自折簡寫之，謂珪曰：「士子聲名未立，應共獎成，無惜齒牙餘論。」其好善如此。朓及殷叡素與梁武以文章相得，帝以大女永興公主適叡子鈞，第二女永世公主適朓子謨。及帝爲雍州，二女並暫隨母向州。及武帝即位，二主始隨内還。武帝意薄謨，又以門單，欲更適張弘策子，策卒〔一四〕，又以與王志子諲。而謨不堪歎恨，爲書狀如詩贈主。主以呈帝，甚蒙矜歎，而婦終不得還。尋用謨爲信安縣，稍遷王府諮議。時以爲沈約早與朓善，爲制此書云。

謝方明，裕從祖弟也。祖鐵字鐵石，位永嘉太守。父沖字秀度，中書郎，家在會稽，病歸，爲孫恩所殺，贈散騎常侍。方明隨伯父吴興太守邈在郡。孫恩寇會稽，東土諸郡響應，吴興人胡桀、郜驃破東遷縣，方明勸邈避之，不從，賊至被害，方明逃免。

初，邈舅子長樂馮嗣之及北方學士馮翊仇玄達俱投邈，禮待甚簡，二人並恨，遂與恩通謀。劉牢之、謝琰等討恩，恩走臨海〔一五〕，嗣之等不得同去，方更聚合。方明體素羸弱，而勇決過人，結邈門生討嗣之等，悉禽手刃之。時亂後吉凶禮廢，方明合門遇禍，資産無遺，而營舉凶功盡力，數月葬送並畢，平世備禮無以加也。頃之，孫恩重陷會稽，謝琰見害，因購方明甚急〔二六〕。方明於上虞載母妹奔東陽，由黄蘗嶠出鄱陽，附載還都，寄居國子學。流離險戹，屯苦備經，而貞履之操，在約無改。

桓玄剋建鄴，丹陽尹卞範之勢傾朝野，欲以女嫁方明，方明終不回。桓玄聞而賞之，即除著作佐郎。後從兄景仁舉爲宋武中軍主簿，方明知無不爲，帝謂曰：「愧未有瓜衍之賞，且當與卿共豫章國禄。」屢加賞賜。

方明嚴恪，善自居遇，雖暗室未嘗有惰容。從兄混有重名，唯歲節朝拜而已〔二七〕。丹陽尹劉穆之權重當時，朝野輻湊，其不至者唯混、方明、郗僧施、蔡廓四人而已。穆之甚恨。及混等誅後，方明、廓來往造穆之，穆之大悦，白武帝曰：「謝方明可謂名家駒，及蔡廓直置並台鼎人，無論復有才用。」頃之，轉從事中郎，仍爲左將軍道憐長史〔二八〕，武帝令府中衆事皆諮決之。府轉爲中軍長史〔二九〕，尋加晉陵太守，復爲驃騎長史、南郡相，委任如初。嘗年終，江陵縣獄囚事無輕重，悉放歸家，使過正三日還到，罪重者二十餘人，綱紀以下莫不疑懼。時晉陵郡送故主簿弘季咸、徐壽之並隨在西〔三〇〕，固諫，以爲昔人雖有其事，或是記籍過言，且當今人情僞薄，不可以古義相許。方明不納，一時遣之。囚及父兄並驚喜涕泣，以爲就死無恨。至期有重罪一人醉不能歸，違二日乃反。餘一囚十日不來，五官朱千期請見，欲自討之〔三一〕。方明知爲囚事，使左右謝五官不須入，囚自當反。因逡巡墟里，不能自歸，鄉村責讓率領將送，竟無逃者。遠近歎服焉。

宋武帝受命，位侍中，丹陽尹，有能名。轉會稽太守。江東人户殷盛，風俗峻刻，强弱相陵，姦吏蜂起，符書一下，文攝相續。方明深達政體，不拘文法，闊略苛細，務在統領。貴族豪士，莫敢犯禁。除比伍之坐，判久繫之獄。前後征伐，每兵運不充，悉倩士庶，事寧皆使還本。而守宰不明，與奪乖謬，人事不至，必被抑塞。方明簡汰精當，各順所宜，東土稱詠之。性尤愛惜，未嘗有所是非。承代前人，不易其政；必宜改者，則漸變使無迹可尋。卒官。

子惠連，年十歲能屬文，族兄靈運加賞之〔三二〕，云「每有篇章，對惠連輒得佳語」。嘗於永嘉西堂思詩，竟日不就，忽夢見惠連，即得「池塘生春草」，大以爲工。常云「此語有神功，非吾語也」。本州辟主簿，不就。

惠連先愛幸會稽郡吏杜德靈，及居父憂，贈以五言詩十餘首，「乘流遵歸路」諸篇是也〔三三〕。坐廢不豫榮位〔三四〕。尚書僕射殷景仁愛其才，言次白文帝，言「臣小兒時便見此文，而論者云是惠連，其實非也」。文帝曰：「若此便應通之。」元嘉七年，方爲司徒彭城王義康法曹行參軍。義康脩東府城，城壍中得古冢，爲之改葬，使惠連爲祭文，留信待成，其文甚美。又爲雪賦，以高麗見奇。靈運見其新文，每曰「張華重生，不能易也」。文章並行於世，年三十七卒〔三五〕。既早亡，輕薄多尤累，故官不顯。無子。惠連弟惠宣，位臨川太守。

謝靈運，安西將軍弈之曾孫而方明從子也。祖玄，晉車騎將軍。父瑍，生而不慧，位祕書郎，早亡。靈運幼便穎悟，玄甚異之。謂親知曰：「我乃生瑍，瑍兒何爲不及我〔三六〕。」靈運少好學，博覽羣書，文章之美，與顏延之爲江左第一。縱橫俊發過於延之，深密則不如也。從叔混特加愛之〔三七〕。襲封康樂公，以國公例除員外散騎侍郎，不就。爲琅邪王大司馬行參軍。性豪侈，車服鮮麗，衣物多改舊形制，世共宗之，咸稱謝康樂也。累遷祕書丞，坐事免。

宋武帝在長安〔三八〕，靈運爲世子中軍諮議、黄門侍郎，奉使慰勞武帝於彭城，作撰征賦。後爲相國從事中郎，世子左衞率，坐輒殺門生免官。宋受命，降公爵爲侯，又爲太子左衞率。

靈運多愆禮度，朝廷唯以文義處之，不以應實相許。自謂才能宜參權要，既不見知，常懷憤惋。廬陵王義真少好文籍，與靈運情款異常。少帝即位，權在大臣，靈運構扇異同，非毁執政，司徒徐羨之等患之，出爲永嘉太守。郡有名山水，靈運素所愛好。出守既不得志，遂肆意遊遨，徧歷諸縣，動踰旬朔。理人聽訟，不復關懷，所至輒爲詩詠以致其意。

在郡一周，稱疾去職，從弟晦、曜、弘微等並與書止之，不從。靈運父祖並葬始寧縣，并有故宅及墅，遂移籍會稽，脩營舊業。傍山帶江，盡幽居之美。與隱士王弘之、孔淳之等放蕩爲娱，有終焉之志。每有一首詩至都下，貴賤莫不競寫，宿昔間士庶皆徧，名動都下。作山居賦，并自注以言其事。

文帝誅徐羨之等，徵爲祕書監，再召不起。使光禄大夫范泰與書敦獎，乃出。使整祕閣書遺闕，又令撰晉書，粗立條流，書竟不就。尋遷侍中，賞遇甚厚。靈運詩書皆兼獨絶，每文竟，手自寫之，文帝稱爲二寶。既自以名輩，應參時政，至是唯以文義見接，每侍上宴，談賞而已。王曇首、王華、殷景仁等名位素不踰之，並見任遇，意既不平，多稱疾不朝直。穿池植援，種竹樹果，驅課公役，無復期度。出郭游行，或一百六七十里〔三九〕，經旬不歸。既無表聞，又不請急。上不欲傷大臣，諷旨令自解。靈運表陳疾，賜假東歸。將行，上書勸伐河北。而游娛宴集，以夜續晝。復爲御史中丞傅隆奏免官，是歲，元嘉五年也。

靈運既東，與族弟惠連、東海何長瑜、潁川荀雍、太山羊璿之以文章賞會，共爲山澤之游，時人謂之四友。惠連幼有奇才，不爲父方明所知。靈運去永嘉還始寧，時方明爲會稽，靈運造方明，遇惠連，大相知賞。靈運性無所推，唯重惠連，與爲刎頸交。時何長瑜教惠連讀書，亦在郡內，靈運又以爲絕倫。謂方明曰：「阿連才悟如此，而尊作常兒遇之；長瑜當今仲宣，而飴以下客之食。尊既不能禮賢，宜以長瑜還靈運。」載之而去。荀雍字道雍，官至員外散騎郎。璿之字曜璠，爲臨川內史，被司空竟陵王誕所遇，誕敗坐誅。長瑜才亞惠連，雍、璿不及也。臨川王義慶招集文士，長瑜自國侍郎至平西記室參軍。嘗於江陵寄書與宗人何勗，以韻語序義慶州府僚佐云：「陸展染白髮，欲以媚側室。青青不解久，星星行復出。」如此者五六句。而輕薄少年遂演之，凡人士並爲題目，皆加劇言苦句，其文流行。義慶大怒，白文帝，除廣州所統曾城令。及義慶薨，朝士並詣第敘哀，何勗謂袁淑曰：「長瑜便可還也。」淑曰：「國新喪〔四〇〕，未宜以流人爲念。」廬陵王紹鎮尋陽，以長瑜爲南中郎行參軍，掌書記之任。行至板橋，遇暴風溺死。

靈運因祖父之資，生業甚厚，奴僮既衆，義故門生數百，鑿山浚湖，功役無已。尋山陟嶺，必造幽峻，巖嶂數十重〔四一〕，莫不備盡。登躡常着木屐，上山則去其前齒，下山去其後齒。嘗自始寧南山伐木開徑，直至臨海，從者數百。臨海太守王琇驚駭，謂爲山賊，末知靈運乃安。又要琇更進，琇不肯。靈運贈琇詩曰：「邦君難地嶮，旅客易山行。」在會稽亦多從衆〔四二〕，驚動縣邑。太守孟顗事佛精懇，而爲靈運所輕，嘗謂顗曰：「得道應須慧業，丈人生天當在靈運前，成佛必在靈運後。」顗深恨此言。又與王弘之諸人出千秋亭飲酒，倮身大呼，顗深不堪，遣信相聞。靈運大怒曰：「身自大呼，何關癡人事。」

會稽東郭有回踵湖，靈運求決以爲田〔四三〕，文帝令州郡履行。此湖去郭近，水物所出，百姓惜之，顗堅執不與。靈運既不得回踵，又求始寧休崲湖爲田〔四四〕，顗又固執。靈運謂顗非存利人，政慮決湖多害生命，言論傷之。與顗遂隙。因靈運橫恣，表其異志，發兵自防，露板上言。靈運馳詣闕上表，自陳本末。文帝知其見誣，不罪也。不欲復使東歸，以爲臨川内史。

在郡游放，不異永嘉，爲有司所糾。司徒遣使隨州從事鄭望生收靈運。靈運興兵叛逸，遂有逆志。爲詩曰：「韓亡子房奮，秦帝魯連恥。本自江海人，忠義感君子。」追討禽之，送廷尉，廷尉論正斬刑。上愛其才，欲免官而已。彭城王義康堅執，謂不宜恕。詔以「謝玄勳參微管，宜宥及後嗣，降死徙廣州」。

後秦郡府將宋齊受使至涂口〔四五〕，行達桃墟村，見有七人下路聚語，疑非常人，還告郡縣，遣兵隨齊掩討禽之〔四六〕。其一人姓趙名欽，云「同村薛道雙先與靈運共事，道雙因同村成國報欽云：『靈運犯事徙廣州，給錢令買弓箭刀楯等物，使道雙要合鄉里健兒於三江口篡之。若得者如意後，功勞是同。』遂合部黨，要謝不得，及還饑饉，緣路爲劫。」有司奏收之，文帝詔於廣州棄市。臨死作詩曰：「龔勝無餘生，李業有終盡。嵇公理既迫，霍生命亦殞。」所稱龔勝、李業，猶前詩子房、魯連之意也。時元嘉十年，年四十九。所著文章傳於世。

孟顗字彥重，平昌安丘人，衞將軍昶弟也。昶、顗並美風姿，時人謂之雙珠。昶貴盛，顗不就辟。昶死後，顗歷侍中、僕射、太子詹事、散騎常侍、左光禄大夫。嘗就徐羨之因敍關、洛中事，顗歎劉穆之終後便無繼者，王弘亦在，甚不平，曰：「昔魏朝酷重張郃，謂不可一日無之。及郃死，何關興廢？」顗不悦，衆賓笑而釋之。後卒於會稽太守。

靈運子鳳，坐靈運徙嶺南，早卒。

鳳子超宗。隨父鳳嶺南，元嘉末得還。與慧休道人來往。好學有文辭，盛得名譽。選補新安王子鸞國常侍。王母殷淑儀卒，超宗作誄奏之，帝大嗟賞，謂謝莊曰：「超宗殊有鳳毛，靈運復出。」時右衞將軍劉道隆在御坐，出候超宗曰：「聞君有異物，可見乎？」超宗曰：「懸罄之室，復有異物邪。」道隆武人無識，正觸其父名，曰：「旦侍宴，至尊説君有鳳毛。」超宗徒跣還内。道隆謂檢覓毛，至闇待不得，乃去。

泰始中，爲尚書殿中郎。三年，都令史駱宰議策秀孝格，五問並得爲上，四三爲中，二爲下，一不第。超宗議不同，詔從宰議。

齊高帝爲領軍，愛其才，衞將軍袁粲聞之，謂高帝曰：「超宗開亮，善可與語。」取爲長史、臨淮太守。粲誅，高帝以超宗爲義興太守。昇明二年，坐公事免。詣東府門自通，其日風寒，高帝謂四坐曰：「此客至，使人不衣自暖矣。」超宗既坐，飲酒數盃，辭氣横出，高帝對之甚歡。

及齊受禪，爲黄門郎。有司奏撰郊廟歌，上敕司徒褚彦回、侍中謝朏、散騎侍郎孔珪、太學博士王咺之、總明學士劉融、何法圖、何曇秀作者凡十人〔四七〕，超宗辭獨見用。

爲人恃才使酒，多所陵忽，在直省常醉。上召見，語及北方事，超宗曰：「虜動來二十年矣，佛出亦無如之何。」以失儀出爲南郡王中軍司馬。人問曰：「承有朝命，定是何府？」超宗怨望，答曰：「不知是司馬，爲是司驢；既是驢府，政應爲司驢。」爲有司奏，以怨望免，禁錮十年。後司徒褚彦回因送湘州刺史王僧虔，閣道壞，墜水；僕射王儉驚跣下車〔四八〕。超宗拊掌笑曰：「落水三公，墜車僕射。」彦回出水，霑濕狼藉。超宗先在僧虔舫，抗聲曰：「有天道焉，天所不容，地所不受。投畀河伯，河伯不受。」彥回大怒曰：「寒士不遜。」超宗曰：「不能賣袁、劉得富貴，焉免寒士。」前後言誚，稍布朝野。

武帝即位，使掌國史。除竟陵王征北諮議，領記室，愈不得志。超宗爲子娶張敬兒女爲婦，帝甚疑之。及敬兒誅，超宗謂丹陽尹李安人曰：「往年殺韓信，今年殺彭越，君欲何計〔四九〕？」安人具啓之。上積懷超宗輕慢，使兼中丞袁彖奏超宗請付廷尉。武帝雖可其奏，以彖言辭依違，使左丞王逡之奏彖「輕文略奏，撓法容非，請免彖所居官」。詔「彖匿情欺國，愛朋罔主，免官，禁錮十年」。超宗下廷尉，一宿髮白皓首。詔徙越巂，行至豫章，上敕豫章内史虞悰賜盡，勿傷其形骸。

明年，超宗門生王永先又告超宗子才卿死罪二十餘條。上疑其妄，以才卿付廷尉辯，以不實見原。永先於獄盡之。

才卿弟幾卿，清辯，時號神童。超宗徙越巂，詔家人不得相隨。幾卿年八歲，別父於新亭，不勝其慟，遂投於江。超宗命估客數人入水救之，良久涌出，得就岸，瀝耳目口鼻，出水數斗，十餘日乃裁能言。居父憂哀毁過禮。年十二，召補國子生〔五〇〕。齊文慧太子自臨策試，謂王儉曰：「幾卿本長玄理，今可以經義訪之。」儉承旨發問，幾卿辯釋無滯，文慧大稱賞焉。儉謂人曰：「謝超宗爲不死矣。」及長，博學有文采。仕齊爲大尉晉安王主簿。

梁天監中，自尚書三公郎爲書侍御史。舊郎官轉爲此職者，世謂之南奔。幾卿頗失志，多陳疾，臺事略不復理。累遷尚書左丞。

幾卿詳悉故實，僕射徐勉每有凝滯，多詢訪之。然性通脱，會意便行，不拘朝憲。嘗預樂遊苑宴，不得醉而還，因詣道邊酒壚，停車褰幔，與車前三騶對飲。時觀者如堵，幾卿處之自若。後以在省署夜著犢鼻褌，與門生登閤道飲酒酣呼，爲有司糾奏，坐免。

普通六年，詔西昌侯藻督衆軍北侵，幾卿啓求行，擢爲藻軍師長史。將行，與僕射徐勉別，勉云：「淮、淝之役，前謝已著奇功，未知今謝何如？」幾卿應聲曰：「已見今徐勝於前徐，後謝何必愧於前謝。」勉默然。軍至渦陽退敗，幾卿坐免官。

居白楊石井宅，朝中交好者載酒從之，客恒滿坐。時左丞庾仲容亦免歸，二人意相得，並肆情誕縱，或乘露車歷游郊野，醉則執鐸挽歌，不屑物議。湘東王繹在荆鎮與書慰勉之。

後爲太子率更令。放達不事容儀。性不容非，與物多忤，有乖己者，輒肆意罵之，退無所言。遷左丞。僕射省嘗議集公卿，幾卿外還，宿醉未醒，取枕高卧，傍若無人。又嘗於閤省裸袒酣飲，及醉小遺，下霑令史，爲南司所彈，幾卿亦不介意。轉左光禄長史。卒，文集行於世。

幾卿雖不持檢操，然於家門篤睦。兄才卿早卒，子藻幼孤，幾卿撫養甚至。及藻成立，歷清官，皆幾卿奬訓之力也。

論曰：謝晦以佐命之功，當顧托之重，殷憂在日，黜昏啓聖，於社稷之計，蓋爲大矣。但廬陵之殞，事非主命，昌門之覆，有乖臣道。博陸所慎，理異於斯。加以身處上流，兵權總己，將欲以外制内，豈人主所久堪乎。向令徐、傅不亡，道濟居外，四權制命，力足相侔，劉氏之危，則有逾累卵。以此論罰，豈曰妄誅。宣遠所爲寒心，可謂睹其萌矣。然謝氏自晉以降，雅道相傳，景恒、景仁以德素傳美，景懋、景先以節義流譽。方明行己之度，玄暉藻績之奇，各擅一時，可謂德門者矣。靈運才名，江左獨振；而猖獗不已，自致覆亡。人各有能，茲言乃信，惜乎！

校勘記

〔一〕絢位至宋文帝鎮軍長史　「宋文帝」，宋書卷四四謝晦傳作「高祖」。按宋書卷一武帝紀上，武帝於晉安帝元興三年爲鎮軍將軍，義熙四年爲車騎將軍。謝絢爲劉裕鎮軍府長史當在元興三年至義熙四年之間。宋文帝不曾任鎮軍將軍，疑當作「宋武帝」。

〔二〕武帝當訊獄　「當」，宋書卷四四謝晦傳、御覽卷六三一引宋書、册府卷七九九、通鑑卷一一六晉紀三八義熙七年、通志卷一三二作「嘗」。

〔三〕晦持帝　宋書卷四四謝晦傳、册府卷七六五、通鑑卷一一七晉紀三九義熙十一年、通志卷一三二「持」上有「抱」字，疑是。

〔四〕時謝混風華爲江左第一　「謝混」，原作「謝琨」，據册府卷八八三、通志卷一三二、名賢氏族言行類稿卷四六引南史改。下徑改不出校。按錢大昕考異卷三五：「『琨』當作『混』。混字叔源，當從水旁。」

〔五〕言其事已審使執晦　「執」，宋書卷四四謝晦傳、通鑑卷一二〇宋紀二元嘉三年、通志卷一三二作「示」，疑是。

〔六〕土人多勸發兵　「土人」，殿本及宋書卷四四謝晦傳作「士人」。

〔七〕收嚼子世平　宋書卷四四謝晦傳、通志卷一三二疊「嚼」字，疑此脱文。

〔八〕豈得沿流三千　「三千」，原作「二千」，據大德本貳、汲本及宋書卷四四謝晦傳、通鑑卷一二〇宋紀二元嘉三年、通志卷一三二改。按胡三省注：「自建康至江陵泝流而上，凡三千里。」

〔九〕故廬陵王於營陽之世屢被猜嫌　「營陽」，原作「滎陽」，據宋書卷四四謝晦傳、通鑑卷一二〇宋紀二元嘉三年改。按營陽即營陽王，乃宋少帝劉義符，而廬陵王爲其弟劉義真，作「滎陽」誤。「被」，原作「彼」，據南監本、北監本、殿本及宋書卷四四謝晦傳、通志卷一三三改。

〔一〇〕及帝將行　宋書卷四四謝晦傳、通志卷一三三「行」下有「誅」字，疑此脱文。

〔一一〕無佗唯愧周超而已　宋書卷四四謝晦傳、通鑑卷一二〇宋紀二元嘉三年、通志卷一三三「愧」下有「謝」字。

〔一二〕與從叔混族弟靈運相抗　「從叔」，宋書卷五六謝瞻傳、册府卷八三八作「族叔」。

〔一三〕乃與晦曜弘微等共游戲　「曜」，原作「瞻」，據宋書卷五六謝瞻傳、御覽卷六一七引宋書謝瞻傳、册府卷八一六改。

〔一四〕母爲疾畏驚而微賤過甚　「微賤」，南監本、宋書卷五六謝瞻傳、通志卷一三三作「微踐」。按李慈銘宋書札記云：「『微踐過甚』者，謂踐履甚微，恐以行步聲驚其母也。……故下云家人『咸納履而行』，其情事如見。」

〔一五〕昔荀中郎年二十九爲北府都督　「二十九」，宋書卷四四謝晦傳、御覽卷四九一引宋書作「二十七」。荀中郎即荀羨，按晉書卷七五荀崧傳附荀羨傳：羨「除北中郎將、徐州刺史、監徐兗二州、揚州之晉陵諸軍事、假節」，「時年二十八，中興方伯未有如羨之少者」。

〔一六〕恂子孺子　「孺子」，宋書卷五二謝景仁傳附謝恂傳作「穉」，此避唐諱而改稱其字。

〔一七〕子微字玄度　「微」，梁書卷五〇文學傳下作「徵」。

〔一八〕又爲臨汝侯猷製放生文　「猷」，梁書卷五〇文學下謝徵傳作「淵猷」，此避唐諱而省。

〔一九〕後卒於北中郎豫章王長史南蘭陵太守　「郎」字原脱，據北監本、殿本及梁書卷五〇文學下謝徵傳、通志卷一四一補。

〔二〇〕若安全至岸尚須營理　「尚須」，宋書卷五二謝景仁傳附謝述傳、册府卷八一五作「當須」。

〔二一〕須至乃飱　「飱」，南監本、殿本作「餐」，北監本作「粲」，宋書卷五二謝景仁傳附謝述傳作「㦬」，御覽卷八四八引宋書作「飡」。

〔二二〕孫興公孔覬並讓記室　「孔覬」，原作「孔顗」，據宋書卷八四、本書卷二七孔琳之傳附其本傳、建康實録卷一四改。按孔覬字思遠，「顗」字非。下「會稽孔覬粗有才筆」逕改不再出校。

〔二三〕孔珪嘗令草讓表以示朓　「孔珪」，通志卷一三八作「孔稚珪」，按孔稚珪傳見南齊書卷四八，此避唐諱而省。

〔二四〕策卒　「策」，御覽卷一五三引梁書、通志卷一三八作「弘策」。

〔二五〕恩走臨海　「臨海」，宋書卷五三謝方明傳、通鑑卷一一一晉紀三三隆安四年作「入海」。

〔二六〕因購方明甚急　「因」，宋書卷五三謝方明傳、册府卷九四八作「恩」。

〔二七〕唯歲節朝拜而已　「朝拜」，宋書卷五三謝方明傳、册府卷八四三作「朝宗」。

〔二八〕仍爲左將軍道憐長史　「左將軍」，原作「右將軍」，據宋書卷五三謝方明傳、通志卷一三二改。按宋書卷五一宗室長沙景王道憐傳載其曾爲左將軍，未曾爲右將軍。

〔二九〕府轉爲中軍長史　宋書卷五三謝方明傳、通志卷一三二「府」上有「隨」字，疑此脱文。

〔三〇〕時晉陵郡送故主簿弘季咸徐壽之並隨在西　「弘季咸」，宋書卷五三謝方明傳、册府卷六八〇作「弘季盛」。

〔三一〕欲自討之　「自」，宋書卷五三謝方明傳、册府卷六八〇作「白」。

〔三二〕族兄靈運加賞之　「加」，御覽卷五八六引宋書、通志卷一三二作「嘉」，疑是。

〔三三〕乘流遵歸路諸篇是也　宋書卷五一宗室長沙景王道憐傳附義宗傳無「路」字，「諸」作「渚」。

〔三四〕坐廢不豫榮位　「位」，宋書卷五三謝方明傳附謝惠連傳、通志卷一三二、通考卷二二八作「伍」。

〔三五〕年三十七卒　文選卷一三雪賦李善注引沈約宋書云「年二十七卒」。按孫虨宋書考論：「以謝靈運傳考之，惠連元嘉十年卒，蓋二十七也。」宋書卷五三謝方明傳附謝惠連傳各本原亦誤作「三十七」。

〔三六〕我乃生瑍瑍兒何爲不及我　「瑍兒何爲不及我」，宋書卷六七謝靈運傳作「瑍那得生靈運」，晉書卷七九謝玄傳附謝靈運傳作「瑍那得不生靈運」。三書不同，按王懋竑記疑、王鳴盛商榷以爲當從晉書，洪頤煊、馬宗霍則以爲當從宋書。

〔三七〕從叔混特加愛之　「加愛」，宋書卷六七謝靈運傳、通志卷一三二作「知愛」。

〔三八〕宋武帝在長安　「在」，宋書卷六七謝靈運傳作「伐」，通志卷一三二作「征」。按下言「奉使慰勢武帝於彭城」，似當作「征」或「伐」爲宜。

〔三九〕或一百六七十里　宋書卷六七謝靈運傳、册府卷四八一「一」下有「日」字。

〔四〇〕國新喪　宋書卷六七謝靈運傳下有「宗英」二字。

〔四一〕巖嶂數十重　「數十重」，宋書卷六七謝靈運傳、册府卷八五五宋本作「千重」。

〔四二〕在會稽亦多從衆　「從衆」，宋書卷六七謝靈運傳、御覽卷六五一引宋書、册府卷八五五、通志卷一三二作「徒衆」。

〔四三〕靈運求泆以爲田　「泆」，南監本、北監本、殿本及宋書卷六七謝靈運傳、御覽卷六六引宋書、册府卷九二〇、通志卷一三二作「決」。

〔四四〕又求始寧休崲湖爲田　「休崲湖」，宋書卷六七謝靈運傳、御覽卷六六引宋書、册府卷九二〇、玉海卷二三、會稽志卷一八作「岯崲湖」。

〔四五〕後秦郡府將宋齊受使至涂口　「宋齊受」，宋書卷六七謝靈運傳作「宗齊受」。

〔四六〕遣兵隨齊掩討禽之　「齊」，宋書卷六七謝靈運傳作「齊受」。

〔四七〕何法圖　南齊書卷三六謝超宗傳作「何法冏」。

〔四八〕僕射王儉驚跣下車　「驚」字上，南齊書卷三六謝超宗傳、建康實録卷一六、御覽卷四六六、卷四九〇、册府卷九四七、通志卷一三八有「牛」字，御覽卷三九一引南史有「馬」字。南史疑有脱文。

〔四九〕君欲何計　「君」，南齊書卷三六謝超宗傳、通鑑卷一三五齊紀一永明元年作「尹」。按馬宗霍校證：「時李安民爲丹陽尹，故以尹稱之。南史作『君』，益延壽所改。」

〔五〇〕年十二召補國子生　「十二」，通志卷一四一作「十一」。

南史卷二十

列傳第十

謝弘微 子莊　孫朏　曾孫諓　玄孫哲　朏弟顥　顥弟瀹　瀹子覽　覽弟舉　舉子嘏　舉兄子僑

謝密字弘微，晉西中郎萬之曾孫，尚書左僕射景仁從子也。祖韶，車騎司馬。父思，武昌太守〔一〕。

弘微年十歲，繼從叔峻，名犯所繼內諱，故以字行。童幼時精神端審，時然後言。所繼叔父混名知人，見而異之，謂思曰：「此兒深中夙敏，方成佳器，有子如此足矣。」峻，司空琰子也，於弘微本服緦，親戚中表，素不相識，率意承接，皆合禮衷。

義熙初，襲爵建昌縣侯。弘微家素貧儉，而所繼豐泰，唯受數千卷書，國吏數人而已，遺財禄秩，一不關預。混聞而驚歎，謂國郎中令漆凱之曰：「建昌國禄本應與北舍共之，國侯既不厝意，今可依常分送。」弘微重混言〔二〕，乃少有所受。北舍，弘微本家也。

混風格高峻，少所交納，唯與族子靈運、瞻、晦、曜、弘微以文義賞會〔三〕，常共宴處，居在烏衣巷，故謂之烏衣之游。混詩所言「昔爲烏衣游，戚戚皆親姓」者也〔四〕。其外雖復高流時譽，莫敢造門。瞻等才辭辯富，弘微每以約言服之，混特所敬貴，號曰微子。謂瞻等曰：「汝諸人雖才義豐辯，未必皆愜衆心，至於領會機賞，言約理要，故當與我共推微子。」常言「阿遠剛躁負氣，阿客博而無檢，曜仗才而持操不篤，晦自知而納善不周。設復功濟三才，終亦以此爲恨。至如微子，吾無間然」。又言「微子異不傷物，同不害正，若年造六十，必至公輔」。嘗因酣讌之餘，爲韻語以獎勸靈運、瞻等曰：「康樂誕通度，實有名家韻。若加繩染功，剖瑩乃瓊瑾。宣明體遠識，穎達且沈儁。若能去方執，穆穆三才順。阿多標獨解，弱冠纂華胤。質勝誡無文，其尚又能峻。通遠懷清悟，采采摽蘭訊。直轡鮮不躓，抑用解偏吝。微子基微尚，無倦由慕藺。勿輕一簣少，進往必千仞。數子勉之哉，風流由爾振。如不犯所知，此外無所慎。」靈運、瞻等並有誡厲之言，唯弘微獨盡褒美。曜，弘微兄，多其小字。通遠即瞻字。客兒，靈運小名也。晉世名家身有國封者，起家多拜員外散騎侍郎，弘微亦拜員外散騎侍郎、琅邪王大司馬參軍。

義熙八年，混以劉毅黨見誅，混妻晉陵公主改適琅邪王練。公主雖執意不行，而詔與謝氏離絶。公主以混家事委之弘微。混仍世宰相，一門兩封，田業十餘處，僮役千人，唯有二女，年並數歲。弘微經紀生業，事若在公，一錢尺帛出入，皆有文簿。宋武受命，晉陵公主降封東鄉君。以混得罪前代，東鄉君節義可嘉，聽還謝氏。自混亡至是九年，而室宇脩整，倉廩充盈，門徒不異平日。田疇墾闢，有加於舊。東鄉君歎曰：「僕射生平重此一子，可謂知人，僕射爲不亡矣。」中外姻親、道俗義舊見東鄉之歸者，入門莫不歎息，或爲流涕，感弘微之義也。

性嚴正，舉止必脩禮度〔五〕，事繼親之黨，恭謹過常。伯叔二母，歸宗兩姑，晨夕瞻奉，盡其誠敬。内外或傳語通訊，輒正其衣冠。婢僕之前，不妄言笑。由是尊卑大小，敬之若神。時有蔡湛之者，及見謝安兄弟，謂人曰：「弘微貌類中郎，而性似文靖。」

文帝初封宜都王，鎮江陵，以琅邪王球爲友，弘微爲文學。母憂去職，居喪以孝稱。服闋，蔬素踰時。文帝即位，爲黄門侍郎，與王華、王曇首、殷景仁、劉湛等，號曰五臣。遷尚書吏部郎，參機密。尋轉右衛將軍，諸故吏臣佐，並委弘微選擬。

居身清約，器服不華，而飲食滋味盡其豐美。兄曜歷御史中丞，彭城王義康驃騎長史，卒官。弘微哀戚過禮，服雖除猶不噉魚肉。沙門釋慧琳嘗與之食，見其猶蔬素，謂曰：「檀越素既多疾，即吉猶未復膳。若以無益傷生，豈所望於得理。」弘微曰：「衣冠之變，禮不可踰，在心之哀，實未能已。」遂廢食歔欷不自勝。

弘微少孤，事兄如父。友睦之至，舉世莫及。口不言人短，見兄曜好臧否人物，每聞之，常亂以他語。歷位中庶子，加侍中。志在素宦，畏忌權寵，固讓不拜，乃聽解中庶子。每獻替及陳事，必手書焚草，人莫之知。上以弘微能膳羞，每就求食，弘微與親舊經營。及進之後，親人問上所御，弘微不答，別以餘語酬之，時人比之漢世孔光。

及東鄉君薨，遺財千萬，園宅十餘所，又會稽、吴興、琅邪諸處太傅安、司空琰時事業，奴僮猶數百人，公私咸謂室内資財宜歸二女，田宅僮僕應屬弘微，弘微一不取。自以私祿營葬。混女夫殷叡素好樗蒲，聞弘微不取財物，乃濫奪其妻妹及伯母兩姑之分以還戲責，内人皆化弘微之讓，一無所爭。弘微舅子領軍將軍劉湛謂弘微曰：「天下事宜有裁衷，卿此不問，何以居官？」弘微笑而不答。或有譏以「謝氏累世財產，充殷君一朝戲責，譬棄物江海以爲廉耳」。弘微曰：「親戚爭財，爲鄙之甚，今内人尚能無言，豈可導之使爭。今分多共少，不至有乏，身死之後，豈復見關。」

東鄉君葬，混墓開，弘微牽疾臨赴，病遂甚。元嘉十年卒，年四十二。文帝歎惜甚至，謂謝景仁曰：「謝弘微、王曇首年踰四十，名位未盡其才，此朕之責也。」

弘微性寬博，無喜愠。末年嘗與友人棊，友人西南棊有死勢，復一客曰：「西南風急，或有覆舟者。」友悟乃救之。弘微大怒，投局於地。識者知其暮年之事，果以此歲終。時有一長鬼寄司馬文宣家，言被遣殺弘微。弘微疾每劇，輒豫告文宣。及弘微死，與文宣分別而去。

弘微臨終語左右曰：「有二厨書〔六〕，須劉領軍至，可於前燒之，慎勿開也。」書是文帝手敕，上甚痛惜之。使二衞千人營畢葬事，追贈太常。

弘微與琅邪王慧、王球並以簡淡稱，人謂沈約曰：「王慧何如？」約曰：「令明簡。」次問王球，約曰：「倩玉淡。」又次問弘微，約曰：「簡而不失，淡而不流，古之所謂名臣，弘微當之。」其見美如此。子莊。

莊字希逸，七歲能屬文，及長，韶令美容儀，宋文帝見而異之，謂尚書僕射殷景仁、領軍將軍劉湛曰：「藍田生玉，豈虚也哉。」爲隨王誕後軍諮議，領記室。分左氏經傳，隨國立篇。製木方丈，圖山川土地，各有分理。離之則州郡殊別，合之則寓内爲一。

元嘉二十七年，魏攻彭城，遣尚書李孝伯與鎮軍長史張暢語，孝伯訪問莊及王微，其名聲遠布如此。二十九年，除太子中庶子。時南平王鑠獻赤鸚鵡，普詔羣臣爲賦。太子左衞率袁淑文冠當時，作賦畢示莊。及見莊賦，歎曰：「江東無我，卿當獨秀，我若無卿，亦一時之傑。」遂隱其賦。

元凶弒立，轉司徒左長史。孝武入討，密送檄書與莊，令加改正宣布之。莊遣腹心門生具慶奉啓事密詣孝武陳誠。及帝踐祚，除侍中。時魏求通互市，上詔羣臣博議。莊議以爲拒而觀釁，有足表强。驃騎竟陵王誕當爲荆州，徵丞相荆州刺史南郡王義宣入輔，義宣固辭不入，而誕便剋日下船。莊以丞相既無入志，而驃騎發便有期，如似欲相逼切。帝乃申誕發日，義宣竟亦不下。

孝建元年，遷左將軍〔七〕。莊有口辯，孝武嘗問顏延之曰：「謝希逸月賦何如？」答曰：「美則美矣，但莊始知『隔千里兮共明月』。」帝召莊以延之答語語之，莊應聲曰：「延之作秋胡詩，始知『生爲久離別，没爲長不歸』。」帝撫掌竟日。又王玄謨問莊何者爲雙聲，何者爲疊韻。答曰：「玄護爲雙聲，磝碻爲疊韻〔八〕。」其捷速若此。初，孝武嘗賜莊寶劍，莊以與豫州刺史魯爽，後爽叛，帝因宴問劍所在。答曰：「昔以與魯爽別，竊爲陛下杜郵之賜。」上甚悅，當時以爲知言。

于時搜才路狹，莊表陳求賢之義曰：

臣聞功傾魏后，非特照車之珍；德柔秦客，豈徒祕璧之貴。隆陂所漸，成敗之由，何嘗不興資得才，替因失士。故楚書以善人爲寶，虞典以則哲爲難。而進選之舉既隳中代〔九〕，登造之律，未聞當今〔一〇〕。必欲豐本康務，庇人濟俗，匪更沾灩，奚取九成。

夫才生於時，古今豈貳，士出於世，屯泰焉殊。升曆中陽，英賢起於徐沛，受籙白水，茂異出於荆宛。寧二都智之所産，七隩愚之所育，寔遇與不遇、用與不用耳。今大道光亨，萬務俟德，而九服之曠，九流之艱，提鈞懸衡，委之選部。一人之鑒易限，天下之才難源，以易限之鑒，鏡難源之才，使國罔遺賢，野無滯器，其可得乎？昔公叔登臣，管仲升盜，趙文非私親疎嗣，祁奚豈諂讎比子。茹茅以彙，作範前經，舉爾所知，式昭往牒。且自古任薦，弘明賞罰，成子舉三哲而身致魏輔，應侯任二士而己捐秦相，臼季稱冀缺而疇以田菜〔一一〕，張勃進陳湯而坐之弛爵〔一二〕。此則先事之盛準，亦後王之彝鑒。臣謂宜普命大臣，各舉所知，以付尚書依分銓用。若任得其才，舉主延賞，有不稱職，宜及其坐。重者免黜，輕者左遷。被舉之身，加以禁錮，年數多少，隨愆議制。若犯大辟，則任者刑論。

又政平訟理，莫先親人，親人之要，寔歸守宰。故黄霸莅潁川累稔，杜畿居河東歷載。或就加恩秩，或入崇暉寵。今莅人之職，宜遵六年之限，進得章明庸惰，退得人不勤勞，如此，則上靡棄能，下無浮謬，考績之風載泰，薪槱之歌克昌。初，文帝世，限年三十而仕郡縣，六周乃選代，刺史或十年餘。至是皆易之，仕者不拘長少，莅人以三周爲滿，宋之善政於是乎衰。

是年，拜吏部尚書，莊素多疾，不願居選部，與大司馬江夏王義恭牋，自陳「兩脅癖疢，殆與生俱，一月發動，不減兩三。每痛來逼心，氣餘如綖，利患數年，遂成痼疾。吸吸惙惙〔一三〕，常如行尸。眼患五月來便不復得夜坐，恒閉帷避風。晝夜惛懵，爲此不復得朝脩諸王〔一四〕，慶弔親舊。今之所止，唯在小閤〔一五〕。下官微命，於天下至輕，在己不能不重。家世無年，亡高祖四十〔一六〕，曾祖三十三〔一七〕，亡祖四十七，下官新歲便四十五〔一八〕。加以疾患如此，當復幾時？入年當申前請，以死自固。願侍坐言次，賜垂接助」。三年，坐疾多免官。

大明元年，起爲都官尚書。上時親覽朝政，慮權移臣下，以吏部尚書選舉所由，欲輕其勢力。二年，詔吏部尚書依部分置〔一九〕，并詳省閑曹。又別詔太宰江夏王義恭曰：「吏部尚書由來與錄共選，良以一人之識不辨洽通，兼與奪威權不宜專一故也。」於是置吏部尚書二人，省五兵尚書。莊及度支尚書顧覬之並補選職〔二〇〕。遷左衞將軍〔二一〕，加給事中。時河南獻舞馬，詔羣臣爲賦，莊所上甚美。又使莊作舞馬歌，令樂府歌之。

五年，又爲侍中，領前軍將軍。時孝武出行夜還，敕開門。莊居守，以棨信或虚，須墨詔乃開。上後因宴，從容曰：「卿欲效郅君章邪？」對曰：「臣聞蒐巡有度，郊祀有節，盤于游田，著之前誡。陛下今蒙犯塵露，晨往宵還，容致不逞之徒，妄生矯詐，臣是以伏須神筆。」

六年，又爲吏部尚書，領國子博士。坐選公車令張奇免官，事在顔師伯傳。後除吴郡太守。

前廢帝即位，以爲金紫光禄大夫。初，孝武寵姬殷貴妃薨，莊爲誄，言「贊軌堯門」，引漢昭帝母趙婕妤堯母門事，廢帝在東宫銜之。至是遣人詰莊曰：「卿昔作殷貴妃誄，知有東宫不？」將誅之。孫奉伯説帝曰：「死是人之所同，政復一往之苦，不足爲困。莊少長富貴，且繫之尚方，使知天下苦劇，然後殺之未晚。」帝曰：「卿言有理。」繫於左尚方。明帝定亂得出，使爲赦詔。莊夜出署門方坐，命酒酌之，已微醉，傳詔停待詔成〔二二〕，其文甚工。後爲尋陽王師，加中書令、散騎常侍。尋加金紫光禄大夫，給親信二十人。卒，贈右光禄大夫，謚憲子。所著文章四百餘首行于世。

五子：颺、朏、顥、嵸、瀹〔二三〕，世謂莊名子以風月景山水。颺位晉平太守，女爲順帝皇后，追贈金紫光禄大夫。

朏字敬沖，幼聰慧。莊器之，常置左右。十歲能屬文。莊游土山，使朏命篇，攬筆便就。琅邪王景文謂莊曰：「賢子足稱神童，復爲後來特達。」莊撫朏背曰：「真吾家千金。」宋孝武帝游姑孰，敕莊攜朏從駕。詔爲洞井讚，於坐奏之。帝曰：「雖小，重也〔二四〕。」

仕宋爲衞將軍袁粲長史。粲性簡峻，時人方之李膺。朏謁退，粲曰：「謝令不死矣。」宋明帝嘗敕朏與謝鳳子超宗從鳳莊門入。二人俱至，超宗曰：「君命不可以不往。」乃趨而入。朏曰：「君處臣以禮。」進退不入〔二五〕。時人兩稱之，以比王尊、王陽。後爲臨川内史，以賄見劾，袁粲寢其事。

齊高帝爲驃騎將軍輔政，選朏爲長史。高帝方圖禪代，欲以朏佐命，遷左長史。每夕置酒，獨與朏論魏、晉故事，言石苞不早勸晉文，死方慟哭，方之馮異，非知機也。朏曰：「昔魏臣有勸魏武即帝位，魏武曰：『有用我者，其周文王乎。』晉文世事魏氏，將必終身北面。假使魏早依唐、虞故事，亦當三讓彌高。」帝不悦，更引王儉爲左長史，以朏爲侍中，領祕書監。

及齊受禪，朏當日在直，百僚陪位。侍中當解璽，朏佯不知，曰：「有何公事？」傳詔云，「解璽授齊王」。朏曰：「齊自應有侍中。」乃引枕卧。傳詔懼，乃使稱疾，欲取兼人。

朏曰：「我無疾，何所道。」遂朝服出東掖門，乃得車，仍還宅。是日，遂以王儉爲侍中解璽。既而武帝請誅朏，高帝曰：「殺之則成其名，正應容之度外。」又以家貧乞郡，辭旨抑揚，詔免官禁錮五年。永明中，爲義興太守，在郡不省雜事，悉付綱紀，曰：「吾不能作主者吏，但能作太守耳。」歷都官尚書，中書令，侍中，領新安王師。求出，仍爲吴興太守。

明帝謀入嗣位，引朝廷舊臣，朏内圖止足，且實避事。弟瀹時爲吏部尚書，朏至郡，致瀹數斛酒，還書曰：「可力飲此，勿豫人事。」〔二六〕朏居郡，每不理，常務聚斂，衆頗譏之，亦不屑也。

建武四年，徵爲侍中、中書令，不應。遣諸子還都，獨與母留，築室郡之西郭。明帝詔加優禮，旌其素概，賜牀帳褥席，奉以卿禄。時國子祭酒廬江何胤亦抗表還會稽。永元中，詔徵朏、胤，並不屈。時東昏皆命迫遣，會梁武帝起兵。及建鄴平，徵朏、胤，並補軍諮祭酒，皆不至。及即位，詔徵朏爲侍中、左光禄大夫、開府儀同三司，胤散騎常侍、特進、右光禄大夫，又並不屈。仍遣領軍司馬王果敦譬朏，朏謀於何胤，胤欲獨高其節，紿曰：「興王之世，安可久處？」

明年六月，朏輕出，詣闕自陳〔二七〕。帝笑曰：「子陵遂能屈志。」詔以爲侍中、司徒、尚書令。朏辭脚疾，不堪拜謁，乃角巾自輿詣雲龍門謝。詔見於華林園，乘小車就席。明旦，乘輿出幸朏宅，宴語盡歡。朏固陳本志，不許。又固請自還迎母，許之。臨發，輿駕臨幸，賦詩餞別，王人送迎相望於道。到都，敕材官起府於舊宅。武帝臨軒，遣謁者於府拜授。詔停諸公事及朔望朝謁。

三年元會，詔朏乘小輿升殿。朏素憚煩，及居台鉉，兼掌内臺，職事多不覽，以此頗失衆望。其年母憂，尋有詔攝職如故〔二八〕。

五年，改授中書監、司徒、衞將軍，固讓不受。遣謁者敦授，留府門及暮，至於經春夏。八月，乃拜受焉。是冬薨，車駕出臨哭，謚曰靖孝。

武初，朏爲吴興〔二九〕，以雞卵賦人，收雞數千。及遁節不全，爲清談所少。著書及文章行於世。

子諼，位司徒右長史，坐殺牛廢黜。爲東陽内史，及還，五官送錢一萬，止留一百。答曰：「數多劉寵，更以爲愧。」

次子譓，不妄交接，門無雜賓。有時獨醉，曰：「入吾室者但有清風，對吾飲者唯當明月。」位右光禄大夫。

子哲，字穎豫，美風儀，舉止醞籍，襟情豁朗，爲士君子所重。仕梁至廣陵太守，侯景之亂，因寓居焉。仕陳歷吏部尚書，中書令，侍中，司徒左長史。卒，謚康子。

顥字仁悠，朏弟也。少簡靜。宋末爲豫章太守，至石頭，遂白服登烽火樓，坐免官。

詣齊高帝自占謝，言辭清麗，容儀端雅，左右爲之傾目，宥而不問。齊永明初，高選文學〔三〇〕，以顥爲竟陵王友。歷吏部郎，有簡秀之目。卒於北中郎長史。

顥弟瀹字義潔。年七歲，王景文見而異之，言於宋孝武，召見於人衆中。瀹舉止閑詳，應對合旨，帝悦，詔尚公主，景和敗，事寢。僕射褚彦回以女妻之，厚爲資送。

性甚敏贍，嘗與劉悛飲，推讓久之，悛曰：「謝莊兒不可云不能飲。」瀹曰：「苟得其人，自可流湎千日。」悛甚慙，無言。仕齊累遷中書侍郎。衞軍王儉引爲長史，雅相禮遇。後拜吏部尚書。

明帝廢鬱林，領兵入殿，左右驚走報瀹。瀹與客圍棊，每下子，輒云「其當有意」，竟局乃還齋卧，竟不問外事。明帝即位，瀹又屬疾，不知公事。蕭諶以兵臨起之，瀹曰：「天下事，公卿處之足矣；且死者命也，何足以此懼人。」

後宴會功臣上酒，尚書令王晏等興席，瀹獨不起，曰：「陛下受命應天，王晏以爲己力。」𦤎觴遂不見報。上大笑解之。坐罷，晏呼瀹共載，欲相撫悅，瀹又正色曰：「君巢窟在何處？」晏初得班劍，瀹謂曰：「身家太傅，裁得六人，若何事頓得二十？」晏甚憚之，謂江祏曰：「彼上人者，難爲詶對。」加領右軍將軍。

兄朏在吳興，論啓公事稽晚，瀹輒代朏爲啓，上知非朏手迹，被問見原。永泰元年，卒於太子詹事，贈金紫光禄大夫，謚簡子。

初，朏爲吳興，瀹於征虜渚送別，朏指瀹口曰：「此中唯宜飲酒。」瀹建武之朝，專以長酣爲事，與劉瑱、沈昭略交，飲各至數斗。齊武帝問王儉：「當今誰能爲五言？」儉曰：「朏得父膏腴，江淹有意。」上起禪靈寺，敕瀹撰碑文。瀹子覽。

覽字景滌，選尚齊錢唐公主，拜駙馬都尉。梁武平建鄴，朝士王亮、王瑩等數人揖，自餘皆拜，覽時年二十餘，爲太子舍人，亦長揖而已。意氣閑雅，視瞻聰明，武帝目送良久，謂徐勉曰：「覺此生芳蘭竟體，想謝莊政當如此。」自此仍被賞味。

天監元年，爲中書侍郎，掌吏部事，頃之即真。嘗侍坐，受敕與侍中王暕爲詩答贈，其文甚工，乃使重作，復合旨。帝賜詩云：「雙文既後進，二少實名家。豈伊爾棟隆，信乃俱國華。」爲侍中，頗樂酒，因宴席與散騎常侍蕭琛辭相詆毀，爲有司所奏。武帝以覽年少不直，出爲中權長史。

後拜吏部尚書，出爲吴興太守。中書舍人黄睦之家居烏程，子弟專横，前太守皆折節事之。覽未到郡，睦之子弟迎覽〔三一〕，覽逐去其船，杖吏爲通者，自是睦之家杜門不出。郡境多劫，爲東道患，覽下車肅然。初齊明帝及覽父瀹、東海徐孝嗣並爲吴興，號爲名守，覽皆過之。覽昔在新安，頗聚斂，至是遂稱廉潔，時人方之王述。卒於官，贈中書令。

覽弟舉字言揚，幼好學，與覽齊名。年十四，嘗贈沈約詩，爲約所賞。弱冠丁父憂，幾致毁滅。服闋，爲太常博士，與兄覽俱預元會。江淹一見並相欽挹，曰：「所謂『馭二龍於長塗』者也。」

爲太子家令，掌管記，深爲昭明太子賞接。祕書監任昉出爲新安郡，别舉詩云：「詎念耋嗟人，方深老夫託。」其屬意如此。梁武嘗訪舉於覽，覽曰：「識藝過臣甚遠，唯飲酒不及於臣。」帝大悦。尋除安成郡守，母往於郡喪，辭不赴。歷位左户尚書，遷掌吏部尚書。舉祖莊、父瀹、兄覽並經此職，前代少比。

舉尤長玄理及釋氏義，爲晉陵郡時，常與義學僧遞講經論，徵士何胤自虎丘山出赴之，其盛如此。先是，北度人盧廣有儒術，爲國子博士，於學發講，僕射徐勉以下畢至。舉造坐屢折廣，辭理遒邁。廣深歎服，仍以所執麈尾、斑竹杖、滑石書格薦之，以況重席焉。加侍中，遷尚書右僕射。

大同三年，出爲吴郡太守。先是，何敬容居郡有美績，世稱爲「何吴郡」。及舉爲政，聲跡略相比。曾要何徵君講中論，何難以巾褐入南門，乃從東囷進〔三二〕。致詩往復，爲虎丘山賦題于寺。

入爲侍中、太子詹事，翊左將軍。舉父瀟齊時終此官，累表乞改，敕不許。後遷尚書僕射，侍中、將軍如故。舉雖屢居端揆，未嘗肯預時政，保身固寵，不能有所發明。因疾陳解，敕輒賜假，并敕處方，加給上藥，其恩遇如此。

侯景來降，帝詢訪朝臣，舉及朝士皆請拒之。帝從朱异言納之，以爲景能立功趙、魏。舉等不敢復言。太清二年，遷尚書令，卒于内臺。上曰：「舉非止歷官已多，亦人倫儀表，久著公望，悵恨未授之。可贈侍中、衛將軍、開府儀同三司〔三三〕。」

舉宅内山齋捨以爲寺，泉石之美，殆若自然。臨川、始興諸王常所游踐。邵陵王綸於婁湖立園，廣讌，酒後好聚衆賓冠，手自裂破，投之唾壺，皆莫敢言。舉嘗預宴，王欲取舉幘。舉正色曰：「裂冠毁冕，下官弗敢聞命。」拂衣而退。王屢召不返，甚有慙色。舉託情玄勝，尤長佛理，注淨名經，常自講說。有文集二十卷。子嘏。

嘏字含茂，風神清雅，頗善屬文。仕梁爲太子中庶子，建安太守。侯景之亂，之廣州依蕭勃。勃敗，在周迪門。後依陳寶應，寶應平，方詣闕。歷侍中，中書令，都官尚書。卒，謚曰光子。有文集行於世。

子儼位侍中、御史中丞、太常卿；佃位尚書僕射。

舉兄子僑字國美。父玄大，仕梁侍中。僑素貴，嘗一朝無食，其子啓欲以班史質錢，答曰：「寧餓死，豈可以此充食乎？」太清元年卒，集十卷。長子禕。

僑弟札字世高，亦博涉文史，位湘東王諮議，先僑卒。

論曰：易云，「積善之家，必有餘慶」。弘微立履所蹈，人倫播美，其世濟不隕，蓋有馮焉。敬沖出入三代，驟經遷革，遁俗之志，無聞貞固之道，居官之方，未免貨財之累。因偪成敬，偃仰當年。古人云處士全盜虛聲，斯之謂矣。

校勘記

〔一〕父思武昌太守　按張森楷南史校勘記：「晉書謝萬傳云『韶子恩』，即此人也。『恩』、『思』未知誰是。」

〔二〕弘微重混言　「重」，宋書卷五八謝弘微傳、册府卷八五〇、通志卷一三二作「重違」。

〔三〕唯與族子靈運瞻晦曜弘微以文義賞會　「弘微」二字原脱，據宋書卷五八謝弘微傳、册府卷八一六、卷八一八、卷八六八、通志卷一三二補。

〔四〕戚戚皆親姓者也　「姓」，宋書卷五八謝弘微傳、册府卷八六八作「姪」。

〔五〕舉止必脩禮度　「脩」，宋書卷五八謝弘微傳作「循」。

〔六〕有二厨書　「厨」，南監本、北監本、殿本及宋書卷五八謝弘微傳、册府卷四六二作「封」。按「厨」訓「櫝」，猶今「橱」字，疑是。

〔七〕孝建元年遷左將軍　「左將軍」，宋書卷八五謝莊傳、御覽卷三九〇引沈約宋書作「左衛將軍」。按通典卷一四載「左衛將軍謝莊以其時搜才路狹又上表」云云，疑當作「左衛將軍」。

〔八〕玄護爲雙聲磝碻爲疊韻　「磝碻」，疑當作「碻磝」。按魏在碻磝置戍，王玄謨、垣護之北伐入河，率衆攻之，不克，尋敗退。

〔九〕而進選之舉既㒩中代　「舉」，南監本、北監本、殿本及宋書卷八五謝莊傳、册府卷四七一、南史詳節卷七作「軌」。

〔一〇〕登造之律未聞當今　「聞」，宋書卷八五謝莊傳、册府卷四七一作「闡」。

〔一一〕臼季稱冀缺而疇以田菜　「菜」，南監本、北監本、殿本及宋書卷八五謝莊傳作「采」。

〔一二〕張勃進陳湯而坐之弛爵　「弛」，南監本、北監本、殿本及宋書卷八五謝莊傳作「褫」。

〔一三〕岋岋惙惙　「岋岋」，宋書卷八五謝莊傳作「吸吸」。

〔一四〕爲此不復得朝脩諸王　「朝脩」，殿本及宋書卷八五謝莊傳、通志卷一三二作「朝謁」。殿本考證：「『謁』，監本訛『修』，今从宋書。」

〔一五〕今之所止唯在小閤　宋書卷八五謝莊傳「止」作「希」，「閤」作「閑」。

〔一六〕亡高祖四十　按謝莊高祖謝萬，卒年四十二，見晉書卷七九謝安傳附謝萬傳。

〔一七〕曾祖三十三　「三十三」，宋書卷八五謝莊傳、册府卷四六三作「三十二」。

〔一八〕下官新歲便四十五　「四十五」，宋書卷八五謝莊傳、册府卷四六三作「三十五」，當是。洪頤煊諸史考異卷一六：「莊以泰始二年卒，年四十六。此與江夏王義恭牋，在孝建二年，則作『四十五』者誤也。」

〔一九〕詔吏部尚書依部分置　「部」，宋書卷八五謝莊傳、通志卷一三二作「郎」。據宋書下文與江夏王義恭詔曰「唯有從郎分置，視聽自改」，疑作「郎」是。

〔二〇〕莊及度支尚書顧覬之並補選職　「顧覬之」，原作「顧顗之」，據宋書卷八五謝莊傳改。按宋書卷八一、本書卷三五有顧覬之傳，謂其於大明元年「守度支尚書」。

〔二一〕遷左衞將軍 「左衞」，宋書卷八五謝莊傳、通志卷一三三作「右衞」。按宋書卷二九符瑞志下：「大明五年正月戊午元日，花雪降殿庭。時右衞將軍謝莊下殿，雪集衣。還白，上以爲瑞。」疑當作「右衞」。

〔二二〕傳詔停待詔成 「停」，南監本、北監本、殿本作「立」。

〔二三〕颺朏顥嵸瀹 「瀹」，原作「淪」，據北監本、殿本改。下徑改不再出校。

〔二四〕雖小重也 「重」，北監本、殿本及梁書卷一五謝朏傳作「奇童」，通志卷一四一作「重器」。

〔二五〕進退不入 「進」，通志卷一四一作「遂」。

〔二六〕還書曰可力飲此勿豫人事 「還」，原作「遺」，據大德本貳、南監本及南史詳節卷七、通志卷一四一改。

〔二七〕朏輕出詣闕自陳 梁書卷一五謝朏傳「輕」下有「舟」字。

〔二八〕其年母憂尋有詔攝職如故 按「其年」承上文似指天監三年，然據梁書卷二武帝紀中，謝朏以所生母憂去職在天監四年十二月。梁書卷一五謝朏傳亦作「其年」，疑並有誤。

〔二九〕武初朏爲吴興 按梁書卷一五謝朏傳，朏爲吴興太守在齊鬱林王隆昌元年，是年明帝即位，改元建武。疑此處「武」字上脱一「建」字，或「武」字爲衍文。

〔三〇〕齊永明初高選文學 「文學」，南齊書卷四三謝瀹傳作「友學」，疑是。按永明元年竟陵王子良表置友、學官，事見南齊書卷四三何昌寓傳。友謂諸王友，學謂諸王文學。

〔三一〕睦之子弟迎覽　「子」字原脱，據梁書卷一五謝朏傳附謝覽傳、册府卷六九六補。

〔三二〕乃從東困進　「困」，通志卷一四一作「園」。

〔三三〕可贈侍中衛將軍開府儀同三司　「衛將軍」，梁書卷三七謝舉傳作「中衛將軍」。陳書卷二一謝嘏傳載其父舉爲「梁中衛將軍」。此疑脱一「中」字。

南史卷二十一

列傳第十一

王弘 子錫　錫弟僧達　曾孫融　弘弟子微　微兄遠　遠子僧祐　僧祐子籍

弘從孫瞻　弘玄孫沖　沖子瑒　瑜

王弘字休元，琅邪臨沂人也。曾祖導，晉丞相；祖洽，中領軍；父珣，司徒。弘少好學，以清悟知名。弱冠爲會稽王道子驃騎主簿。珣頗好積聚，財物布在人間，及薨，弘悉燔券書，一不收責，其餘舊業，悉委諸弟。時內外多難，在喪者皆不得終其哀，唯弘徵召一無所就。

桓玄剋建業，收道子付廷尉，臣吏莫敢瞻送，弘時尚居喪，獨道側拜辭，攀車涕泣，論者稱焉。

宋武帝召補鎮軍諮議參軍，以功封華容縣五等侯，累遷太尉左長史。從北征，前鋒已平洛陽，而未遣九錫，弘銜使還都諷朝廷。時劉穆之掌留任，而旨乃從北來，穆之愧懼發病，遂卒。宋國建，爲尚書僕射掌選，領彭城太守。奏彈世子左衞率謝靈運，爲軍人桂興淫其嬖妾，靈運殺興棄屍洪流，御史中丞王准之曾不彈舉〔一〕。武帝答曰：「端右肅正風軌，誠副所期，自今以爲永制。」於是免靈運官。後遷江州刺史，省賦簡役，百姓安之。

永初元年，以佐命功，封華容縣公。三年入朝，進號衞將軍、開府儀同三司。帝因宴集曰：「我布衣，始望不至此。」傅亮之徒並撰辭，欲盛稱功德。弘率爾對曰：「此所謂天命，求之不可得，推之不可去。」時稱其簡舉。

少帝景平二年，徐羨之等謀廢立，召弘入朝。文帝即位，以定策安社稷，進位司空，封建安郡公，固辭見許。進號車騎大將軍，開府、刺史如故。徐羨之等以廢弒罪，將及誅，弘以非首謀，且弟曇首又爲上所親委。事將發，密使報弘。羨之既誅，遷侍中、司徒、揚州刺史、録尚書事，給班劍三十人。上西征謝晦，與彭城王義康居守〔二〕，入住中書下省，引隊仗出入，司徒府權置參軍。元嘉五年春，大旱，弘引咎遜位。先是彭城王義康爲荊州刺史，鎮江陵，平陸令河南成粲與弘書，誡以盈滿，兼陳彭城王宜入知朝政，竟陵、衡陽宜出據列藩。弘由是固自陳請。乃遷爲衞將軍、開府儀同三司。

六年，弘又上表陳彭城王宜入輔，并求解州，義康由是代弘爲司徒，與之分録。弘又辭分録。弘博練政體，留心庶事，斟酌時宜，每存優允。與八座丞郎疏曰：「同伍犯法，無人士不罪之科，然每至詰謫，輒有請訴。若常垂恩宥，則法廢不行，依事糾責，則物以爲苦。恐宜更爲其制〔三〕。」時議多不同，弘以爲：

謂之人士，便無庶人之坐；署爲庶人，輒受人士之罰，不其頗歟？謂人士可不受同伍之謫，取罪其奴客，庸何傷邪〔四〕？無奴客，可令輸贖。有脩身閭閻，與羣小實隔，又或無奴僮，爲衆所明者，官長二千石便親臨列上，依事遣判。

又主守偷五疋，常偷四十匹，並加大辟。議者咸以爲重。弘以爲：

小吏無知，臨財易昧。或由疎慢，事蹈重科。宜進主守偷十匹，常偷五十疋死，四十匹降以補兵。至於官長以上，荷蒙榮禄，冒利五匹乃已爲弘，士人至此，何容復加哀矜。且此輩人士可殺不可謫，謂宜奏聞，決之聖旨。

文帝從弘議。弘又上言：「舊制，人年十三半役，十六全役。今四方無事，應存消息。請以十五至十六爲半丁，十七爲全丁。」從之。及弟曇首亡，文帝嗟悼不已，見弘流涕歔欷，弘斂容而已。既而彭城王義康言於帝曰：「曇首既爲家寶，又爲國器，弘情不稱，何也？」帝曰：「賢者意不可度。」其見體亮如此。

九年進位太保，領中書監，餘如故。其年薨。贈太保、中書監，給節，加羽葆、鼓吹，增班劍爲六十人。謚曰文昭公，配食武帝廟庭。

弘既人望所宗，造次必存禮法。凡動止施爲及書翰儀體，後人皆依放之，謂爲王太保家法。雖歷藩輔，而不營財利，薨亡之後，家無餘業。而輕率少威儀。客有疑其諱者，弘曰：「家諱與蘇子高同。」性褊隘，人有忤意，輒加詈辱。少嘗摴蒲公城子野舍，及後當權，有人就弘求縣。此人嘗以蒲戲得罪，弘詰之曰：「君得錢會戲，何用禄爲。」答曰：「不審公城子野何所在。」弘默然。自領選及當朝總録，將加榮爵於人者，每先呵責譴辱之，然後施行。若美相盼接語欣懽者〔五〕，必無所諧。人問其故，答曰：「王爵既加於人，又相撫勞，便成與主分功，此所謂姦以事君者也。若求者絶官敍之分，既無以爲惠，又不微借顔色，即大成怨府，亦鄙薄所不任。」問者悦伏。子錫嗣。

錫字寡光〔六〕，位太子左衛率、江夏内史，高自位遇。太尉江夏王義恭當朝，錫箕踞大坐，殆無推敬。卒，子僧亮嗣，齊受禪，降爵爲侯。僧亮弟僧衍，位侍中。僧衍弟僧達〔七〕。

僧達幼聰敏，弘爲揚州時，僧達六七歲，遇有通訟者，竊覽其辭，謂爲有理。及大訟者亦進〔八〕，弘意其小，留左右，僧達爲申理，闇誦不失一句。兄錫質訥乏風采。文帝聞僧達早慧，召見德陽殿，應對閑敏，上甚知之，妻以臨川王義慶女。

少好學，善屬文，爲太子舍人。坐屬疾而於揚列橋觀鬭鴨，爲有司所糾，原不問。性好鷹犬，與閭里少年相馳逐，又躬自屠牛。義慶聞之，令周旋沙門慧觀造而觀之，僧達陳書滿席，與論文義〔九〕，慧觀酬答不暇，深相稱美。訴家貧求郡，文帝欲以爲秦郡。吏部郎庾仲文曰：「王弘子既不宜作秦郡，僧達亦不堪莅人。」乃止。遷太子洗馬，母憂去職。與兄錫不協。錫罷臨海郡還，送故及奉禄百萬以上，僧達一夕令奴輩取無餘。服闋，爲宣城太守。性好游獵，而山郡無事，僧達肆意馳騁，或五日三日方歸，受辭辯訟，多在獵所。人或逢，不識，問府君所在。僧達且曰：「在近。」其後徙義興。

及元凶弑立，孝武發尋陽，沈慶之謂人曰：「王僧達必來赴義。」人問其所以，慶之曰：「虜馬飲江，王出赴難，見其在先帝前，議論開張，執意明決，以此言之，其必至也。」僧達尋至，孝武即以爲長史。及即位，爲尚書右僕射。僧達自負才地，三年間便望宰相〔一〇〕。嘗答詔曰：「亡父亡祖，司徒司空。」其自負若此。

後爲護軍將軍，不得志，乃求徐州，上不許。固陳，乃以爲吴郡太守。時朞歲五遷，彌不得意。吴郭西臺寺多富沙門，僧達求須不稱意，乃遣主簿顧曠率門義劫寺内沙門竺法瑶得數百萬。荆、江夏反叛〔一一〕，加僧達置佐領兵。臺符聽置千人，而輒立三十隊，隊八十人。立宅於吳，多役功力，坐免官。後孝武獨召見，傲然了不陳遜，唯張目而視。及出，帝歎曰：「王僧達非狂如何？乃戴面向天子。」後顔師伯詣之，僧達慨然曰：「大丈夫寧當玉碎，安可以没没求活。」師伯不答，逡巡便退。

初，僧達爲太子洗馬在東宮，愛念軍人朱靈寶，及出爲宣城，靈寶已長。僧達詐列死亡，寄宣城左永之籍注以爲子〔一二〕，改名元序。啓文帝以爲武陵國典衞令，又以補竟陵國典書令，建平國中軍將軍。孝建元年，事發，又加禁錮。表謝言不能因依左右，傾意權貴。上愈怒。僧達族子確少美姿容，僧達與之私款。確叔父休爲永嘉太守，當將確之郡，僧達欲逼留之，確知其意，避不往。僧達潛於所住屋後作大阬，欲誘確來別，殺埋之。從弟僧虔知其謀，禁呵乃止。御史中丞劉瑀奏請收案，上不許。二年，除太常〔一三〕，意尤不悦。頃之，上表解職，文旨抑揚。侍中何偃以其言不遜，啓付南臺，又坐免官。

先是，何尚之致仕，復膺朝命，於宅設八關齋，大集朝士，自行香，次至僧達曰：「願郎且放鷹犬，勿復游獵。」僧達答曰：「家養一老狗，放無處去，已復還。」尚之失色。大明中，以歸順功，封寧陵縣五等侯，累遷中書令。黄門郎路瓊之，太后兄慶之孫也〔一四〕，宅與僧達門並。嘗盛車服詣僧達，僧達將獵，已改服。瓊之就坐，僧達了不與語，謂曰：「身昔門下騶人路慶之者，是君何親？」遂焚瓊之所坐牀。太后怒，泣涕於帝曰：「我尚在而人陵之，我死後乞食矣。」帝曰：「瓊之年少，無事詣王僧達門，見辱乃其宜耳。僧達貴公子，豈可以此加罪乎？」太后又謂帝曰：「我終不與王僧達俱生。」先是，南彭城蕃縣人高闍、沙門釋曇標、道方等共相誑惑，自言有鬼神龍鳳之瑞，常聞簫鼓音，與秣陵人藍宕期等謀爲亂〔一五〕，又結殿中將軍苗乞食等起兵攻宫門〔一六〕。事發，凡黨與死者數十人。僧達屢經犯忤，以爲終無悛心〔一七〕，因高闍事陷之，收付廷尉，於獄賜死。時年三十六。帝亦以爲恨，謂江夏王義恭曰：「王僧達遂不免死，追思太保餘烈，使人慨然。」於是詔太保華容文昭公門爵國姻，一不貶絶。

時有蘇寶者名寶生，本寒門，有文義之美，官至南臺侍御史、江寧令，坐知高闍謀反，不即聞啓，亦伏誅。

僧達子道琰，徙新安。元徽中，爲廬陵内史，未至郡，卒。子融。

融字元長，少而神明警慧。母臨川太守謝惠宣女，性敦敏，教融書學。博涉有文才，從叔儉謂人曰：「此兒至四十，名位自然及祖。」舉秀才，累遷太子舍人。以父宦不通，弱年便欲紹興家業，啓齊武帝求自試，遷祕書丞。從叔儉初有儀同之授，贈儉詩及書，儉甚奇之，笑謂人曰：「穰侯印詎便可解。」歷丹陽丞，中書郎。

永明末，武帝欲北侵，使毛惠秀畫漢武北伐圖，融因此上疏，開張北侵之議。圖成，上置琅邪城射堂壁上，游幸輒觀焉。九年，芳林園禊宴，使融爲曲水詩序，當時稱之。上以融才辯，使兼主客，接魏使房景高、宋弁。弁見融年少，問：「主客年幾？」融曰：「五十之年，久踰其半。」景高又云：「在北聞主客曲水詩序勝延年，實願一見。」融乃示之。後日，宋弁於瑤池堂謂融曰：「昔觀相如封禪，以知漢武之德；今覽王生詩序，用見齊主之盛。」融曰：「皇家盛明，豈直比蹤漢武；更慙鄙製，無以遠匹相如。」上以魏所送馬不稱，使融問之曰：「秦西冀北，實多駿驥，而魏之良馬，乃駑不若，將旦旦信誓，有時而爽，駉駉之牧，遂不能嗣？」宋弁曰：「當是不習地土。」融曰：「周穆馬迹徧於天下，若騏騮之性，因地而遷，則造父之策，有時而躓。」弁曰：「王主客何爲勤勤於千里？」融曰：「卿國既異其優劣，聊復相訪，若千里斯至，聖上當駕鼓車。」弁曰：「向意既須，必不能駕鼓車也。」融曰：「買死馬之骨，亦以郭隗之故。」弁不能答。

融躁於名利，自恃人地，三十內望爲公輔。初爲司徒法曹，詣王僧祐，因遇沈昭略，未相識。昭略屢顧盼，謂主人曰：「是何年少？」融殊不平，謂曰：「僕出於扶桑，入於湯谷〔一八〕，照耀天下，誰云不知，而卿此問？」昭略云：「不知許事，且食蛤蜊。」融曰：「物以羣分，方以類聚，君長東隅，居然應嗜此族。」其高自標置如此。

及爲中書郎，嘗撫案歎曰：「爲爾寂寂，鄧禹笑人。」行遇朱雀桁開，路人填塞，乃搥車壁曰：「車中乃可無七尺，車前豈可乏八騶。」

及魏軍動，竟陵王子良於東府募人，板融寧朔將軍、軍主。融文辭捷速，有所造作，援筆可待，子良特相友好。晚節大習騎馬，招集江西傖楚數百人，並有幹用，融特爲謀主。武帝病篤暫絶，子良在殿内，太孫未入，融戎服絳衫，於中書省閤口斷東宮仗不得進，欲矯詔立子良。詔草已立，上重蘇，朝事委西昌侯鸞。梁武謂范雲曰：「左手據天下圖，右手刎其喉，愚夫不爲。主上大漸，國家自有故事，道路籍籍，將有非常之舉，卿聞之乎？」雲不敢答。俄而帝崩，融乃處分以子良兵禁諸門，西昌侯聞，急馳到雲龍門，不得進，乃曰：「有敕召我。」仍排而入，奉太孫登殿，命左右扶出子良，指麾音響如鍾，殿内無不從命。融知不遂，乃釋服還省，歎曰：「公誤我。」

鬱林深怨融，即位十餘日，收下廷尉獄。使中丞孔珪倚爲奏曰：「融姿性剛險，立身浮競，動迹驚羣，抗言異類。近塞外微塵，苦求將領，遂招納不逞，扇誘荒傖。狡弄威聲，專行權利，反覆唇齒之間，傾動頰舌之内，威福自己，無所忌憚，誹謗朝政，歷毁王公。謂己才流，無所推下，事暴遠近，使融依源據答。」融辭曰：「囚實頑蔽，觸行多愆。但夙忝門素，得奉教君子。爰自總髮，迄將立年，州閭鄉黨，見許愚睿。過蒙大行皇帝獎育之恩，又荷文皇帝識擢之重，司徒公賜預士林，安陸王曲垂盼接，前後陳伐虜之計，亦仰簡先朝。今段犬羊乍擾，令因草撰符詔。及司徒宣敕招募，同例非一，實以戎事不小，不敢承教。續蒙軍號，賜使招集，銜敕而行，非敢虛扇。且『張弄威聲』，應有形迹。『專行權利』，又無贓賄。『反覆唇齒之間』，未審悉與誰言？『傾動頰舌之内』，不容都無主此〔一九〕。自上甘露頌及銀甕啓、三日詩序、接虜使語辭，竭思稱揚，得非誹謗。囚才分本劣，謬被策用，悚怍之情，夙宵兢惕，自循自省，並愧流言。伏惟明皇臨宇〔二〇〕，普天蒙澤，戊寅赦恩，輕重必宥，百日曠期，始蒙旬日，一介罪身，獨嬰憲劾。」融被收，朋友部曲，參問北寺，相繼於道；請救於子良，子良不敢救；西昌侯固爭不得。詔於獄賜死，時年二十七。臨死歎曰：「我若不爲百歲老母，當吐一言。」融意欲指斥帝在東宮時過失也。

先是，太學生會稽魏準，以才學爲融所賞，既欲奉子良，而準鼓成其事。太學生虞羲、丘國賓竊相謂曰：「竟陵才弱，王中書無斷，敗在眼中矣。」及融誅，召準入舍人省詰問，遂懼而死，舉體皆青，時人以準膽破。融文集行於時。

微字景玄，弘弟光禄大夫孺之子也。少好學，善屬文，工書，兼解音律及醫方卜筮陰陽數術之事。宋文帝賜以名著。初爲始興王友，父憂去職。微素無宦情，服闋，除南平王鑠右軍諮議參軍，仍爲中書侍郎。時兄遠免官歷年，微歎曰：「我兄無事而屏廢，我何得而叨忝踰分？」文帝即以遠爲光禄勳。

微爲文好古，言頗抑揚，袁淑見之，謂爲訴屈。吏部尚書江湛舉微爲吏部郎，微確乎不拔。時論者或云微之見舉，廬江何偃亦參其議。偃慮爲微所咎，與之書自陳。微報書深言塵外之適。其從弟僧綽宣文帝旨使就職，因留之宿。微妙解天文，知當有大故，獨與僧綽仰視，謂曰：「此上不欺人，非智者其孰能免之。」遂辭不就。尋有元凶之變。

微常住門屋一間，尋書玩古，遂足不履地。終日端坐，牀席皆生塵埃，唯當坐處獨淨。弟僧謙亦有才譽，爲太子舍人，遇疾，微躬自處療，而僧謙服藥失度，遂卒。深自咎恨，發病不復自療，哀痛僧謙不能已，以書告靈。僧謙卒後四旬而微終，遺令薄葬，不設轜旐鼓挽之屬，施五尺牀爲靈，二宿便毁，以常所彈琴置牀上，何長史偃來，以琴與之。無子，家人遵之。所著文集傳於世。贈祕書監。

微兄遠字景舒，位光禄勳。時人謂遠如屏風，屈曲從俗，能蔽風露。言能不乖物理也。

遠子僧祐字胤宗，幼聰悟，叔父微撫其首曰：「兒神明意用，當不作率爾人。」雅爲從兄儉所重〔三〕，每鳴笳列騶到其門候之，僧祐輒稱疾不前。儉曰：「此吾之所望於若人也。」世皆推儉之愛名德，而重僧祐之不趨勢也。

未弱冠，頻經憂，居喪至孝。服闋，髮落略盡，殆不立冠帽。舉秀才，爲驃騎法曹，羸瘠不堪受命。

雅好博古，善老、莊，不尚繁華。工草隸，善鼓琴，亭然獨立，不交當世。沛國劉瓛聞風而悅，上書薦之。爲著作佐郎，遷司空祭酒，謝病不與公卿游。齊高帝謂王儉曰：「卿從可謂朝隱。」答曰：「臣從非敢妄同高人，直是愛閑多病耳。」經贈儉詩云：「汝家在市門，我家在南郭；汝家饒賓侶，我家多鳥雀。」儉時聲高一代，賓客填門，僧祐不爲之屈，時人嘉之。

稍遷晉安王文學，而陳郡袁利爲友，時人以爲妙選。齊武帝數閱武，僧祐獻講武賦，王儉借觀不與。竟陵王子良聞其工琴，於坐取琴進之，不從命。永明末，爲太子中舍人，在直屬疾，不待對人輒去。中丞沈約彈之云：「肆情運氣，不顧朝典，揚眉闊步，直轡高驅。」坐贖論。時何點、王思遠之徒請交，並不降意。自天子至于侯伯，未嘗與一人游。卒於黃門郎。子籍。

籍字文海，仕齊爲餘杭令〔一二〕，政化如神，善於擿伏，自下莫能欺也。性頗不儉，俄然爲百姓所訟。又爲錢唐縣，下車布政，咸謂數十年來未之有也。

籍好學，有才氣，爲詩慕謝靈運。至其合也，殆無愧色。時人咸謂康樂之有王籍，如仲尼之有丘明，老聃之有嚴周。梁天監中，爲輕車湘東王諮議參軍，隨府會稽郡。至若邪溪賦詩云：「蟬噪林逾靜，鳥鳴山更幽。」劉孺見之，擊節不能已已。以公事免。

及爲中散大夫，彌忽忽不樂，乃至徒行市道，不擇交游。有時塗中見相識，輒以笠傘覆面。後爲作唐侯相〔一三〕，小邑寡事，彌不樂，不理縣事。人有訟者，鞭而遣之。未幾而卒。籍又甚工草書，筆勢遒放，蓋孔琳之流亞也。湘東王集其文爲十卷云。

瞻字思範，弘從孫也。祖柳字休季，位光祿大夫、東亭侯。父猷字世倫，位侍中、光祿大夫。瞻年六歲從師，時有伎經門過，同業皆出觀，瞻獨不視，習業如初。從父僧達聞而異之〔一四〕，謂其父猷曰：「大宗不衰，寄之此子。」年十二居父憂，以孝聞。服闋，襲封東亭侯。後頗好逸游，爲閭里患，以輕薄稱。及長，折節脩士操，涉獵書記，善碁工射。

歷位驃騎將軍王晏長史。晏誅，出爲晉陵太守。潔己爲政，妻子不免飢寒，時號廉平。王敬則作亂，瞻赴都，敬則經晉陵郡，人多附之。敬則敗，臺軍討賊黨，瞻言愚人易動，不足窮法。齊明帝從之，所全萬數。遷御史中丞。

梁臺建，爲侍中、吏部尚書。性率亮，居選所舉，其意多行。頗嗜酒，每飲或彌日，而精神朗贍，不廢簿領。梁武每稱瞻有三術：射、棊、酒也。卒，謚康侯。子長玄早卒。弘四弟：虞、柳、孺、曇首。虞字休仲，位廷尉卿。虞子深字景度，有美名，位新安太守。柳、孺事列于前，曇首别卷。

沖字長深，弘玄孫也。祖僧衍，位侍中。父茂璋字胤光，仕梁位給事黄門侍郎。沖母，梁武帝妹新安公主，卒於齊世。武帝深鍾愛沖，賜爵東安亭侯〔二五〕。累遷侍中，南郡太守。習於法令，政號平理，雖無赫赫之譽，久而見思。曉音樂，習歌儛，善與人交，貴游之中，聲名籍甚。

侯景之亂，元帝承制，沖求解南郡讓王僧辯，并獻女伎十人，以助軍賞。侯景平，授丹陽尹。魏平江陵，敬帝爲太宰承制，以沖爲左長史。紹泰中，累遷光禄大夫、尚書左僕射、開府儀同三司，給扶〔二六〕。

陳武帝受禪，領太子少傅，加特進、左光禄大夫，領丹陽尹，參撰律令。帝以沖前代舊臣，特申長幼之敬。文帝即位，益加尊重，嘗從幸司空徐度宅，宴筵之上，賜以几。光大元年薨，年七十六，贈司空，謚曰元簡。

沖有子三十人，並致通官；第十二子瑒。

瑒字子璵〔一七〕。沈靜有器局，美風儀。梁元帝時，位太子中庶子。陳武帝入輔，以爲司徒左長史。文帝即位，累遷太子中庶子、散騎常侍、侍中。父沖嘗爲瑒辭領中庶子，文帝顧沖曰：「所以久留瑒於承華，正欲使太子微有瑒風法耳。」宣帝即位，歷中書令，吏部尚書。瑒性寬和，務清靜，無所抑揚。遷尚書左僕射，加侍中，參選事。

瑒居家篤睦，每歲時饋遺，徧及近親。敦誘諸弟，稟其規訓。卒，贈特進，謚曰光子。

瑒弟瑜字子珪，亦知名。美容儀。年三十，官至侍中。永定元年使齊，以陳郡袁憲爲副。齊以王琳故，囚之。齊文宣每行，載死囚以從，齊人呼曰供御囚。每佗怒，則召殺之。瑜及憲並危殆者數矣，齊僕射楊遵彥每救護之。天嘉二年還朝，復爲侍中。卒，謚曰貞子。

論曰：語云「不有君子，其能國乎」。晉自中原沸騰，介居江左，以一隅之地，抗衡上國，年移三百，蓋有憑焉。其初諺云：「王與馬，共天下。」蓋王氏人倫之盛，實始是矣。及夫休元弟兄，並舉棟梁之任，下逮世嗣，無虧文雅之風。其所以簪纓不替，豈徒然也。僧達猖狂成性，元長躁競不止。闕

校勘記

〔一〕御史中丞王准之曾不彈舉　「王准之」，原作「王淮之」，據册府卷五一八、通志卷一三二改。按宋書卷六〇、本書卷二四有王准之傳。

〔二〕與彭城王義康居守　「義康」，原作「義恭」，據宋書卷四二王弘傳、册府卷二〇〇、卷三一八、通鑑卷一二〇宋紀二元嘉三年、通志卷一三二改。按宋書卷六八、本書卷一三有彭城王義康傳，而義恭封號爲江夏王。

〔三〕恐宜更爲其制　「恐」，宋書卷四二王弘傳、册府卷六一五作「怨」，屬上爲讀。

〔四〕謂人士可不受同伍之謫取罪其奴客庸何傷邪　「取」，宋書卷四二王弘傳作「耳」，屬上爲句。

〔五〕若美相盼接語欣懽者　「盼」，原作「眄」，據南監本、殿本改。南史詳節卷七、通志卷一三二

作「眪」。下文徑改不再出校。

〔六〕錫字寡光　張森楷南史校勘記：「毛本、殿本『宣』作『寡』，誤。」按南監本、北監本、汲本、殿本俱作「寡」，無作「宣」者，張氏所據不詳何本。

〔七〕僧亮弟僧衍位侍中僧衍弟僧達　「僧衍弟」，宋書卷四二王弘傳、卷七五王僧達傳作「弘少子」。僧達傳又載其孝建三年解太常職表，云「亡兄臣錫」「兄子僧亮」，本卷亦謂僧達「兄錫」。則僧達爲錫弟、僧亮爲錫子，僧達非僧衍弟。錢大昕考異卷三六考之甚詳。此處有誤。

〔八〕及大訟者亦進　「大」，御覽卷三八四引宋書、册府卷七七四宋本作「入」。

〔九〕與論文義　「與」，原作「舉」，據宋書卷七五王僧達傳、册府卷八三四、通志卷一三二改。

〔一〇〕三年間便望宰相　「三」，宋書卷七五王僧達傳、通鑑卷一二八宋紀一〇大明二年、通志卷一三二作「一二」。此或誤合「一二」二字爲「三」字。

〔一一〕荆江夏反叛　「江夏」，宋書卷七五王僧達傳作「江」。按李慈銘南史札記：「『荆』爲荆州刺史義宣，『江』爲江州刺史臧質。」「夏」字疑衍。

〔一二〕寄宣城左永之籍注以爲子　「之籍」，原作「籍之」，據殿本及宋書卷七五王僧達傳乙正。

〔一三〕二年除太常　宋書卷七五王僧達傳繫此事於孝建三年。按建康實録卷一三，孝建二年「十一月戊子，王僧達上表自解，帝以辭不遜，付門下免官」。與南史記載相合。

〔一四〕黄門郎路瓊之太后兄慶之孫也　按洪頤煊諸史考異卷一五：「案路太后傳，太后弟子撫軍參軍瓊之上表自陳，有司承旨奏贈瓊之父道慶給事中。此作太后兄慶之孫，疑誤。」

〔一五〕與秣陵人藍宕期等謀爲亂　「藍宕期」，宋書卷七五王僧達傳作「藍宏期」。

〔一六〕又結殿中將軍苗乞食等起兵攻宮門　「苗乞食」，宋書卷七五王僧達傳作「苗允」。

〔一七〕以爲終無悛心　宋書卷七五王僧達傳「以爲」上有「上」字，文義顯豁。

〔一八〕入於湯谷　「湯」，南監本、北監本、殿本作「暘」。

〔一九〕不容都無主此　「都」「此」二字原脱，據南監本、北監本、殿本及南齊書卷四七王融傳、册府卷五二一補。

〔二〇〕伏惟明皇臨宇　「宇」，原作「守」，據南監本、北監本、汲本、殿本及南齊書卷四七王融傳改。

〔二一〕雅爲從兄儉所重　南齊書卷四六王秀之傳附王僧祐傳，謂僧祐爲儉從祖兄。觀下文儉到其門候之，疑南齊書爲是。

〔二二〕仕齊爲餘杭令　按梁書卷五〇文學下王籍傳：「齊末，爲冠軍行參軍，累遷外兵、記室。天監初，除安成王主簿，尚書三公郎，廷尉正。歷餘姚、錢塘令。」據此，王籍在梁世曾任餘姚令，與南史所載不同。

〔二三〕後爲作唐侯相　梁書卷五〇文學下王籍傳作「帶作唐令」。按梁書卷一〇蕭穎達傳，穎達於梁初封作唐侯，天監九年穎達卒，其子敏嗣爵，不知傳至何時。

〔二四〕從父僧達聞而異之　「僧達」，原作「僧遠」，據梁書卷二一王瞻傳、册府卷七九八、卷八一九、通志卷一四〇改。

〔二五〕賜爵東安亭侯　「東安」，陳書卷一七王沖傳作「安東」。按沖孫王宏墓誌大唐故貝州臨清縣令王君墓誌銘同南史，曾孫王約墓誌大唐故博州刺史王君墓誌銘則同陳書。

〔二六〕紹泰中累遷光禄大夫尚書左僕射開府儀同三司給扶　「光禄大夫」，陳書卷一七王沖傳作「左光禄大夫」。

〔二七〕瑒字子瑛　「子瑛」，陳書卷二三王瑒傳、御覽卷三七九引陳書、通志卷一四四作「子璵」。

南史卷二十二

列傳第十二

王曇首 子僧綽　孫儉　曾孫騫　騫子規　騫弟暕　暕子承　訓　僧綽弟僧虔　僧虔子慈　慈子泰　慈弟志　志弟子筠　志弟彬　寂

王曇首，太保弘之弟也。幼有素尚〔一〕，兄弟分財，曇首唯取圖書而已。辟琅邪王大司馬屬。從府公脩復洛陽園陵，與從弟球俱詣宋武帝，帝曰：「並膏粱世德，乃能屈志戎旅。」曇首答曰：「既從神武〔二〕，自使懦夫立志。」時謝晦在坐，曰：「仁者果有勇。」帝悦。及至彭城，大會戲馬臺，賦詩，曇首文先成。帝問弘曰：「卿弟何如卿？」答曰：「若但如下官，門户何寄？」帝大笑。

曇首有智局，喜愠不見於色，閨門内雍雍如也。手不執金玉，婦女亦不得以爲飾玩。

自非禄賜，一豪不受於人。爲文帝鎮西長史，武帝謂文帝曰：「曇首輔相才也，汝可每事諮之。」及文帝被迎入奉大統，議者皆致疑，曇首與到彥之、從兄華並勸上行，上猶未許。曇首固諫〔三〕，并言天人符應。上乃下，率府州文武嚴兵自衞，臺所遣百官衆力不得近部伍。中兵參軍朱容子抱刀在平乘户外，不解帶者累旬。及即位，謂曇首曰：「非宋昌獨見，無以致此。」以曇首爲侍中，領驍騎將軍，容子爲右軍將軍。誅徐羨之等及平謝晦，皆曇首及華力也。

元嘉四年，車駕出北堂，使三更竟，開廣莫門。南臺云：「應須白獸幡、銀字棨」。不肯開。尚書左丞羊玄保奏免御史中丞傅隆以下〔四〕。曇首曰：「既無墨敕〔五〕，又闕幡棨，雖稱上旨，不異單刺。元嘉元年、二年，雖有再開門例，此乃前事之違。今之守舊，未爲非禮。其不請白獸幡、銀字棨，致開門不時，由尚書相承之失，亦合糾正。」上特無問，更立科條。遷太子詹事，侍中如故。

自謝晦平後，上欲封曇首等，會讌集，舉酒勸之，因拊御牀曰：「此坐非卿兄弟，無復今日。」出詔以示之。曇首曰：「豈可因國之災，以爲身幸。陛下雖欲私臣，當如直史何。」封事遂寢。

時弘録尚書事，又爲揚州刺史。曇首爲上所親委，任兼兩宮。彭城王義康與弘並録，意常怏怏，又欲得揚州。以曇首居中分其權任，愈不悦。曇首固乞吴郡，文帝曰：「豈有欲建大廈而遺其棟梁？賢兄比屢稱疾，固辭州任，將來若相申許，此處非卿而誰？」時弘久疾，屢遜位，不許。義康謂賓客曰：「王公久疾不起，神州詎合卧臨？」曇首勸弘減府兵力之半，以配義康，乃悦。

七年卒，時年三十七。文帝臨慟，歎曰：「王詹事所疾不救，國之衰也。」中書舍人周赳侍側曰：「王家欲衰，賢者先殞。」上曰：「直是我家衰耳。」贈光禄大夫〔六〕。九年，以預誅徐羡之等謀，追封豫寧縣侯，謚曰文。孝武即位，配饗文帝廟庭。子僧綽嗣。

僧綽幼有大成之度，衆便以國器許之。好學，練悉朝典。年十三，文帝引見，拜便流涕哽咽，上亦悲不自勝。襲封豫寧縣侯，尚文帝長女東陽獻公主。初爲江夏王義恭司徒參軍。累遷尚書吏部郎，參掌大選，究識流品，任舉咸盡其分。

僧綽深沈有局度，不以才能高人。父曇首與王華並被任遇，華子新建侯嗣，才劣，位遇亦輕。僧綽嘗謂中書侍郎蔡興宗曰：「弟名位與新建齊〔七〕，弟超至今日，蓋姻戚所致也。」遷侍中，時年二十九。始興王濬嘗問其年，僧綽自嫌早達，逡巡良久乃答，其謙退若此。

元嘉末，文帝頗以後事爲念，大相付託，朝政大小皆參焉。從兄微，清介士也，懼其太盛，勸令損抑。僧綽乃求吴郡及廣州，並不許。會巫蠱事洩，上先召僧綽具言之。及將廢立，使尋求前朝舊典。劭於東宫夜饗將士，僧綽密以啓聞。上又令撰漢、魏以來廢諸王故事送與江湛、徐湛之。湛之欲立隨王誕〔八〕，江湛欲立南平王鑠，文帝欲立建平王宏，議久不決。誕妃即湛之女，鑠妃湛妹也。僧綽曰：「建立之事，仰由聖懷。臣謂惟宜速斷，幾事難密〔九〕，不可使難生虙表，取笑千載。」上曰：「卿可謂能斷大事，此事不可不殷勤；且庶人始亡，人將謂我無復慈愛之道。」僧綽曰：「恐千載之後，言陛下惟能裁弟，不能裁兒。」上默然。江湛出閤謂僧綽曰：「卿向言將不傷直邪？」僧綽曰：「弟亦恨君不直。」

及劭弒逆，江湛在尚書上省，聞變，曰：「不用王僧綽言至此。」劭立，轉僧綽吏部尚書。及檢文帝巾箱及湛家書疏，得僧綽所啓饗士并廢諸王事，乃收害焉，因此陷北第諸侯王，以爲與僧綽有異志。孝武即位，追贈金紫光禄大夫，謚曰愍侯。

初，太社西空地，本吴時丁奉宅，孫皓流徙其家。江左初，爲周顗、蘇峻宅，後爲袁悦宅，又爲章武王司馬秀宅，皆以凶終；及給臧燾，亦頻遇禍，故世稱凶地。僧綽嘗謂宅無吉凶，請以爲第，始造，未及居而敗。子儉。

儉字仲寶，生而僧綽遇害，爲叔父僧虔所養。數歲，襲爵豫寧縣侯。拜受茅土，流涕不行。儉嫡母武康主同太初巫蠱事，不可以爲婦姑，欲開冢離葬。儉因人自陳，密以死請，故事雖小，已有棟梁氣矣，終當任人家國事。」言之宋明帝，選尚陽羨公主，拜駙馬都尉。帝以乃手書崔子玉座右銘以貽之。丹陽尹袁粲聞其名，及見之曰：「宰相之門也。栝柏豫章嗚咽。幼篤學，手不釋卷。賓客或相稱美，僧虔曰：「我不患此兒無名，政恐名太盛耳。」

年十八，解褐秘書郎，太子舍人，超遷秘書丞。依七略撰七志四十卷，表獻之。又撰定元徽四部書目。母憂，服闋，爲司徒右長史。晉令，公府長史著朝服，宋大明以來著朱衣。儉上言宜復舊制，時議不許。及蒼梧暴虐，儉告袁粲求外出，引晉新安主婿王獻之任吳興爲例，補義興太守。

昇明二年，爲長兼侍中，以父終此職，固讓。先是，齊高帝爲相，欲引時賢參讚大業，時謝朏爲長史，帝夜召朏，却人與語久之，朏無言。唯有二小兒捉燭，帝慮朏難之，仍取燭遣兒，朏又無言，帝乃呼左右。儉素知帝雄異，後請間言於帝曰：「功高不賞，古來非一，以公今日位地，欲北面居人臣，可乎？」帝正色裁之，而神采內和。儉因又曰：「儉蒙公殊眄，所以吐所難吐，何賜拒之深。宋以景和、元徽之淫虐，非公豈復寧濟；但人情澆薄，不能持久，公若小復推遷，則人望去矣，豈唯大業永淪，七尺豈可得保？」帝笑曰：「卿言不無理。」儉又曰：「公今名位，故是經常宰相，宜禮絶羣后，微示變革。當先令褚公知之，儉請銜命。」帝曰：「我當自往。」經少日，帝自造彥回，款言移晷，乃謂曰：「我夢應得官。」彥回曰：「今授始爾，恐一二年間未容便移。且吉夢未必便在旦夕。」帝還告儉，儉曰：「褚是未達理。」虞整時爲中書舍人，甚閑辭翰，儉乃自報整，使作詔。及高帝爲太尉，引儉爲右長史，尋轉左，專見任用。大典將行，禮儀詔策，皆出於儉，褚彥回唯爲詔〔一〇〕，又使儉參懷定之。

齊臺建，遷尚書右僕射，領吏部，時年二十八。多所引進。時客有姓譚者，詣儉求官，儉謂曰：「齊桓滅譚，那得有君？」答曰：「譚子奔莒，所以有僕。」儉賞其善據，卒得職焉。高帝嘗從容謂儉曰：「我今日當以青溪爲鴻溝。」對曰：「天應人順，庶無楚、漢之事。」

時朝儀草創，衣服制則，未有定準，儉議曰：「漢景六年，梁王入朝，中郎謁者金貂出入殿門。左思魏都賦云『藹藹列侍，金貂齊光』，此藩國侍臣有貂之明文。晉百官表云『太尉參軍四人，朝服武冠』，此又宰府之明文。」又疑百僚敬齊公之禮，儉又曰：「晉王受命，勸進云『沖等眷眷』，稱名則應盡禮。」而世子禮秩未定，儉又曰：「春秋曹世子來朝，待以上公之禮，下其君一等。今齊公九命，禮冠列蕃，世子亦宜異數。」並從之。世子鎮石頭城，仍以爲世子宮，儉又曰：「魯有靈光殿，漢之前例也。聽事爲崇光殿，外齋爲宣德殿，以散騎常侍張緒爲世子詹事，車服悉依東宮制度。」

高帝踐阼，與儉議佐命功臣，從容謂曰：「卿謀謨之功，莫與爲二，卿止二千户，意以爲少。趙充國猶能自舉西零之任，況卿與我情期異常。」儉曰：「昔宋祖創業，佐命諸公，開國不過二千，以臣比之，唯覺超越。」上笑曰：「張良辭侯，何以過此。」

建元元年，改封南昌縣公。時都下舛雜，且多姦盜，上欲立符伍，家家以相檢括。儉諫曰：「京師翼翼，四方是湊，必也持符，於事既煩，理成不曠，謝安所謂『不爾何以爲京師』。」乃止。是歲，有司奏定郊殷之禮，儉以爲宜以今年十月殷祭宗廟，自此以後，五年再殷祭。二年正月上辛，有事南郊，即以其日還祭明堂；又用次辛饗祀北郊，而並無配。從之。明年轉左僕射，領選如故。

初，宋明帝紫極殿珠簾綺柱，飾以金玉，江左所未有，高帝欲以其材起宣陽門，儉與褚彥回及叔父僧虔連名表諫，上手詔酬納。宋世，宮門外六門城設竹籬，是年初，有發白虎樽言「白門三重門，竹籬穿不完」。上感其言，改立都墻。儉又諫，上答曰：「吾欲後世無以加也。」朝廷初基，制度草創，儉問無不決。上每曰〔一一〕：「詩云『惟岳降神，生甫及申』，今天爲我生儉也。」其年固請解選，見許。

帝幸樂遊宴集，謂儉曰：「卿好音樂，孰與朕同？」儉曰：「沐浴唐風，事兼比屋，亦既在齊，不知肉味。」帝稱善。後幸華林宴集，使各效伎藝。褚彥回彈琵琶，王僧虔、柳世隆彈琴，沈文季歌子夜來，張敬兒舞。儉曰：「臣無所解，唯知誦書。」因跪上前誦相如封禪書。上笑曰：「此盛德之事，吾何以堪之。」後上使陸澄誦孝經，起自「仲尼居」，儉曰：「澄所謂博而寡要〔一二〕。臣請誦之。」乃誦君子之事上章。上曰：「善，張子布更覺非奇也。」於是王敬則脫朝服袒，以絳糾髻，奮臂拍張，叫動左右。上不悅曰：「豈聞三公如此。」答曰：「臣以拍張，故得三公，不可忘拍張。」時以爲名答。

儉尋以本官領太子詹事，加兵三百人〔一三〕。時皇太子妃薨，左衞將軍沈文季經爲宮臣，未詳服不。儉議曰：「漢、魏以來，宮僚先備臣隸之節，具體在三。存既盡敬，亡豈無服？昔庾翼喪妻，王允、滕含猶謂府吏宜有小君之服，況臣節之重。宜依禮爲舊君之妻齊衰三月而除〔一四〕。」上崩，遺詔以儉爲侍中、尚書令、鎮軍。每上朝，令史恒有三五十人隨上，諮事辯析，未嘗壅滯。褚彥回時爲司徒、録尚書，笑謂儉曰：「觀令判斷甚樂。」儉曰：「所以得厝私懷，寔由稟明公不言之化。」武帝即位，給班劍二十人，進號衞將軍，掌選事。時有司以前代嗣位，或仍前郊年，或別爲郊始，晉、宋以來，未有畫一。儉議曰：「晉明帝太寧三年南郊，其年九月崩〔一五〕；成帝即位，明年改元，亦郊。簡文咸安二年南郊〔一六〕，其年七月崩；孝武即位，明年改元，亦郊。宋元嘉三十年正月南郊，二月崩；孝武嗣位，明年亦郊。此二代明例，差可依放。今聖明係業，幽顯宅心，言化則頻郊非嫌，語事則元號初改，禋燎登配，孝敬兼遂。謂明年正月宜饗祀二郊，虞祭明堂〔一七〕。自茲以後，依舊間歲。」有司又以明年正月上辛應南郊，而立春在上辛後，郊在立春前爲疑。儉曰：「宋景平元年正月三日辛丑南郊，其月十一日立春，元嘉十六年正月六日辛未南郊，其月八日立春，此近世明例也。」並從之。

永明二年，領丹陽尹。三年，領國子祭酒，又領太子少傅。舊太子敬二傅同，至是朝議接少傅以賓友禮。宋時國學頽廢，未暇脩復，宋明帝泰始六年，置總明觀以集學士，或謂之東觀，置東觀祭酒一人，總明訪舉郎二人；儒、玄、文、史四科，科置學士十人，其餘令史以下各有差。是歲，以國學既立，省總明觀，於儉宅開學士館，以總明四部書充之。又詔儉以家爲府。四年，以本官領吏部。先是宋孝武好文章，天下悉以文采相尚〔一八〕，莫以專經爲業。儉弱年便留意三禮，尤善春秋，發言吐論，造次必於儒教，由是衣冠翕然，並尚經學，儒教於此大興。何承天禮論三百卷，儉抄爲八帙，又別抄條目爲十三卷。朝儀舊典，晉、宋來施行故事，撰次諳憶，無遺漏者。所以當朝理事，斷決如流。每博議引證，先儒罕有其例，八坐丞郎，無能異者。令史諮事，賓客滿席，儉應接銓序，傍無留滯。十日一還，監試諸生，巾卷在庭，劍衞令史，儀容甚盛。作解散幘，斜插簪，朝野慕之，相與放効。

儉常謂人曰：「江左風流宰相，惟有謝安」，蓋自況也。武帝深委仗之，士流選用，奏無不可。

五年，儉即本號開府儀同三司，固讓。六年，重申前命。先是詔儉三日一還朝，尚書令史出諮事〔九〕，上以往來煩數，詔儉還尚書下省，月聽十日出外。儉啓求解選，上不許。七年，乃上表固請，見許，改領中書監，參掌選事。其年疾，上親臨視。薨，年四十八〔一〇〕。詔衞軍文武及臺所給兵仗，悉停侍葬。又詔追贈太尉，加羽葆、鼓吹，增班劍爲六十人，葬禮依太宰文簡公褚彥回故事。謚文憲公。

儉寡嗜慾，唯以經國爲務，車服塵素，家無遺財。手筆典裁，爲當時所重。少便有宰臣之志，賦詩云：「稷契匡虞夏，伊吕翼商周。」及生子，字曰玄成，取仍世作相之義。撰古今喪服集記并文集，並行於世。梁武帝受禪，詔爲儉立碑，降爵爲侯。

儉弟遜，宋昇明中爲丹陽丞，告劉彥節事，不蒙封賞。建元初，爲晉陵太守，有怨言。儉慮爲禍，因褚彥回啓聞，中丞陸澄依事舉奏。詔以儉竭誠佐命，特降刑書宥遜，遠徙永嘉郡，於道伏誅。

長子騫嗣。

騫字思寂，本字玄成，與齊高帝偏諱同，故改焉。性凝簡，慕樂廣爲人，未嘗言人之短。諸女子姪皆嬪王尚主，朔望來歸，輜軿填咽，非所欲也，敕歲中不過一再見。嘗從容謂諸子曰：「吾家本素族，自可依流平進，不須苟求也。」歷黄門郎、司徒右長史。不事産業，有舊墅在鍾山，八十餘頃，與諸宅及故舊共佃之。常謂人曰：「我不如鄭公業，有田四百頃，而食常不周。」以此爲愧。永元末，召爲侍中，不拜。三年春，枉矢晝見西方，長十餘丈。騫曰：「此除舊布新之象也。」及梁武起兵，騫曰：「天時人事，其在此乎。」梁武霸府建，引爲大司馬諮議參軍，遷侍中。及帝受禪，降封爲侯。歷位度支尚書，中書令。武帝於鍾山西造大愛敬寺，騫舊墅在寺側者，即王導賜田也。帝遣主書宣旨，就騫市之，欲以施寺。答云：「此田不賣；若敕取，所不敢言。」酬對又脱略。帝怒，遂付市評田價，以直逼還之。由是忤旨，出爲吴興太守。

騫性侈於味而儉於服，頗以多忌爲累。又惰於接物，雖主書宣敕，或過時不見。才望不及弟暕，特以儉之嫡，故不棄於時。暕爲尚書左丞僕射，當朝用事，騫自中書令爲郡，邑邑不樂，在郡卧不視事。徵復爲度支尚書，加給事中，領射聲校尉。以母憂去職。普通三年卒，年四十九。贈侍中、金紫光禄大夫，謚曰安。子規。

規字威明，八歲丁所生母憂，居喪有至性。齊太尉徐孝嗣每見必爲流涕，稱曰「孝童」。叔父暕亦深器重之，常曰：「此兒吾家千里駒也。」年十二，略通五經大義。及長，遂博涉有口辯。爲本州迎主簿。起家秘書郎，累遷太子洗馬。

天監十二年，改造太極殿畢，規獻新殿賦，其辭甚工。後爲晉安王綱雲麾諮議參軍，久之，爲新安太守。父憂去職，服闋，襲封南昌縣侯。除中書黄門侍郎，敕與陳郡殷芸、琅邪王錫、范陽張緬同侍東宮〔三〕，俱爲昭明太子所禮。湘東王繹時爲丹陽尹，與朝士宴集，屬規爲酒令。規從容曰：「江左以來，未有茲舉。」特進蕭琛、金紫光禄大夫傅昭在坐，並謂爲知言。朱异嘗因酒卿規，規責以無禮。

普通初，陳慶之北侵，陷洛陽，百僚稱慶。規退曰：「可吊也，又何賀焉。道家有云：非爲功難，成功難也。昔桓温得而復失，宋武竟無成功。我孤軍無援，深入寇境，將爲亂階。」俄見覆没。

六年，武帝於文德殿餞廣州刺史元景隆，詔羣臣賦詩，同用五十韻。規援筆立奏，其文又美，武帝嘉焉，即日授侍中。後爲晉安王長史。王立爲太子，仍爲散騎常侍、太子中庶子，侍東宮。太子賜以所服貂蟬，并降令書，悦是舉也。尋爲吴郡太守，主書芮珍宗家在吴，前守宰皆傾意附之。至是珍宗假還，規遇之甚薄，珍宗還都，密奏規不理郡事。俄徵爲左户尚書。郡境千餘人詣闕請留，表三奏不許。求於郡樹碑，許之。

規常以門宗貴盛，恒思減退。後爲太子中庶子，領步兵校尉，辭疾不拜，遂於鍾山宋熙寺築室居焉。卒，贈光禄大夫，謚曰文。皇太子出臨哭，與湘東王繹令曰：「王威明風韻遒上，神峰標映，千里絶迹，百尺無枝，實俊人也。一爾過隙，永歸長夜，金刀掩芒，長淮絶涸。去歲冬中，已傷劉子，今茲寒孟，復悼王生。俱往之傷，信非虚説。」規集後漢衆家異同，注續漢書二百卷。文集二十卷。

子褒，魏剋江陵，入長安。

暕字思晦，騫弟也。年數歲而風神警拔，有成人之度。時父儉作宰相，賓客盈門，見暕曰：「公才公望，復在此矣。」弱冠選尚淮南長公主，拜駙馬都尉，歷秘書丞。齊明帝詔求異士，始安王遥光薦暕及東海王僧孺。除暕驃騎從事中郎〔二二〕，天監中，歷位侍中，吏部尚書，領國子祭酒。門貴，與物隔，不能留心寒素，頗稱刻薄。後爲尚書左僕射，領國子祭酒。卒，謚曰靖。子承、幼、訓，並通顯〔二三〕。

承字安期，初爲秘書郎，累遷中書黄門侍郎，兼國子博士。時膏腴貴遊，咸以文學相尚，罕以經術爲業；唯承獨好儒業。遷長兼侍中，俄轉國子祭酒。承祖儉、父暕皆爲此職，三世爲國師，前代未之有。久之，出爲東陽太守。政存寬惠，吏人悦之。卒郡，謚曰章。

承性簡貴，有風格。右衞朱异當朝用事，每休下，車馬填門。有魏郡申英者，門寒才俊，好危言高論以忤權右。嘗指异門曰：「此中輻湊，皆爲利往，能不至者，唯大小王東陽耳。」小東陽即承弟幼也。時唯承兄弟及褚翔不至异門，世並稱之。

訓字懷範，生而紫胞，師嫗云「法當貴」。幼聰警，有識量，僧正惠超見而奇之，謂門人羅智國曰：「四郎眉目疎朗，舉動和韻，此是興門户者。」智國以白暕，暕亦曰：「不墜基業，其在文殊。」文殊，訓小字也。年十三，暕亡，憂毁，家人莫識。十六召見文德殿，應對爽徹，上目送之久，謂朱异曰：「可謂相門有相。」初補國子生，問説師袁昂。昂曰：「久籍高名，有勞虚想，及覩容止，若披雲霧。」俄而諸袁子弟來，昂謂諸助教曰：「我兒出十數，若有一子如此，實無所恨。」射策，除秘書郎，累遷秘書丞。嘗詩云〔二四〕：「旦奭匡世功，蕭曹佐甿俗。」追祖儉之志也。

後拜侍中，入見武帝。帝問何敬容曰：「褚彦回年幾爲宰相？」敬容曰：「少過三十。」上曰：「今之王訓，無謝彦回。」訓美容儀，善進止，文章爲後進領袖。年二十六，卒，謚温子。

僧虔，金紫光禄大夫僧綽弟也。父曇首，與兄弟集會子孫，任其戲適。僧達跳下地作彪子。時僧虔累十二博棊，既不墜落，亦不重作。僧綽採蠟燭珠爲鳳皇，僧達奪取打壞，亦復不惜。伯父弘歎曰：「僧達俊爽，當不減人；然亡吾家者，終此子也。僧虔必至公，僧綽當以名義見美。」或云僧虔採燭珠爲鳳皇，弘稱其長者云。僧虔弱冠，雅善隸書，宋文帝見其書素扇，歎曰：「非唯跡逾子敬，方當器雅過之。」爲太子舍人，退默少交接。與袁淑、謝莊善，淑每歎之曰：「卿文情鴻麗，學解深拔，而韜光潛實，物莫之窺，雖魏陽元之射，王汝南之騎，無以加焉。」遷司徒左西屬。

兄僧綽爲宋元凶所害，親賓咸勸之逃，僧虔泣曰：「吾兄奉國以忠貞，撫我以慈愛，今日之事，苦不見及耳。若同歸九泉，猶羽化也。」孝武初，出爲武陵太守，攜諸子姪。兄子儉中塗得病，僧虔爲廢寢食，同行客慰喻之。僧虔曰：「昔馬援處子姪之間[二五]，一情不異，鄧攸於弟子，更逾所生，吾實懷其心，誠未異古。亡兄之胤，不宜忽諸，若此兒不救，便當回舟謝職。」還爲中書郎，再遷太子中庶子。

孝武欲擅書名，僧虔不敢顯跡，大明世常用掘筆書，以此見容。後爲御史中丞，領驍騎將軍。甲族由來多不居憲臺，王氏分枝居烏衣者，位宦微減。僧虔爲此官，乃曰：「此是烏衣諸郎坐處，我亦可試爲耳。」泰始中，爲吳興太守。始王獻之善書，爲吳興郡，及僧虔工書，又爲郡，論者稱之。

徙會稽太守。中書舍人阮佃夫家在東，請假歸，客勸僧虔以佃夫要幸，宜加禮接。僧虔曰：「我立身有素，豈能曲意此輩；彼若見惡，當拂衣去耳。」佃夫言於宋明帝，使御史中丞孫夐奏僧虔，坐免官。尋以白衣領侍中。

元徽中，爲吏部尚書，尋加散騎常侍，轉右僕射。昇明二年，爲尚書令。嘗爲飛白書題尚書省壁曰：「圓行方止，物之定質，脩之不已則溢，高之不已則慄，馳之不已則躓，引之不已則迭，是故去之宜疾。」當時嗟賞，以比坐右銘。兄子儉每覲見，輒勗以前言往行、忠貞止足之道。

雅好文史，解音律，以朝廷禮樂，多違正典，人間競造新聲。時齊高帝輔政，僧虔上表請正聲樂，高帝乃使侍中蕭惠基調正清商音律。

齊受命，轉侍中、丹陽尹。郡縣獄相承有上湯殺囚，僧虔上言：「湯本救疾，而實行冤暴，若罪必入重，自有正刑，若去惡宜疾，則應先啓，豈有死生大命，而潛制下邑。」上納其言而止。

文惠太子鎮雍州，有盜發古冢者，相傳云是楚王冢，大獲寶物：玉屐、玉屏風、竹簡書、青絲綸。簡廣數分，長二尺，皮節如新。有得十餘簡以示僧虔，云是科斗書考工記，周官所闕文也。

高帝素善書，篤好不已，與僧虔賭書畢，謂曰：「誰爲第一？」對曰：「臣書第一，陛下亦第一。」帝笑曰：「卿可謂善自爲謀。」或云帝問：「我書何如卿？」答曰：「臣正書第一，草書第二；陛下草書第二，而正書第三。臣無第三，陛下無第一。」帝大笑曰：「卿善爲辭；然天下有道，丘不與易也。」帝示僧虔古迹十一卷，就求能書人名。僧虔得人間所有卷中所無者：吴大皇帝、景帝、歸命侯書，桓玄書，及王丞相導、領軍洽、中書令珉、張芝、索靖、衞伯儒、張翼十一卷，奏之。又上羊欣所撰能書人名一卷。遷湘州刺史，侍中如故。清簡不營財産，百姓安之。

武帝即位，以風疾欲陳解，遷侍中、左光禄大夫、開府儀同三司。僧虔少時，羣從並會，客有相之云：「僧虔年位最高，仕當至公，餘人莫及。」及此授，僧虔謂兄子儉曰：「汝任重於朝，行當有八命之禮，我若復此授，一門有二台司，實所畏懼。」乃固辭，上優而許之。客問其故，僧虔曰：「吾榮位已過，無以報國，豈容更受高爵，方貽官謗邪。」儉既爲朝宰，起長梁齋，制度小過，僧虔視之不悦，竟不入户。儉即日毁之。永明三年薨，時年六十。追贈司空，侍中如故。謚簡穆。

僧虔頗解星文，夜坐見豫章分野當有事故，時僧虔子慈爲豫章内史，慮有公事；少時而僧虔薨，棄郡奔赴。時有前將軍陳天福，坐討唐寓之於錢唐掠奪百姓財物棄市。先是天福將行，令家人豫作壽冢，未至東，又信催速就。冢成而得罪，因以葬焉。又宋世光禄大夫劉鎮之年三十許，病篤，已辦凶具；既而疾愈，因畜棺以爲壽，九十餘乃亡，此器方用。因此而言，天道未易知也。

僧虔論書云：「宋文帝書，自言可比王子敬。時議者云，『天然勝羊欣，功夫少於欣』。王平南廙，右軍叔，過江，右軍之前以爲最。亡曾祖領軍[一六]，右軍云：『弟書遂不減吾。』變古制，今惟右軍。領軍不爾，至今猶法鍾、張。亡從祖中書令書，子敬云：『弟書如騎騾，駸駸恒欲度驊騮前。』庾征西翼書，少時與右軍齊名，右軍後進，庾猶不分。在荊州與都下人書云：『小兒輩賤家雞，皆學逸少書，須吾下當比之。』張翼，王右軍自書表，晉穆帝令翼寫題後答，右軍當時不別，久後方悟，云『小人幾欲亂真』。張芝、索靖、韋誕、鍾會、二衛，並得名前代，無以辨其優劣，唯見其筆力驚異耳。張澄當時亦呼有意。郗愔章草亞於右軍。郗嘉賓草亞於二王，緊媚其父[一七]。桓玄自謂右軍之流，論者以比孔琳之。謝安亦入能書録，亦自重，爲子敬書嵇康詩。羊欣書見重一時，親受子敬。行書尤善，正乃不稱名。孔琳之書，天然縱放，極有筆力，規矩恐在羊欣後。丘道護與羊欣俱面受子敬，故當在欣後。范曄與蕭思話同師羊欣，後小叛，既失故步，爲復小有意耳。蕭思話書，羊欣之影，風流趨好，殆當不減，筆力恨弱。謝綜書，其舅云緊生起。是得賞也，恨少媚好。謝靈運書乃不倫，遇其合時，亦得入流。賀道力書亞丘道護。庾昕學右軍〔一八〕，亦欲亂真矣。」

僧虔嘗自書讓尚書令表，辭制既雅，筆迹又麗，時人以比子敬崇賢。吴郡顧寶先卓越多奇，自以伎能，僧虔乃作飛白以示之。寶先曰：「下官今爲飛白屈矣。」僧虔著書賦，儉爲注序甚工。

僧虔宋世嘗有書誡子曰：

知汝恨吾未許汝學，欲自悔厲，或以闔棺自欺，或更擇美業，且得有慨，亦慰窮生。但亟聞斯唱，未覩其實，吾未信汝，非徒然也。往年有意於史，取三國志聚置牀頭，百日許，復徙業就玄。汝曾未窺其題目，未辨其指歸，而終日自欺人〔一九〕，人不受汝欺也。由吾不學，無以爲訓，然重華無嚴父，放勛無令子，亦各由己耳。汝輩竊議，亦當云『阿越不學，何忽自課』？汝見其一耳，不全爾也。設令吾學如馬、鄭，亦復甚勝，復倍不如，今亦必大減，致之有由，從身上來也。汝今壯年，自勤數倍，許勝劣及吾耳。

吾在世雖乏德素，要復推排人間十許年，故是一舊物，人或以比數汝耳。即化之後，若自無調度，誰復知汝事者。舍中亦有少負令譽、弱冠越超清級者，于時王家門中，優者龍鳳，劣猶虎豹。失蔭之後，豈龍虎之議？況吾不能爲汝蔭，政應各自努力耳。或有身經三公，蔑爾無聞，布衣寒素，卿相屈體〔三〇〕，父子貴賤殊，兄弟聲名異，何也？體盡讀數百卷書耳。吾今悔無所及，欲以前車誡爾後乘也。汝年入立境，方應從宦，兼有室累，何處復得下帷如王郎時邪？各爾身已切〔三一〕，豈復關吾邪！鬼唯知愛深松茂柏，寧知子弟毀譽事。因汝有感，故略敍胸懷。

子慈。

慈字伯寶。年八歲，外祖宋太宰江夏王義恭迎之內齋，施寶物恣所取，慈取素琴石硯及孝子圖而已，義恭善之。袁淑見其幼時，撫其背曰：「叔慈內潤也。」

少與從弟儉共書學。謝鳳子超宗嘗候僧虔，仍往東齋詣慈。慈正學書，未即放筆，超宗曰：「卿書何如虔公？」慈曰：「慈書比大人，如雞之比鳳。」超宗狼狽而退。十歲時，與蔡興宗子約入寺禮佛，正遇沙門懺，約戲慈曰：「衆僧今日可謂虔虔。」慈應聲曰：「卿如此，何以興蔡氏之宗。」歷位吳郡太守，大司馬長史，侍中，領步兵校尉，司徒左長史。慈患脚，齊武帝勑王晏：「慈有微疾，不能騎，聽乘車在仗後。」江左以來少例也。

慈妻劉彦節女，子觀尚武帝長女吴縣公主，脩婦禮，姑未嘗交答。江夏王鋒爲南徐州，王妃，慈女也，以慈爲東海太守，行徐州府州事〔三〕。還爲冠軍將軍、廬陵王中軍長史，未拜，永明九年卒。贈太常，謚懿。子泰。

泰字仲通，幼敏悟。年數歲時，祖母集諸孫姪，散棗栗於牀，羣兒競之，泰獨不取。問其故，對曰：「不取自當得賜。」由是中表異之。少好學，手所抄寫二千許卷。及長，通和温雅，家人不見喜愠之色。姊夫齊江夏王鋒爲齊明帝所害，外生蕭子友並孤弱〔三〕，泰資給撫訓，逾於子姪。

梁天監元年爲秘書丞。自齊永元之末，後宫火延燒秘書，書圖散亂殆盡。泰表校定繕寫，武帝從之。歷中書侍郎，掌吏部，仍即真。自過江，吏部郎不復典大選，令史以下，小人求競者輻湊，前後少能稱職。泰爲之，不爲貴賤請屬易意，天下稱平。轉黄門侍郎，每預朝宴，刻燭賦詩，文不加點，帝深賞歎。沈約常曰：「王有養、炬，謝有覽、舉。」養，泰小字；炬，筠小字也。

始革大理，以泰爲廷尉卿，再歷侍中，後爲都官尚書。泰能接人士，故每願其居選官。

頊之，爲吏部尚書，衣冠屬望。未及選舉，仍疾，改除散騎常侍、左驍騎將軍，未拜，卒，謚夷。子廓。

志字次道，慈之弟也。九歲，居所生母憂，哀容毁瘠，爲中表所異。弱冠，選尚宋孝武女安固公主，拜駙馬都尉。褚彦回爲司徒，引志爲主簿。謂其父僧虔曰：「朝廷之恩，本爲殊特，所可光榮，在屈賢子。」

累遷宣城内史，清謹有恩惠。郡人張倪、吴慶爭田，經年不決。志到官，父老相謂曰：「王府君有德政，吾鄉里乃有如此爭。」倪、慶因相攜請罪，所訟地遂成閑田。後爲東陽太守，郡獄有重囚十餘，冬至日，悉遣還家，過節皆反，唯一人失期。志曰：「此自太守事，主者勿憂。」明旦果至，以婦孕。吏人益歎服之。

爲吏部尚書，在選以和理稱。崔慧景平，以例加右軍將軍，封臨汝侯。固讓，改領右衞將軍。及梁武軍至，城内殺東昏，百僚署名送首。志歎曰：「冠雖弊，可加足乎？」因取庭樹葉挼服之，僞悶不署名。梁武覽牋無志署，心嘉之，弗以讓也。霸府開，爲驃騎大將軍長史。梁臺建，位散騎常侍、中書令。

天監初，爲丹陽尹，爲政清静。都下有寡婦無子，姑亡舉責以斂，葬既而無以還之。

志愍其義，以俸錢償焉。時年饑，每旦爲粥於郡門以賦百姓，衆悉稱惠。常懷止足，謂諸子姪曰：「謝莊在宋孝武時，位止中書令，吾自視豈可過之。」三年，爲散騎常侍、中書令，因多謝病，簡通賓客。九年，還爲散騎常侍、金紫光禄大夫[三四]，卒。

志善藁隸，當時以爲楷法。齊游擊將軍徐希秀亦號能書，常謂志爲「書聖」。志家居建康禁中里馬糞巷。父僧虔門風寬恕，志尤惇厚，所歷不以罪咎劾人。門下客嘗盜脱志車幰賣之，志知而不問，待之如初。賓客遊其門者，專蓋其過而稱其善。兄弟子姪皆篤實謙和，時人號馬糞諸王爲長者。普通四年，志改葬，武帝厚賻贈之，謚曰安。有五子：緝、休、諲、操、素。

志弟揖位太中大夫，揖子筠。

筠字元禮，一字德柔，幼而警悟，七歲能屬文。年十六，爲芍藥賦，其辭甚美。及長，清静好學，與從兄泰齊名。沈約見筠，以爲似外祖袁粲，謂僕射張稷曰：「王郎非唯額類袁公，風韻都欲相似。」稷曰：「袁公見人輒矜嚴，王郎見人必娱笑。唯此一條，不能酷似。」

仕爲尚書殿中郎，王氏過江以來，未有居郎署，或勸不就，筠曰：「陸平原東南之秀，王文度獨步江東。吾得比蹤昔人，何所多恨。」乃欣然就職。

沈約每見筠文咨嗟，嘗謂曰：「昔蔡伯喈見王仲宣，稱曰王公之孫，吾家書籍悉當相與。僕雖不敏，請附斯言。自謝朓諸賢零落，平生意好殆絶，不謂疲暮復逢於君。」約於郊居宅閣齋，請筠爲草木十詠書之壁，皆直寫文辭，不加篇題。約謂人曰：「此詩指物程形，無假題署。」約製郊居賦，搆思積時，猶未都畢，示筠草。筠讀至「雌霓五的反連蜷」，約撫掌欣抃曰：「僕常恐人呼爲霓五兮反。」次至「墜石磓星」及「冰懸埳而帶坻」，筠皆擊節稱贊。約曰：「知音者希，真奇殆絶〔三五〕，所以相要，政在此數句耳。」筠又嘗爲詩呈約，約即報書歎詠，以爲後進擅美。筠又能用强韻，每公宴並作，辭必妍靡。約嘗啓上，言晚來名家無先筠者。又於御筵謂王志曰：「賢弟子文章之美，可謂後來獨步。謝朓常見語云，『好詩圓美流轉如彈丸』。近見其數首，方知此言爲實。」

累遷太子洗馬，中舍人，並掌東宮管記。昭明太子愛文學士，常與筠及劉孝綽、陸倕、到洽、殷鈞等遊宴玄圃〔三六〕，太子獨執筠袖，撫孝綽肩曰：「所謂左把浮丘袖，右拍洪崖肩。」其見重如此。筠又與殷鈞以方雅見禮。後爲中書郎，奉敕製開善寺寶誌法師碑文，辭甚麗逸。又敕撰中書表奏三十卷，及所上賦頌都爲一集。

後爲太子家令，復掌管記〔三七〕。普通元年，以母憂去職。筠有孝性，毀瘠過禮。中大通二年〔三八〕，爲司徒左長史。三年，昭明太子薨，敕製哀策文，復見嗟賞。尋出爲臨海太守，在郡侵刻，還資有芒屬兩舫，他物稱是。爲有司奏，不調累年。後歷祕書監，太府卿，度支尚書，司徒左長史。及簡文即位，爲太子詹事。

筠家累千金，性儉嗇，外服麤弊，所乘牛嘗飼以青草。及遇亂，舊宅先爲賊焚，乃寓居國子祭酒蕭子雲宅。夜忽有盜攻，懼墜井，卒，時年六十九。家人十三口同遇害，人棄尸積於空井中。

筠狀貌寢小，長不滿六尺。性弘厚，不以藝能高人。而少擅才名，與劉孝綽見重當時。其自序云：「余少好抄書，老而彌篤，雖遇見瞥觀，皆即疏記。後重省覽，懽興彌深。習與性成，不覺筆倦。自年十三四，建武二年乙亥，至梁大同六年，四十載矣〔三九〕。幼年讀五經，皆七八十遍。愛左氏春秋，吟諷常爲口實。廣略去取，凡三過五抄，餘經及周官、儀禮、國語、爾雅、山海經、本草並再抄，子史諸集皆一遍。未嘗倩人假手，並躬自抄錄，大小百餘卷。不足傳之好事，蓋以備遺忘而已。」又與諸兒書論家門集云：「史傳稱安平崔氏及汝南應氏並累葉有文才，所以范蔚宗云崔氏彫龍〔四〇〕。然不過父子兩三世耳，非有七葉之中，名德重光，爵位相繼，人人有集，如吾門者也。沈少傅約常語人云：『吾少好百家之言，身爲四代之史。自開闢以來，未有爵位蟬聯、文才相繼如王氏之盛也。』汝等仰觀堂搆，思各努力。」筠自撰其文章，以一官爲一集，自洗馬、中書、中庶、吏部、左佐、臨海、太府各十卷，尚書三十卷，凡一百卷，行於世。

子祥，仕陳位黄門侍郎。揖弟彬。

彬字思文，好文章，習篆隸，與志齊名。時人爲之語曰：「三真六草，爲天下寶。」齊武帝起舊宫，彬獻賦，文辭典麗。尚齊高帝女臨海長公主，拜駙馬都尉。仕齊，歷太子中庶子，徙永嘉太守。卜室於積穀山，有終焉之志。梁天監中，歷吏部尚書、祕書監。卒，謚惠。彬立身清白，推賢接士，有士君子風。彬弟寂。

寂字子玄，性迅動，好文章。讀范滂傳，未嘗不歎悒。王融敗後，賓客多歸之。齊建武初，欲獻中興頌，兄志謂曰：「汝膏粱年少，何患不達？不鎮之以靜，將恐貽譏。」寂乃止。位祕書郎。卒年二十一。

論曰：王曇首之才器，王僧綽之忠直，其世禄不替也，豈徒然哉。仲寶雅道自居，早懷伊、吕之志，竟而逢時遇主，自致宰輔之隆，所謂衣冠禮樂盡在是矣。齊有人焉，於斯爲盛。其餘文雅儒素，各禀家風，箕裘不墜，亦云美矣。

校勘記

〔一〕幼有素尚　「有」，宋乙本壹及通志卷一三二作「而」。「素」，宋書卷六三王曇首傳作「業」。

〔二〕既從神武　宋書卷六三王曇首傳下有「之師」二字。按馬宗霍校證：「時宋武奉琅邪王北伐，則『之師』二字不可省。」

〔三〕曇首固諫　「固諫」，宋書卷六三王曇首傳作「固陳」。

〔四〕尚書左丞羊玄保奏免御史中丞傅隆以下　「以」字原闕，據宋乙本壹及宋書卷六三王曇首傳、册府卷四六〇、通志卷一三二補。御覽卷三四一、卷六八一引宋書作「已」，南監本、北監本、殿本作「旨」。

〔五〕既無墨敕　「墨」，原作「異」，據宋書卷六三王曇首傳、册府卷四六〇、通志卷一三二改。

〔六〕贈光禄大夫　宋書卷六三王曇首傳作「贈左光禄大夫」。

〔七〕弟名位與新建齊　宋書卷七一王僧綽傳「與」字上有「應」字。

〔八〕湛之欲立隨王誕　「湛之」二字原脱，據宋書卷七一王僧綽傳補。

〔九〕幾事難密　「難」，宋書卷七一王僧綽傳、通鑑卷一二七宋紀九元嘉三十年作「雖」。

〔一〇〕褚彦回唯爲詔　「詔」字上，南齊書卷二三王儉傳、通志卷一三七有「禪」字，疑是。

〔二〕上每曰　「每」，宋乙本壹及南齊書卷二三王儉傳、册府卷三〇九、卷四六二、通志卷一三七作「歎」。

〔三〕澄所謂博而寡要　「澄」，原作「臣」，據宋乙本壹、北監本、殿本及南齊書卷二三王儉傳、御覽卷五八三引蕭子顯齊書、通志卷一三七改。

〔三〕加兵三百人　「三百」，南齊書卷二三王儉傳作「二百」。按江淹王僕射加兵詔云「可加兵二百」，與南齊書相合。

〔四〕宜依禮爲舊君之妻齊衰三月而除　「禮爲」二字原脱，據南齊書卷一〇禮志下補。

〔五〕其年九月崩　按晉書卷六明帝紀，明帝崩於太寧三年閏八月。

〔六〕簡文咸安二年南郊　「二年」，原作「三年」。按咸安無三年，據南齊書卷九禮志上、册府卷五七七改。

〔七〕謂明年正月宜饗祀二郊虞祭明堂　「饗祀」原作「饗禮」，「虞祭」原作「虞祭」，據南齊書卷九禮志上改。

〔八〕天下悉以文采相尚　「悉」字原闕，據册府卷五九七宋本、通志卷一三七補。

〔九〕尚書令史出諮事　「出」，南齊書卷二三王儉傳作「出外」。下文亦稱「月聽十日出外」，此疑脱「外」字。

〔一〇〕薨年四十八　「四十八」，殿本及南齊書卷二三王儉傳作「三十八」。按文選卷四六任昉王文憲集序：「春秋三十有八，七年五月三日，薨于建康官舍。」又本傳前文云「齊臺建，遷尚書右僕射，領吏部，時年二十八」，事在宋昇明三年（四七九），則王儉永明七年（四八九）死時應爲三十八歲。

〔二一〕敕與陳郡殷芸琅邪王錫范陽張緬同侍東宮　「殷芸」，梁書卷四一王規傳、册府卷二六〇、卷七〇八、卷八〇七作「殷鈞」。

〔二二〕除暕驃騎從事中郎　「驃」字原脱，據梁書卷二一王暕傳補。

〔二三〕子承幼訓並通顯　「幼」，梁書卷二一王暕傳作「穉」，此避唐諱而改。

〔二四〕嘗詩云　通志卷一四〇「詩」字上有「賦」字。

〔二五〕昔馬援處子姪之間　「處」字原脱，據南齊書卷三三王僧虔傳、通志卷一三七補。

〔二六〕亡曾祖領軍　南齊書卷三三王僧虔傳、册府卷八六一「軍」下有「書」字。

〔二七〕緊媚其父　册府卷八六一、法書要録卷一作「緊媚過其父」。

〔二八〕庾昕學右軍　「庾昕」，法書要録卷一王僧虔論書作「康昕」，同卷羊欣古來能書人名、高僧傳卷四晉剡東仰山竺法潛傳並有「康昕」其人。疑作「康昕」爲是。

〔二九〕而終日自欺人　南齊書卷三三王僧虔傳無「自」字。

〔三〇〕卿相屈體　「卿相」，原作「輕相」，據宋乙本壹及南齊書卷三三王僧虔傳、册府卷八一七、通志卷一三七改。

〔三一〕各爾身己切　南齊書卷三三王僧虔傳作「各在爾身己切身」。

〔三二〕行徐州府州事　「徐州」，疑當作「南徐州」，上云「江夏王鋒爲南徐州」。

〔三三〕外生蕭子友並孤弱　「並」字疑衍。

〔三四〕還爲散騎常侍金紫光禄大夫　「還」，北監本、殿本及梁書卷二一王志傳作「遷」。

〔三五〕真奇殆絶　「奇」，北監本、殿本及梁書卷三三王筠傳、册府卷八三九作「賞」。

〔三六〕常與筠及劉孝綽陸倕到洽殷鈞等遊宴玄圃　「殷鈞」，梁書卷三三王筠傳作「殷芸」。下文「筠又與殷鈞以方雅見禮」亦同。

〔三七〕復掌管記　「記」，原作「人」，據宋乙本壹、南監本、北監本、汲本、殿本改。

〔三八〕中大通二年　「中大通」，原作「大通」，據梁書卷三三王筠傳改。按下文云：「三年，昭明太子薨。」太子之薨正在中大通三年。

〔三九〕建武二年乙亥至梁大同六年四十載矣　「四十」，册府卷七七〇宋本作「三十」，明本作「四十六」。按自齊建武二年至梁大同六年計四十六年。

〔四〇〕所以范蔚宗云崔氏彫龍　按李慈銘南史札記：「後漢書崔駰傳贊云：『崔爲文宗，世禪雕龍。』此處『雕』上脱『世禪』二字。」按梁書卷三三王筠傳、册府卷八一七並有「世擅」二字，禪、擅古字通用。

南史卷二十三

列傳第十三

王誕 兄子僓 僓子藻 藻弟子瑩 瑩從弟亮 王華 從弟琨 王惠 從弟球 王彧 子絢 絢弟繢 繢孫克 彧兄子藴 奂 奂弟份 份孫銓 錫 僉 通 勱 質 固

王誕字茂世，太保弘從祖兄也。祖恬，晉中軍將軍。父混，太常卿。誕少有才藻，晉孝武帝崩，從叔尚書令珣爲哀策，出本示誕，曰：「猶恨少序節物。」誕攬筆便益之，接其「秋冬代變」後云：「霜繁廣除，風回高殿。」珣歎美，因而用之。襲爵雉鄉侯，爲會稽王世子元顯後軍長史、琅邪内史。誕結事元顯嬖人張法順，故見寵。元顯納妾，誕爲之親迎。隨府轉驃騎長史，内史如故。元顯討桓玄，欲悉誅諸桓，誕救桓脩等，由此得免。脩，誕甥也。及玄得志，將見誅，脩爲陳請，乃徙廣州。

盧循據廣州，以誕爲其平南府長史，甚賓禮之。誕久客思歸，乃說循曰：「下官與劉鎮軍情味不淺，若得北歸，必蒙任寄。」時廣州刺史吳隱之亦爲循所拘留，誕又曰：「將軍今留吳公，公私非計。孫伯符豈不欲留華子魚，但以一境不容二君耳。」於是誕及隱之俱得還。

誕爲宋武帝太尉長史，盡心歸奉，帝甚仗之。盧循自蔡洲南走，劉毅固求追討。誕密白帝曰：「公既平廣固，復滅盧循，則功蓋終古，勳無與二。如此大威，豈可使餘人分之？毅與公同起布衣，一時相推耳，今既喪敗，不宜復使立功。」帝納其說。後爲吳國內史，母憂去職。

武帝伐劉毅，起爲輔國將軍，誕固辭，以墨絰從行。時諸葛長人行太尉留府事，心不自安，武帝甚慮之。毅既平，誕求先下。帝曰：「長人似有自疑心，卿詎宜便去？」誕曰：「長人知下官蒙公垂盼，今輕身單下，必當以爲無虞，可少安其意。」帝笑曰：「卿勇過賁、育矣。」於是先還。後卒，追封作唐縣五等侯。

子詡早卒。誕兄嘏字偉世，侍中、左户尚書、始興公。嘏子偃。

偃字子游，母晉孝武帝女鄱陽公主〔一〕。宋受禪，封永成君。偃尚宋武帝第二女吴興長公主，諱榮男。常倮偃縛諸庭樹，時天夜雪，噤凍久之。偃兄恢排閤詬主，乃免。偃謙虚恭謹，不以世事關懷，位右光禄大夫，贈開府儀同三司，謚恭公。

長子藻，位東陽太守，尚文帝第六女臨川長公主，諱英媛。公主性妬，而藻別愛左右人吴崇祖。景和中，主讒之於廢帝，藻下獄死，主與王氏離婚。宋世諸主莫不嚴妬，明帝每疾之。湖熟令袁慆妻以妬賜死，使近臣虞通之撰妬婦記。左光禄大夫江湛孫斅當尚孝武帝女，上乃使人爲斅作表讓婚曰：

伏承詔旨，當以臨汝公主降嬪〔二〕，榮出望表，恩加典外。顧審輶蔽，伏用憂惶。臣寒門悴族，人凡質陋，閭閻有對，本隔天姻。如臣素流，家貧業寡，年近將冠，皆已有室。荆釵布裙，足得成禮。每不自解，無偶迄兹，媒訪莫尋，素族弗問。自惟門慶，屬降公主〔三〕，天恩所覃，庸及醜末。懷憂抱惕，慮不獲免，徵命所當，果膺兹舉。雖門泰宗榮〔四〕，於臣非倖，仰緣聖貸，冒陳愚實。

自晉氏以來，配尚王姬者，雖累經美胄，亟有名才。至如王敦懾氣，桓温斂威，真長佯愚以求免，子敬灸足以違禍，王偃無仲都之質，而倮雪於北階，何瑀闕龍工之姿，而投軀於深井，謝莊殆自害於矇叟〔五〕，殷沖幾不免於强鉏。彼數人者，非無才意，而勢屈於崇貴，事隔於聞覽，吞悲茹氣，無所逃訴。制勒甚於僕隸，防閑過於婢妾，行來出入〔六〕，人理之常，當待賓客，朋從之義，而令掃轍息駕，無闚門之期，廢筵抽席，絶接對之理。非唯交友離異，乃亦兄弟疎闊。第令受酒肉之賜，制以動靜，監子待錢帛之私，節其言笑。姆嬭爭媚，相勸以嚴，尼媪競前，相諂以急。第令必凡庸下才，監子皆葭萌愚豎。議舉止則未閑是非，聽言語則謬於虛實。姆嬭敢恃耆舊，唯贊妬忌；尼媪自唱多知，務檢口舌。其間又有應答問訊，卜筮師母，乃至殘餘飲食，詰辯與誰，衣被故弊，必責頭領。又出入之宜，繁省難衷，或進不獲前，或入不聽出。不入則嫌於欲疎，求出則疑有別意。召必以三晡爲期，遣必以日出爲限。夕不見晚魄，朝不識曙星。至於夜步月而弄琴，晝拱袂而披卷，一生之内，與此長乖。又聲影裁聞，則少婢奔迸，裾袂向席，則醜老叢來。左右整刷，以疑寵見嫌，賓客未冠，以少容致斥。禮有列媵，象有貫魚，本無嫚嫡之嫌，豈有輕婦之誚？今義絶傍私，虔恭正匹，而每事必言無儀適，設辭輒云輕易我。又竊聞諸主聚集，唯論夫族，緩不足爲急者法，急則可爲緩者師。更相扇誘，本其恒意，不可貸借，固實常辭。或云野敗去，或云人笑我。雖曰家事，有甚王憲，發口所言，恒同科律。王藻雖復彊佷，頗經學涉，戲笑之事，遂爲冤魂。褚暧憂憤，用致夭絕，傷理害義，難以具聞。夫螽斯之德，實致克昌，專妬之行，有妨繁衍。是以尚主之門，往往絕嗣，駙馬之身，通離釁咎。以臣凡弱，何以克堪。必將毀族淪門，豈伊身眚〔七〕？前後嬰此，其人雖衆，然皆患彰遐邇，事隔天朝，故吞言咽理，無敢論訴。

臣幸屬聖明，矜照由道，弘物以典，處親以公，臣之鄙懷，可得自盡。如臣門分，世荷殊榮，足守前基，便預提拂。清官顯位，或由才升，一叨婚戚，咸成恩假。是以仰冒非宜，披露丹實，非唯止陳一己，規全身願，寔乃廣申諸門受患之切。伏願天慈照察，特賜蠲停，使燕雀微羣，得保叢蔚，蠢物憐生，自己彌篤。若恩詔難降，披請不申，便當刊膚翦髮，投山竄海。

帝以此表遍示諸主以諷切之，并爲戲笑。元徽中，臨川主表求還身王族，守養弱嗣，許之。藻弟懋字昌業，光禄大夫，封南鄉侯。懋子瑩。

瑩字奉光，選尚宋臨淮公主，拜駙馬都尉。累遷義興太守，代謝超宗。超宗去郡，與瑩交惡〔八〕，還都就懋求書屬瑩求一吏，曰：「丈人一旨，如湯澆雪耳。」及至，瑩答旨以公吏不可。超宗往懋處，對諸賓謂懋曰：「湯定不可澆雪。」懋面洞赤，唯大恥愧。懋後往超宗處，設精白鮑、美鮓、麞肶。懋問那得佳味，超宗詭言義興始見餉，陽驚曰：「丈人豈應不得邪？」懋大忿，言於朝廷，稱瑩供養不足，坐失郡，廢棄久之。

後歷侍中，東陽太守。以居郡有惠政，遷吳興太守。齊明帝勤憂庶政，瑩頻處二郡，皆有能名。還爲中領軍隨王長史。意不平，改爲太子詹事、中領軍。

永元初，政由羣小，瑩守職而已，不能有所是非。及尚書令徐孝嗣誅，瑩頗綜朝政，啓取孝嗣所居宅，及取孝嗣封名枝江縣侯以爲己封。從弟亮謂曰：「此非盛德也。」瑩怒曰：「我昔從東度爲吳興，東身登岸，徐時爲宰相，不能見知，相用爲領軍長史。今住其宅，差無多慙。」時人咸謂失德。亮既當朝，於瑩素雖不善，時欲引與同事。遷尚書左僕射，未拜；會護軍崔惠景自京口奉江夏王內向，瑩拒惠景於湖頭。衆敗，瑩赴水，乘舫入樂遊，因得還臺城。惠景敗，瑩還居領軍府。梁武兵至，復假節、都督宮城諸軍事。建康平，瑩乃以宅還徐氏。

初爲武帝相國左長史，及踐阼，封建城縣公，累遷尚書令。瑩性清慎，帝深善之。時有猛獸入郭，上意不悅，以問羣臣，羣臣莫對。瑩在御筵，乃斂板答曰：「昔擊石拊石，百獸率舞。陛下膺籙御圖，虎象來格。」帝大悅，衆咸服焉。

十五年，位左光祿大夫、開府儀同三司、丹陽尹。既爲公，須開黃閤。宅前促，欲買南鄰朱侃半宅〔九〕。侃懼見侵，貨得錢百萬，瑩乃回閤向東。時人爲之語曰：「欲向南，錢可貪；遂向東，爲黄銅。」及將拜，印工鑄印，六鑄而龜六毁。及成，頭空不實，補而用之。居職六日暴疾薨，謚曰靜恭。

少子實嗣。起家祕書郎，尚梁武帝女安吉公主，襲爵建城縣公，爲新安太守。實從兄來郡，就求告。實與銅錢五十萬，不聽於郡及道散用。從兄密於郡市貨，還都求利。及去郡數十里，實乃知，命追之。呼從兄上岸盤頭，令卒與杖，搏頰乞原，劣得免。後爲南康嗣王湘州長史、長沙郡。王三日出禊，實衣冠傾崎，王性方嚴，見之意殊惡。實稱主名謂王曰：「蕭玉誌念實，殿下何見憎？」王驚赧即起。後密啓之，因此廢錮。

亮字奉叔，瑩從父弟也。父攸字昌達，仕宋位太宰中郎，贈給事黄門侍郎。亮以名家〔一〇〕，宋末選尚公主，拜駙馬都尉。歷任祕書丞。齊竟陵王子良開西邸，延才俊，以爲士林〔一一〕，使工圖其像，亮亦預焉。

累遷晉陵太守，在職清公，有美政。時有晉陵令沈巑之性麤疎，好犯亮諱，亮不堪，遂啓代之。巑之怏怏，乃造坐云：「下官以犯諱被代，未知明府諱。若爲攸字，當作無骹尊傍犬？爲犬傍無骹尊？若是有心攸？無心攸〔一二〕？乞告示。」亮不履下牀跣而走，巑之撫掌大笑而去。

建武末，累遷吏部尚書。時右僕射江祏管朝政，多所進拔，爲士所歸。亮自以身居選部，每持異議。始亮未爲吏部郎時，以祏帝之内弟，故深友祏。祏爲之延譽，益爲帝所器重。至是與祏情好攜薄，祏昵之如初。及祏遇誅，羣小放命，凡所除拜，悉由内寵，亮弗能止。外若詳審，内無明鑒，所選用，拘資次而已，當時不謂爲能。後爲尚書左僕射。及東昏肆虐，亮取容以免。

梁武帝至新林，内外百僚皆道迎，其不能拔者亦間路送誠款，亮獨不遣。及東昏遇弒，張稷仍集亮等於太極殿前西鍾下坐，議欲立齊湘東嗣王寶晊。領軍瑩曰：「城閉已久，人情離解，征東在近，何不諮問？」張稷又曰：「桀有昏德，鼎遷于殷。今實微子去殷、項伯歸漢之日。」亮默然。朝士相次下牀，乃遣國子博士范雲齎東昏首送石頭，推亮爲首。

城平，朝士畢至，亮獨後，褰履見武帝。帝謂曰：「顚而不扶，安用彼相？」亮曰：「若其可扶，明公豈有今日之舉。」因泣而去。霸府開，以爲大司馬長史。梁臺建，授侍中、尚書令，固讓，乃爲侍中、中書監，兼尚書令。及受禪，遷侍中、尚書令、中軍將軍，封豫寧縣公。

天監二年，轉左光禄大夫。元日朝會，亮辭疾不登殿，設饌別省，語笑自若。數日，詔公卿問訊，亮無病色。御史中丞樂藹奏亮大不敬，論棄市。詔削爵，廢爲庶人。四年，帝宴華光殿，求讜言。尚書左丞范縝起曰：「司徒謝朏本有虚名，陛下擢之如此；前尚書令王亮頗有政體，陛下棄之如彼。愚臣所不知。」帝變色曰：「卿可更餘言。」縝固執不已，帝不悦。御史中丞任昉因奏縝妄陳褒貶，請免縝官。詔可。亮因屏居閉掃，不通賓客。遭母憂，居喪盡禮。後爲中書監，加散騎常侍。卒，謚煬子。

王華字子陵，誕從祖弟也。祖薈，衛將軍、會稽内史。父廞，司徒右長史〔一三〕。晉安帝隆安初，王恭起兵討王國寶，時廞丁母憂在家。恭檄令起兵，廞即聚衆應之，以女爲貞烈將軍，以女人爲官屬。及國寶死，恭檄廞罷兵。廞起兵之際，多所誅戮，至是不復得已，因舉兵以討恭爲名。恭遣劉牢之擊廞，廞敗走，不知所在。長子泰爲恭所殺。華時年十三，在軍中，與廞相失，隨沙門釋曇冰逃〔一四〕，使提衣襆從後，津邏咸疑焉。華行遲，曇冰罵曰：「奴子怠懈，行不及我。」以杖捶華數十，衆乃不疑，由此得免。遇赦還吴，以父存没不測，布衣蔬食，不交游者十餘年。

宋武帝欲收其才用，乃發廞喪，使華制服。服闋，武帝北伐長安，領鎮西將軍、北徐州刺史，辟華爲州主簿。後爲别駕，歷職著稱。文帝鎮江陵，爲西中郎主簿、諮議參軍。文帝未親政事，悉委司馬張邵。華性尚物，不欲人在己前。邵性豪，每行來常引夾轂。華出入乘牽車，從者不過兩三人以矯之。嘗相逢，華陽若不知是邵，謂左右曰：「此鹵簿甚盛，必是殿下。」乃下牽車立於道側，及邵至乃驚。邵白服登城，爲華所糾，邵坐被徵，華代爲司馬。

文帝將入奉大統，以少帝見害，不敢下。華曰：「先帝有大功於天下，四海所服。雖嗣主不綱，人望未改。徐羨之中才寒士，傅亮布衣諸生，非有晉宣帝、王大將軍之心明矣。畏廬陵嚴斷，將來必不自容。殿下寬叡慈仁所知〔一五〕，已且越次奉迎，冀以見德，悠悠之論，殆必不然。羨之、亮、晦又要檀道濟、王弘五人同功，孰肯相讓，勢必不行。今日就徵，萬無所慮。」帝從之，曰：「卿復欲爲吾之宋昌矣。」乃留華總後任。

上即位，以華爲侍中、右衞將軍。先是，會稽孔甯子爲文帝鎮西諮議參軍，以文義見賞，至是爲黄門侍郎，領步兵校尉。甯子先爲何無忌安成國侍郎，還東脩宅，令門可容高蓋，隣里笑之。甯子曰：「大丈夫何常之有。」甯子與華並有富貴之願，自羨之等執權，日夜搆之於文帝。甯子嘗東歸至金昌亭，左右欲泊船，甯子命去之，曰：「此殺君亭，不可泊也。」華每閑居諷詠，常誦王粲登樓賦曰：「冀王道之一平，假高衢而騁力。」出入逢羨之等，每切齒憤叱，歎曰：「當見太平時否？」元嘉二年，甯子卒。三年，誅羨之等。華遷護軍將軍，侍中如故。宋世唯華與南陽劉湛不爲飾讓，得官即拜，以此爲常。

華以情事異人，未嘗預宴集。終身不飲酒，有宴不之詣。若有論事者，乘車造門，主人出車就之。及王弘輔政，而弘弟曇首爲文帝所任，與華相埒。華常謂己力用不盡，每歎曰：「宰相頓有數人，天下何由得安？」四年卒，年四十三。九年，以誅羨之功，追封新建縣侯，謚曰宣。孝武即位，配享文帝廟庭。

子定侯嗣，卒。子長嗣，坐罵母奪爵，以長弟佟紹封〔一六〕。齊受禪，國除。

琨，華從父弟也。父懌不辨菽麥，時以爲殷道矜之流。人無肯與婚，家以獠婢恭心侍之，遂生琨。初名崐崘，懌後娶南陽樂玄女，無子，故即以琨爲名，立以爲嗣。

琨少謹篤，爲從伯司徒謐所愛。宋武帝初爲桓脩參軍，脩待帝厚。後帝以事計圖脩，猶懷昔顧，使王華訪素門，嫁其二女。華爲琨娶大女，以小女適潁川庾敬度，亦是舊族。除琨郎中、駙馬都尉、奉朝請。

先是，琨伯父廞得罪晉世，諸子並從誅，唯華得免。華宋世貴盛，以門衰，提攜琨，恩若同生，爲之延譽。歷位宣城、義熙太守〔一七〕，皆以廉約稱。華終，又託之宋文帝，故琨屢居清顯。孝建中，爲吏部郎。吏曹選局，貴要多所屬請，琨自公卿下至士大夫，例爲用兩門生。江夏王義恭嘗屬琨用二人，後復屬，琨答不許。

出爲平越中郎將、廣州刺史，加都督。南土沃實，在任者常致巨富。世云廣州刺史但經城門一過，便得三千萬。琨無所取納，表獻祿俸之半。鎮舊有鼓吹〔一八〕，又啓輸還。及罷任，孝武知其清，問還資多少？琨曰：「臣買宅百三十萬，餘物稱之。」帝悅其對。後爲歷陽內史。上以琨忠實，徙爲寵子新安王北中郎長史。再歷度支尚書，加光祿大夫。

初，琨從兄華孫長襲華爵新建縣侯，嗜酒多愆失，琨表以長將傾基緒，請以長小弟佟嗣焉。琨後出爲吳郡太守，遷中領軍，坐在郡用朝舍錢三十六萬，營餉二宮諸王及作絳襖奉獻軍用，左遷光祿大夫。尋加太常及金紫，加散騎常侍。廷尉虞龢議社稷各一神〔一九〕，琨案舊糾駮，不爲屈。時龢見寵，朝廷歎琨强正。

明帝臨崩，出爲會稽太守，加都督，坐誤竟囚，降爲冠軍。順帝即位，進右光祿大夫。順帝遜位，百僚陪列，琨攀畫輪獺尾慟泣曰：「人以壽爲歡，老臣以壽爲戚。既不能先驅螻蟻，頻見此事。」嗚咽不自勝，百官人人雨淚。

齊高帝即位，領武陵王師，加侍中。時王儉爲宰相，屬琨用東海郡迎吏，琨使謂曰：

「語郎，三臺五省，皆是郎用人，外方小郡，當乞寒賤，省官何容復奪之。」遂不過其事。尋解王師。及高帝崩，琨聞國諱，牛不在宅，去臺數里，遂步行入宮。朝士皆謂曰：「故宜待車，有損國望。」琨曰：「今日奔赴，皆自應爾。」遂得病卒，贈左光禄大夫，年八十四。

琨謙恭謹慎，老而不渝，朝會必早起，簡閱衣裳，料數冠幘，如此數四，或爲輕薄所笑。大明中，尚書僕射顏師伯豪貴，下省設女樂，琨時爲度支尚書，要琨同聽，傳酒行炙，皆悉内妓。琨以男女無親授，傳行每至，令置牀上，回面避之然後取，畢又如此，坐上莫不撫手嗤笑，琨容色自若。師伯後爲設樂邀琨，琨不往。中領軍劉勔，晚節有栖退志，表求東陽郡，尚書令袁粲以下莫不贊美之。琨曰：「永初、景平，唯謝晦、殷景仁爲中領軍，元嘉有到彦之，爲人望才譽，勔不及也。近聞加侍中，已爲怏怏，便求東陽，臣恐子房赤松未易輕擬。」其鯁直如此。而儉於財用，設酒不過兩盌，輒云「此酒難遇」。鹽豉薑蒜之屬，並挂屏風，酒漿悉置牀下，内外有求，琨手自賦之。景和中，討義陽王昶，六軍戒嚴，應須紫檞，左右欲營辦，琨曰：「元嘉初征謝晦，有紫檞在匣中，不須更作。」檢取果得焉。而避諱過甚，父名懌，母名恭心，並不得犯焉，時咸謂矯枉過正。

王惠字令明，誕從祖弟也。祖劭，車騎將軍。父默，左光禄大夫。

惠幼而夷簡，爲叔父司徒謐所知。恬静不交遊，未嘗有雜事。陳郡謝瞻才辯有風氣，嘗與兄弟羣從造惠，談論鋒起，文史間發，惠時相訓應，言清理遠，瞻等慙而退。宋武帝聞其名，以問其從兄誕，誕曰：「惠後來秀令，鄙宗之美也。」即以爲行參軍，累遷世子中軍長史。

時會稽内史劉懷敬之郡，送者傾都，惠亦造别。還過從弟球，球問：「向何所見？」惠言：「唯覺逢人耳。」素不與謝靈運相識，嘗得交言，靈運辯博，辭義鋒起，惠時然後言。時荀伯子在坐，退而告人曰：「靈運固自蕭散直上，王郎有如萬頃陂焉。」嘗臨曲水，風雨暴至，坐者皆馳散。惠徐起，不異常日，不以霑濡而改。

宋國初建，當置郎中令，武帝難其人，謂傅亮曰：「今用郎中令，不可減袁曜卿。」既而曰：「吾得其人矣，曜卿不得獨擅其奇。」乃以惠居之。

宋少帝即位，以蔡廓爲吏部尚書，不肯拜，乃以惠代焉。惠被召即拜，未嘗接客。人有與書求官，得輒聚閣上，及去職，印封如初。時以廓不拜惠即拜，事異而意同也。

兄鑒頗好聚斂，惠意不同，謂曰：「何用田爲？」鑒怒曰：「無田何由得食。」惠又曰：「何用食爲？」其標寄如此。卒，贈太常，無子。

球字蒨玉，司徒謐之子、惠從父弟也，少與惠齊名。宋武帝受命，爲太子中舍人，宜都王友，轉諮議參軍。文帝即位，王弘兄弟貴動朝廷，球終日端拱，未嘗相往來，弘亦雅敬之。歷位侍中，中書令，吏部尚書。時中書舍人徐爰有寵於上，上嘗命球及殷景仁與之相知。球辭曰：「士庶區別，國之章也。臣不敢奉詔。」上改容謝焉。

球簡貴勢，不交游〔二〇〕，筵席虛靜，門無異客。曇首常云：「蒨玉亦是玉卮無當耳。」既而尚書僕射殷景仁、領軍將軍劉湛並執重權，傾動内外，球雖通家姻戚，未嘗往來。居選職，接客甚稀，不視求官書疏，而銓衡有序。遷光禄大夫，領廬陵王師。

時大將軍彭城王義康專以政事爲本，刀筆幹練者多被意遇。謂劉湛曰：「王敬弘、王球之屬，竟何所堪施？爲自富貴，復那可解。」球兄子履深結劉湛，委誠義康與劉斌等。球每訓厲，不納。自大將軍從事中郎轉太子中庶子，流涕訴義康不願違離，故復爲從事中郎。文帝甚銜之。及誅湛之夕，履徒跣告球。球命爲取履，先温酒與之，謂曰：「常日謂汝何？」履怖不得答。球徐曰：「阿父在，汝何憂。」左右扶郎還齋，亦以球故，履免死廢於家。

殷景仁卒，球除尚書僕射，王師如故。素有脚疾，多病還家，朝直至少。録尚書江夏王義恭謂尚書何尚之曰：「當今乏才，羣下宜加戮力，而王球放恣如此，宜以法糾之。」尚之曰：「球有素尚，加又多疾，公應以淡退求之，未可以文案責也。」義恭又面啓文帝曰：「王球誠有素譽，頗以物外自許。端任要切，或非所長。」帝曰：「誠知如此，要是時望所歸。昔周伯仁終日飲酒而居此任，蓋所以崇素德也。」遂見優容。後以白衣領職。十八年，卒，時年四十九。贈特進、金紫光祿大夫。無子，從孫奐爲後。

王彧字景文，球從子也。祖穆字伯遠，司徒謐之長兄，位臨海太守。父僧朗，仕宋位尚書右僕射，明帝初，以后父加特進，贈開府儀同三司，謚元公。彧名與明帝諱同，故以字行。伯父智少簡貴，有高名，宋武帝甚重之。常言「見王智使人思仲祖」。武帝與劉穆之討劉毅而智在焉〔二一〕，他日，穆之白武帝曰：「伐國重事，公言何乃使王智知？」武帝笑曰：「此人高簡，豈聞此輩論議。」其見知如此。爲宋國五兵尚書，封建陵縣五等子，追贈太常。

智無子，故父僧朗以景文繼智。幼爲從叔球所知憐。美風姿，爲一時推謝〔二二〕。袁粲見之歎曰：「景文非但風流可悅，乃哺歠亦復可觀。」有一客少時及見謝混，答曰：「景文方謝叔源，則爲野父矣。」粲悵悵良久，曰：「恨眼中不見此人。」

景文好言理，少與陳郡謝莊齊名。文帝嘗與羣臣臨天泉池，帝垂綸良久不獲。景文越席曰：「臣以爲垂綸者清，故不獲貪餌。」衆皆稱善。文帝甚相欽重，故爲明帝娶景文妹而以景文之名名明帝。武帝第五女新安公主先適太原王景深，離絶，當以適景文，景文固辭以疾，故不成婚。襲爵建陵子。元凶以爲黄門侍郎，未及就，孝武入討，景文遣間使歸款。以父在都下，不獲致身，事平，頗見嫌責。猶以舊恩，累遷司徒左長史。

上以散騎常侍舊與侍中俱掌獻替，欲高其選，以景文及會稽孔覬俱南北之望以補之。尋復爲司徒左長史。以姊墓開不臨赴〔一三〕，免官。後拜侍中、領射聲校尉、左衛將軍〔一四〕，加給事中、太子中庶子。坐與奉朝請毛法因蒲戲得錢百二十萬，白衣領職。

景和元年，爲尚書右僕射。明帝即位，加領左衛將軍，尋加丹陽尹。遭父憂，起爲尚書左僕射、丹陽尹，固辭僕射。出爲江州刺史，加都督，服闋乃受詔。封江安縣侯，固讓不許。後徵爲尚書左僕射、領吏部、揚州刺史，加太子詹事。不願還朝，求爲湘州，不許。時又謂景文在江州不能潔己，景文與上幸臣王道隆書，深自申理。

景文屢辭内授，上手詔譬之曰：「尚書左僕射，卿已經此任，東宫詹事用人雖美，職次政可比中書令耳。庶姓作揚州，徐干木、王休元、殷鐵並處之不辭，卿清令才望，何愧休元，毗贊中興，豈謝干木，綢繆相與，何後殷鐵邪？司徒以宰相不應帶神州，遠遵先旨〔二五〕，京口鄉基義重，密邇畿内〔二六〕，又不得不用驃騎〔二七〕。陝西任要，由來用宗室，驃騎既去，巴陵理應居之，中流雖曰閑地，控帶二江〔二八〕，通接荆、郢，經塗之要，由來有重鎮。如此，則揚州自成闕刺史。卿若有辭，便不知誰應處之。此選大備與公卿疇懷，非聊爾也。」固辭脅事、領選，徙爲中書令，常侍、僕射、揚州如故。又進中書監，領太子太傅，常侍、揚州如故。景文固辭太傅，上遣新除尚書右僕射褚彦回宣旨，不得已乃受拜。

時太子及諸皇子並小，上稍爲身後計〔二九〕，諸將帥吴喜、壽寂之之徒，慮其不能奉幼主，並殺之。而景文外戚貴盛，張永累經軍旅，又疑其將來難信，乃自爲謡言曰：「一士不可親，弓長射殺人。」一士王字，指景文，弓長張字，指張永。景文彌懼，乃自陳求解揚州。詔答曰：

人居貴要，但問心若爲耳。大明之世，巢、徐二戴位不過執戟，權亢人主；顔師伯白衣僕射，横行尚書中。袁粲作僕射領選，而人往往不知有粲。粲遷爲令，居之不疑。今既省録，令便居昔之録任〔三〇〕，置省事及幹僮，並依録格。粲作令來亦不異爲僕射，人情向粲，淡然亦復不改常。以此居貴位要任，當有致憂兢不？卿今雖作揚州、太子太傅，位雖貴而不關朝政〔三一〕，可安不懼，差於粲也。卿虚心受榮，有而不爲累。貴高有危殆之懼，卑賤有溝壑之憂，張單雙災，木鴈兩失。有心於避禍，不如無心於任運。夫千仞之木，既摧於斧斤，一寸之草，亦悴於踐蹋。高崖之脩幹，與深谷之淺條，存亡之要，巨細一揆耳。晉將畢萬七戰，死於牖下〔三二〕；蜀相費禕從容坐談，斃於刺客。故甘心於履危，未必逢禍；縱意於處安，不必全福。但貴者自惜，故每憂其身，賤者自輕，故易忘其己。然爲教者每誡貴不誡賤，言其貴滿好自恃也。凡名位貴達，人以存懷，泰則觸人改容，否則行路嗟愕。至如賤者，否泰不足以動人，存亡不足以縈數，死於溝瀆，困於塗路者，天地之間，亦復何限，人不係意耳。以此而推，貴何必難處，賤何必易安。但人生自應卑慎爲道，行己用心，務思謹惜。

若乃吉凶大期，正應委之理運。遭隨參差，莫不由命也。既非聖人，不能見吉凶之先〔三三〕，正是依俙於理，言可行而爲之耳。得吉者是其命吉，遇不吉者是其命凶。以近事論之：景和之世，晉平庶人從壽陽歸亂朝，人皆爲之戰慄，而乃遇中興之運。袁顗圖避禍於襄陽，當時皆羨之，謂爲陵霄駕鳳，遂與義嘉同滅。駱宰見狂主〔三四〕，語人言「越王長頸鳥喙，可與共憂，不可共樂。范蠡去而全身，文種留而遇禍。今主口頸頗有越王之狀，我在尚書中久，不去必危」。遂求南江小縣〔三五〕。諸都令史住京師者，皆遭中興之慶，人人蒙爵級；宰逢義嘉染罪，金木纏身，性命幾絶。卿耳目所聞見，安危在運，何可豫圖邪？

上既有疾，而諸弟並已見殺，唯桂陽王休範人才本劣，不見疑，出爲江州刺史。慮一旦晏駕，皇后臨朝，則景文自然成宰相，門族强盛，藉元舅之重，歲暮不爲純臣。泰豫元年春，上疾篤，遣使送藥賜景文死，使謂曰：「朕不謂卿有罪，然吾不能獨死，請子先之。」因手詔曰：「與卿周旋，欲全卿門户，故有此處分。」敕至之夜，景文政與客棊，扣函看，復還封置局下，神色怡然不變。方與客棊思行爭劫竟，斂子内奩畢，徐謂客曰：「奉敕見賜以死。」方以敕示客。酒至未飲，門客焦度在側，憤怒發酒覆地曰：「大丈夫安能坐受死。州中文武可數百人，足以一奮。」景文曰：「知卿至心，若見念者，爲我百口計。」乃墨啓答敕，并謝贈詔。酌謂客曰：「此酒不可相勸。」自仰而飲之。時年六十。追贈開府儀同三司，謚曰懿。長子絢。

絢字長素，早惠。年五六歲，讀論語至「周監於二代」，外祖何尚之戲之曰：「可改耶耶乎文哉。」絢應聲答曰：「尊者之名，安可戲，寧可道草翁之風必舅？」及長，篤志好學。位祕書丞。先景文卒，謚曰恭世子。絢弟繢。

績字叔素，弱冠祕書郎、太子舍人，轉中書舍人。景文以此授超階，令績經年乃受。景文封江安侯〔三六〕，績襲其本爵爲始平縣五等男〔三七〕。元徽末，爲黄門郎，東陽太守。齊武帝爲撫軍，吏部尚書張岱選績爲長史，呈選牒，高帝笑曰：「此可謂素望。」再遷義興太守，輒録郡吏陳伯喜付陽羨獄，欲殺之，縣令孔逭不知何罪，不受績教，爲有司奏，坐白衣領職。後長兼侍中。武帝出射雉，績信佛法，稱疾不從。永元元年，卒於太常，謚靖子。

績女適武帝寵子安陸王子敬，永明二年納妃〔三八〕，脩外舅姑之敬。武帝遣文惠太子相隨往績家，置酒設樂，公卿皆冠冕而去，當世榮之。

績弟約，齊明帝世數年廢錮。梁武帝時爲太子中庶子，嘗謂約曰：「卿方當富貴，必不容久滯屈。」及帝作輔，謂曰：「我嘗相卿當富貴，不言卿今日富貴便當見由。」歷侍中，左户尚書，廷尉。

績長子僞，不慧，位止建安太守。

僞子克。克美容貌，善容止，仕梁歷司徒右長史、尚書僕射。臺城陷，仕侯景，位太宰、侍中、録尚書事。景敗，克迎候王僧辯，問克曰「勞事夷狄之君」，克不能對。次問璽紱何在？克默然良久曰：「趙平原將去。」平原名思賢，景腹心也，景授平原太守，故克呼焉。僧辯乃誚克曰：「王氏百世卿族，便是一朝而墜。」仕陳，位尚書右僕射。

蘊字彥深，彧兄子也。父楷，太中大夫。楷人才凡劣，故蘊不爲羣從所禮，常懷恥慨。家貧，爲廣德令。明帝即位，四方叛逆，欲以將領自奮，每撫刀曰：「龍泉太阿，汝知我者。」叔父景文常誡之曰：「阿荅，汝滅我門户〔三九〕。」蘊曰：「荅與童烏貴賤異。」童烏，絢小字；荅，蘊小字也。及事寧，封吉陽男。歷晉陵、義興太守，所莅並貪縱。後爲給事黃門侍郎。

桂陽之逼，王道隆爲亂兵所殺，蘊力戰，重創御溝側，或扶以免。事平，撫軍長史褚澄爲吳郡太守，司徒左長史蕭惠明言於朝曰〔四〇〕：「褚澄開城以納賊，更爲股肱大郡，王蘊被甲死戰，棄而不收，賞罰如此，何憂不亂！」褚彥回慙，乃議用蘊爲湘州刺史。及齊高帝輔政，蘊與沈攸之連謀，事敗，斬於秣陵市。

奐字道明，彧兄子也。父粹字景深，位黃門侍郎。奐繼從祖球，故小字彥孫。年數歲，常侍球許，甚見愛〔四一〕。奐諸兄出身諸王國常侍，而奐起家著作佐郎。琅邪顏延之與球情款稍異，常撫奐背曰：「阿奴始免寒士。」

奐少而强濟，叔父景文常以家事委之。仕宋歷侍中，祠部尚書，轉掌吏部。昇明初，遷丹陽尹。初，王晏父普曜爲沈攸之長史，常懼攸之舉事，不得還，奐爲吏部，轉普曜爲内職，晏深德之。及晏仕齊〔四二〕，武帝以奐宋室外戚，而從弟藴又同逆，疑有異意，晏叩頭保奐無異志。時晏父母在都，請以爲質，武帝乃止。

永明中，累遷尚書右僕射。王儉卒，上欲用奐爲尚書令，以問晏。晏位遇已重，意不推奐，答曰：「柳世隆有勳望，恐不宜在奐後。」乃轉左僕射，加給事中。出爲雍州刺史，加都督。與寧蠻長史劉興祖不睦。十一年，奐遣軍主朱公恩征蠻失利，興祖欲以啓聞，奐大怒，收付獄。興祖於獄以針畫漆合盤爲書，報家稱枉，令啓聞，而奐亦馳信啓上，誣興祖扇動荒蠻。上知其枉，敕送興祖還都，奐恐辭情翻背，輒殺之。上大怒，遣中書舍人吕文顯、直閤將軍曹道剛領兵收奐，又别詔梁州刺史曹武自江陵步出襄陽〔四三〕。奐子彪凶愚，頗干時政，士人咸切齒。時文顯以漆匣匣箜篌在船中，因相誑云，「臺使封刀斬王彪」。及道剛、曹武、文顯俱至，衆力既盛，又懼漆匣之言，於是議閉門拒命。長史殷叡，奐女壻也，諫曰：「今開城門，白服接臺使，不過檻車徵還，墮官免爵耳。」彪堅執不同，叡又曰：「宜遣典籤間道送啓自申〔四四〕，亦不患不被宥。」乃令叡書啓，遣典籤陳道齊出城，便爲文顯所執。叡又曰：「忠不背國，勇不逃死，百世門户，宜思後計，孰與仰藥自全，則身名俱泰，叡請先驅螻蟻。」又不從。奐門生鄭羽叩頭啓奐，乞出城迎臺使，奐曰：「我不作賊，欲先遣啓自申，政恐曹、呂輩小人相陵藉，故且閉門自守耳。」彪遂出戰，敗走歸。土人起義〔四五〕，攻州西門，彪登門拒戰，却之。司馬黃瑶起、寧蠻長史裴叔業於城内起兵攻奐，奐聞兵入，禮佛，未及起，軍人斬之，彪及弟爽、弼、殷叡皆伏誅。奐長子太子中庶子融，融弟司徒從事中郎琛，於都棄市，餘孫皆原宥。琛弟肅、秉並奔魏，後得黃瑶起臠食之。弟伷女爲長沙王晃妃，以男女並長，又且出繼，特不離絶。

奐既誅，故舊無敢至者，汝南許明達先爲奐參軍，躬爲殯斂，經理甚厚，當時高其節。

奐弟份。

份字季文。仕宋位始安内史。袁粲之誅，親故無敢視者，份獨往致慟，由是顯名。累遷大司農。奐誅後，其子肅奔魏，份自拘請罪，齊武帝宥之。肅屢引魏人至邊，份嘗因侍坐，武帝謂曰：「比有北信不？」份改容對曰：「肅既近忘墳柏，寧遠憶有臣。」帝亦以此亮焉。後位祕書監。仕梁位散騎常侍，領步兵校尉，兼起部尚書。

武帝嘗於宴席問羣臣曰：「朕爲有爲無？」份曰：「陛下應萬物爲有，體至理爲無。」帝稱善。後累遷尚書左僕射。歷侍中，特進，左光禄大夫，監丹陽尹。卒，謚曰胡子。

名。

長子琳，字孝璋，位司徒左長史。琳齊代取梁武帝妹義興長公主，有子九人，並知名。

長子銓，字公衡，美風儀，善占吐，尚武帝女永嘉公主，拜駙馬都尉。銓雖學業不及弟錫，而孝行齊焉，時人以爲銓、錫二王，可謂玉昆金友。母長公主疾，銓形貌瘠貶，人不復識。及居喪，哭泣無常，因得氣疾。位侍中、丹陽尹。卒於衞尉卿。

子溥，字伯淮，尚簡文帝女餘姚公主。

銓弟錫字公嘏，幼而警悟，與兄弟受業，至應休散，輒獨留不起，精力不倦，致損右目。十二爲國子生，十四舉清茂，除祕書郎，再遷太子洗馬。時昭明太子尚幼，武帝敕錫與祕書郎張纘使入宮，不限日數。與太子游狎，情兼師友。又敕陸倕、張率、謝舉、王規、王筠、劉孝綽、到洽、張緬爲學士，十人盡一時之選。錫以戚屬，封永安侯。

普通初，魏始連和，使劉善明來聘，敕中書舍人朱异接之。善明彭城舊族，氣調甚高，負其才氣，酒酣謂异曰：「南國辯學如中書者幾人？」异曰：「异所以得接賓宴，乃分職是司，若以才辯相尚，則不容見使。」善明乃曰：「王錫、張纘，北間所聞，云何可見？」异具啓聞，敕即使南苑設宴，錫與張纘、朱异四人而已。善明造席，遍論經史，兼以嘲謔。錫、纘隨方酬對，無所稽疑，善明甚相歎挹。他日謂异曰：「一日見二賢，實副所期，不有君子，安能爲國。」引宴之日，敕使左右徐僧權於坐後，言則書之。

累遷吏部郎中，時年二十四。謂親友曰：「吾以外戚謬被時知，兼比羸病，庶務難擁，安能捨其所好而徇所不能。」乃稱疾不拜。便謝遣胥徒，拒絕賓客，掩扉覃思，室宇蕭然。諸子温清，隔簾趨倚。公主乃命穿壁，使子涉、湜觀之〔四六〕。卒年三十六，贈侍中，謚貞子。錫弟僉。

僉字公會，八歲丁父憂，哀毀過禮。初補國子生，祭酒袁昂稱爲通理。累遷始興内史，丁所生母憂，固辭不拜。又除南康内史，在郡義興主薨，詔起復郡。後爲太子中庶子，掌東宮管記。卒，贈侍中。元帝下詔：賢而不伐曰恭，追謚曰恭子。僉弟通。

通字公達，仕梁爲黄門侍郎。敬帝承制，以爲尚書右僕射。陳武帝受禪，遷左僕射〔四七〕。太建元年，爲左光禄大夫。六年，加特進，侍中、將軍、光禄、佐吏、扶並如故〔四八〕。未拜，卒，謚曰成。弟勱。

勱字公齊〔四九〕，美風儀，博涉書史，恬然清簡，未嘗以利欲干懷。仕梁爲輕車河東王功曹史。王出鎮京口，勱將隨之蕃。范陽張纘時典選舉，勱造纘言别，纘嘉其風采，乃曰：「王生才地，豈可游外府乎？」奏爲太子洗馬。後爲南徐州别駕從事史。

大同末，梁武帝謁園陵，道出朱方，勱隨例迎候，敕令從輦側。所經山川，莫不顧問，勱隨事應對，咸有故實。又從登北顧樓賦詩，辭義清典，帝甚嘉之。

時河東王爲廣州刺史，乃以勱爲冠軍河東王長史、南海太守。王至嶺南，多所侵掠，因懼罪稱疾，委州還朝，勱行州府事。越中饒沃，前後守宰，例多貪縱，勱獨以清白著聞。入爲給事黄門侍郎。

侯景之亂，奔江陵，歷位晉陵太守。時兵飢之後，郡中彫弊，勱爲政清簡，吏人便安之。徵爲侍中，遷五兵尚書。

會魏軍至，元帝徵湘州刺史宜豐侯蕭循入援，以勱監湘州。及魏平江陵，敬帝承制，以爲中書令，加侍中。歷陳武帝司空、丞相長史，侍中、中書令並如故。

及蕭勃平，以勱爲廣州刺史。未行，改爲衡州刺史。王琳據有上流，衡、廣攜貳，勱不得之鎮，留于大庾嶺。

太建元年，累遷尚書右僕射。時東境大水，以勱爲晉陵太守。在郡甚有威惠，郡人表請立碑，頌勱政德，詔許之。徵爲中書監，重授尚書右僕射〔五〇〕，領右軍將軍。卒，謚曰温子。勱弟質。

質字子貞，少慷慨，涉獵書史。梁世以武帝甥，封甲口亭侯。位太子中舍人、庶子。侯景濟江，質領步騎頓于宣陽門外。景軍至都，質不戰而潰，爲桑門，潛匿人間。城陷後，西奔荆州。元帝承制，歷位侍中，吴州刺史，領鄱陽内史。魏平荆州，侯瑱鎮盆城，與質不協，質率所部隨都督周文育討王琳。質與琳素善，或譖云於軍中潛信交通，武帝命文育殺質，文育啓救之，獲免。文帝嗣位，以爲五兵尚書。宣帝輔政，爲司徒左長史。坐招聚博徒，免官。後爲都官尚書。卒，謚曰安子。弟固。

固字子堅，少清正，頗涉文史。梁時以武帝甥，封莫口亭侯。位丹陽尹丞。梁元帝承制，以爲相國户曹屬，掌管記。尋聘魏，魏人以其梁氏外戚，待之甚厚。承聖元年，爲太子中庶子，遷尋陽太守。魏剋荆州，固之鄱陽，隨兄質度東嶺，居信安縣。陳永定中，移居吴郡。文帝以固清靜，且欲申以婚姻。天嘉中，歷位中書令，散騎常侍，國子祭酒。以其女爲皇太子妃，禮遇甚重。

廢帝即位，授侍中、金紫光禄大夫。宣帝輔政，固以廢帝外戚，嬭媪恒往來禁中，頗宣密旨，事洩，比黨皆誅，宣帝以固本無兵權，且居處清素，止免所居官，禁錮。太建中，卒於太常卿，謚恭子。

固清虚寡欲，居喪以孝聞。又信佛法。及丁所生母憂，遂終身蔬食，夜則坐禪，晝誦佛經。嘗聘魏，因宴饗際〔五一〕，請停殺一羊。羊於固前跪拜。又宴昆明池，魏人以南人嗜魚，大設罟網，固以佛法呪之，遂一鱗不獲。子寬，位侍中。

論曰：王誕夙有名輩，而間關夷險，卒獲攀光日月，遭遇蓋其時焉。奉光、奉叔，並得官成齊代，而亮自著寒松，固爲優矣。瑩印章六毁，豈鬼神之害盈乎？景文弱年立譽，芳聲籍甚，榮貴之來，匪由勢至。若使泰始之朝，身非外戚，與袁粲羣公，方驂並路，傾覆之災，庶幾可免。庾元規之讓中書令，義歸此矣。奂有愚子，自致誅夷。份胤嗣克昌，特鍾門慶，美矣。

校勘記

〔一〕母晉孝武帝女鄱陽公主　「女」字疑非。按馬宗霍校證：「按晉書后妃傳，孝武文李太后生孝武帝及鄱陽長公主。據此，是鄱陽公主乃晉孝武帝之妹，非其女也。説文：『妹，女弟也。』太平御覽卷一五二皇親部十八公主條上引宋書此文正作『晉孝武帝女弟鄱陽公主』。今宋書『女』下奪『弟』字，南史因之。」

〔二〕當以臨汝公主降嬪　「臨汝」，原作「臨海」。按洪頤煊諸史考異卷四：「案何尚之傳，顒之尚太祖第四女臨海惠公主，封號不應同名。南齊書江斆傳，尚孝武女臨汝公主，拜駙馬都尉。臨海當是臨汝之譌。」今改正。

〔三〕屬降公主　「屬」，原作「屢」，據宋書卷四一后妃孝武文穆王皇后傳附王藻傳改。

〔四〕雖門泰宗榮　「泰」，原作「忝」，據北監本、殿本及宋書卷四一后妃孝武文穆王皇后傳附王藻傳改。

〔五〕謝莊殆自害於矇叟　「害」，宋書卷四一后妃孝武文穆王皇后傳附王藻傳、類聚卷一六作「同」。錢大昕考異卷三六云：「按謝莊傳無尚主事，疑謝、殷二人一以目疾辭，一以足疾辭，遂停尚主也。」

〔六〕行來出入　「行來」，殿本及宋書卷四一后妃孝武文穆王皇后傳附王藻傳、初學記卷一〇引宋虞通之爲江斆讓尚公主表作「往來」。

〔七〕豈伊身告　「告」，原作「責」，據宋甲本、宋乙本壹及宋書卷四一后妃孝武文穆王皇后傳附王藻傳改。

〔八〕超宗去郡與瑩交惡　「超宗」二字原脱，據北監本、殿本及梁書卷一六王瑩傳、通志卷一四〇補。

〔九〕欲買南鄰朱侃半宅　「鄰」，原作「憐」，據宋甲本、宋乙本壹、大德本貳、南監本、北監本、汲本、殿本及通志卷一四〇改。

〔一〇〕亮以名家　「名家」，北監本、殿本及梁書卷一六王亮傳、册府卷三〇〇作「名家子」。

〔一一〕以爲士林　「士林」，梁書卷一六王亮傳作「士林館」。

〔一二〕若爲攸字當作無歛尊傍犬爲犬傍無歛尊若是有心攸無心攸　按錢大昕考異卷三六云：「予謂無歛尊者，酋也。酋傍犬爲猷，犬傍酋爲猶；有心爲悠，無心爲攸。攸、悠、猷、猶四字同紐同音。」「世俗讀攸、悠二字如憂音，而史文遂難通矣。」歛訓脛，此以指「尊」之「寸」而言。御覽卷五六二引南史、册府卷八六三「尊」作「酋」，「有心攸」作「有心悠」。

〔一三〕司徒右長史　按宋書卷六三王華傳、晉書卷六五王導傳附王廞傳、卷二三樂志下並記廞爲「司徒左長史」。

〔一四〕隨沙門釋曇冰逃　「曇冰」，宋書卷六三王華傳、通鑑卷一一七晉紀三九義熙十二年作「曇永」。

〔一五〕殿下寬叡慈仁所知　「所知」上，册府卷七一一有「中外」二字，通志卷一三三有「天下」二字。疑此脱文。

〔一六〕以長弟佟紹封　「佟」，宋書卷六三王華傳作「終」。

〔一七〕歷位宣城義熙太守　「義熙」，南齊書卷三二王琨傳作「義興」。按宋書卷三一五行志二亦見義熙郡。宋無「義熙」郡，晉書卷一五地理志下揚州轄義興郡，疑當作「義興」。

〔一八〕鎮舊有鼓吹　「鎮」，南齊書卷三二王琨傳、御覽卷二五六引齊書、通志卷一三七作「州鎮」。疑此脱「州」字。

〔一九〕廷尉虞龢議社稷各一神　「各」，宋甲本、宋乙本壹及通志卷一三七作「合」。南齊書卷三二王琨傳作「社稷合爲一神」。按社，土神；稷，穀神。社稷分立各祭，江左無改，故宋書卷一七禮志四載晉「元帝建武元年，又依洛京立二社一稷」。「宋仍舊，無所改作」。是虞龢之議當爲「合爲一神」，而下云「琨案舊糾駁」，乃主「各一神」也。

〔二〇〕球簡貴勢不交游　「勢」，宋書卷五八王球傳、册府卷四五九作「素」，屬下讀。

〔二一〕武帝與劉穆之討劉毅而智在焉　宋書卷八五王景文傳、通志卷一三三「討」上有「謀」字。

〔二二〕爲一時推謝　「推」，原作「摧」，據宋甲本、宋乙本壹、大德本貳、南監本、北監本、汲本、殿本改。

〔二三〕以姊墓開不臨赴　「墓」原作「喪」，「不」原作「棺」，據宋甲本、宋乙本壹、大德本貳、南監本、北監本、汲本、殿本及宋書卷八五王景文傳、通志卷一三三改。

〔二四〕左衛將軍　宋書卷八五王景文傳、册府卷六二八、卷八六九作「右衛將軍」。

〔二五〕遠遵先旨　「旨」，原作「詣」，據宋甲本、宋乙本壹、大德本貳、南監本、北監本、殿本及宋書卷八五王景文傳、册府卷二〇〇、通志卷一三三改。

〔二六〕密邇畿内　「畿」，原作「幾」，據宋甲本、宋乙本壹、大德本貳、南監本、北監本、殿本及宋書卷八五王景文傳、册府卷二〇〇、通志卷一三三改。

〔二七〕又不得不用驃騎　「用」，原作「同」，據宋書卷八五王景文傳、册府卷二〇〇改。

〔二八〕控帶二江　「二江」，宋書卷八五王景文傳作「三江」，疑是。

〔二九〕上稍爲身後計　「稍」，原作「猶」，據宋書卷八五王景文傳、册府卷二〇〇、通志卷一三三改。

〔三〇〕令便居昔之録任　「任」，原作「至」，據宋書卷八五王景文傳、册府卷四六三改。

〔三一〕位雖貴而不關朝政　「不關」，原作「闕」，據殿本及宋書卷八五王景文傳、册府卷四六三改。

〔三二〕晉將畢萬七戰死於牖下　宋書卷八五王景文傳、册府卷四六三、蘇軾文集卷六五宋殺王彧「七戰」下有「皆獲」二字，疑脱。按左傳哀公二年：「畢萬，匹夫也。七戰皆獲，有馬百乘，死於牖下。」

〔三三〕不能見吉凶之先　「先」下原衍「見」字，據宋書卷八五王景文傳、册府卷四六三删。

〔三四〕駱宰見狂主　「狂主」，宋書卷八五王景文傳、册府卷四六三作「幼主」。

〔三五〕遂求南江小縣　「南江小縣」，原作「江南縣」，據宋書卷八五王景文傳、册府卷四六三改。按南江即贛江，謂求一江州小縣也。

〔三六〕景文封江安侯　「江安」，原作「曲安」，據南齊書卷四九王奂傳附王績傳改。按本傳傳文、宋書卷八五王景文傳並作「江安」。

〔三七〕績襲其本爵爲始平縣五等男　按錢大昕考異卷三六：「『本爵』之語亦未詳。景文初襲伯父封建陵子，非始平男。」

〔三八〕永明二年納妃　「二年」，南齊書卷四九王奂傳附王績傳、册府卷八六六作「三年」。

〔三九〕阿荅汝滅我門户　「阿荅」，宋書卷八五王景文傳作「阿益」。

〔四〇〕司徒左長史蕭惠明言於朝曰　「惠」下原衍「開」字，據通鑑卷一三三宋紀一五元徽二年删。通鑑考異云：「宋略作惠朗，按惠朗不爲司徒長史，今從南史。」馬宗霍校證：「『明』上『開』字蓋爲誤衍。惠明爲惠開之弟，惠開卒於泰始七年，王藴爲湘州刺史在元徽二年，則此時言於朝者，其爲惠明無疑。」

〔四一〕甚見愛　「見」，原作「兄」，據宋甲本、宋乙本壹、大德本貳、南監本、北監本、汲本、殿本及通志卷一三七改。

〔四二〕及晏仕齊　「齊」，南齊書卷四九王奂傳、册府卷八六五、卷八七一作「世祖府」。按馬宗霍校證：「世祖即武帝，其時齊高帝尚未受禪，武帝仕宋爲領軍將軍，開府置佐吏，而王晏常在府參議機密，故曰『仕世祖府』，此『府』字斷不可省，南史删去非也。」

〔四三〕又别詔梁州刺史曹武自江陵步出襄陽　「曹武」，南齊書卷四九王奂傳作「曹虎」，此避唐諱而改。

〔四四〕宜遣典籤間道送啓自申　「送」，原作「遣」，據宋甲本、宋乙本壹、大德本貳、南監本、北監本、汲本、殿本及通志卷一三七改。

〔四五〕土人起義　「土」，原作「士」，據宋甲本、宋乙本壹、大德本貳、南監本、北監本、汲本、殿本及通志卷一三七改。

〔四六〕使子涉淂觀之　「涉」，梁書卷二一王份傳附王錫傳、册府卷三〇〇作「泛」，周書卷四八王淀傳作「淀」。

〔四七〕遷左僕射　「左僕射」，原作「右僕射」，據陳書卷一七王通傳、通鑑卷一六七陳紀一永定元年改。按上云爲尚書右僕射，知此當爲「左僕射」。

〔四八〕侍中將軍光禄佐吏扶並如故　按此敍通官不云爲侍中、將軍，則「如故」不知所自來。陳書卷一七王通傳謂爲侍中，自翊右將軍進號安右將軍。又無給扶之文，則此「扶」亦無着落。

〔四九〕勱字公齊　「公齊」，陳書卷一七王通傳附王勱傳作「公濟」。

〔五〇〕重授尚書右僕射　「尚書右僕射」，原作「尚書左僕射」，據陳書卷一七王通傳附王勱傳改。按上云「累遷尚書右僕射」，此云「重授」，則不應作「尚書左僕射」。陳書卷五宣帝紀即載太建四年正月「中書監王勱爲尚書右僕射」。

〔五二〕因宴饗際　「際」，原作「祭」，據陳書卷二一王固傳、册府卷八一五、卷八二一、通志卷一四四改。